CLAUDIA SCHMID
Mörderische
Fluss-Kreuzfahrten

MÖRDERISCHE KREUZFAHRTEN Skurrile Gäste und diverse Mordfälle auf elf Flüssen in Deutschland – von Passau bis beinahe Flensburg! Edelgard und ihr Norbert begeben sich auf »Mörderische Kreuzfahrten«. Jeder Fluss zeichnet seine eigene unverwechselbare Landschaft, entstanden im Laufe vieler Jahrhunderte. Auf gewohnt unterhaltsame und humorvolle Weise stolpern die beiden in elf Fortsetzungskrimis in ungewöhnliche Kriminalfälle und über diverse Leichen, auch grenzübergreifend bei Flussfahrten nach Wien und Prag. Ein Klassentreffen führt die beiden in ihre alte Heimat, dann wird Norbert auch noch für den Film entdeckt. Gemeinsam mit der Journalistin Marja nehmen sie an einem wirklich außergewöhnlichen Essen teil. Währenddessen residiert Edelgards Tante in einem sehr speziellen Seniorenheim …

Vorsicht: Die Entstehung von Lachfalten kann nicht ausgeschlossen werden!

© Jürgen Schmid, Kriminetz

Claudia Schmid lebte in Passau, bevor sie sich ihren Traum erfüllte und an der Mannheimer Universität Germanistik studierte. Seit 30 Jahren wohnt die Ehren-Kriminalkommissarin nun in der Metropolregion Rhein-Neckar nahe Heidelberg und schreibt Kriminelles, Historisches und Reiseberichte. Die mehrfach ausgezeichnete Autorin ist auch als Redakteurin von »kriminetz.de« sowie als Kommunikationstrainerin tätig und übernimmt mit Vorliebe kleine Rollen in Fernsehkrimis. Lesungstermine der Autorin finden Sie auf www.claudiaschmid.de.

CLAUDIA SCHMID

Mörderische Fluss-Kreuzfahrten

11 Flüsse, 11 Morde

GMEINER

Immer informiert

Spannung pur – mit unserem Newsletter informieren wir Sie
regelmäßig über Wissenswertes aus unserer Bücherwelt.

Gefällt mir!

Facebook: @Gmeiner.Verlag
Instagram: @gmeinerverlag
Twitter: @GmeinerVerlag

MIX
Papier aus verantwor-
tungsvollen Quellen
FSC® C083411
FSC www.fsc.org

Besuchen Sie uns im Internet:
www.gmeiner-verlag.de

© 2020 – Gmeiner-Verlag GmbH
Im Ehnried 5, 88605 Meßkirch
Telefon 0 75 75 / 20 95 - 0
info@gmeiner-verlag.de
Alle Rechte vorbehalten
1. Auflage 2020

Lektorat: Susanne Tachlinski
Herstellung: Mirjam Hecht
Umschlaggestaltung: U.O.R.G. Lutz Eberle, Stuttgart
unter Verwendung eines Fotos von: © Björn Wylezich / stock.adobe.com
Druck: CPI books GmbH, Leck
Printed in Germany
ISBN 978-3-8392-2738-1

Personen und Handlungen sind frei erfunden. Ähnlichkeiten mit lebenden oder toten Personen sind rein zufällig und nicht beabsichtigt. Edelgard und Norberts Reiserouten wurden von der Autorin individuell für die beiden zusammengestellt.

INHALTSVERZEICHNIS

PASSAU FOR EVER
(DONAU; PASSAU, WIEN)

»Eeedelgard!«

Ich hasse die Art, wie er meinen Namen ausspricht, mit dieser völlig übertriebenen Betonung auf der ersten Silbe. Keine Ahnung, was meine Mutter geschluckt hatte, als sie sich diesen Namen für mich überlegte. Alle anderen Mädchen in der Klasse hießen Monika, Helga, Sabine, Andrea oder Angelika. Aber Edelgard! Vielleicht war auch Mutters Tante der Grund dafür, die jüngste Schwester ihrer Mutter. Obwohl unverehelicht hatte sie es beizeiten verstanden, das gesamte elterliche Erbe an sich zu ziehen und den Rest der Familie leer ausgehen zu lassen. Mutters Plan war, sie als meine Patentante einzusetzen und sich damit zugleich nach einem bald fälligen Ableben sozusagen über mich einen Zugang zu dem Erbe zu ermöglichen. Aber Tante Edelgard erwies sich als äußerst zäh. Hochbetagt lebt sie quietschfidel in einer Seniorenresidenz und sendet mir zu meinen Geburtstagen handgestickte Deckchen, die bereits ein ganzes Regal in meinem Schrank füllen. Sogar unserem mittlerweile erwachsenen Sohn hatte sie eines zur Konfirmation gesandt.

Und ausgerechnet ich blieb dann an Norbert kleben, an dem Sitzenbleiber, der erst im letzten Schuljahr von einer anderen Schule zu uns kam.

Seit so vielen Jahren ertrage ich ihn nun schon. Das muss ein Ende haben! Seit unser Sohn aus dem Haus ist, vertritt er nämlich die Meinung, meine Fürsorge, die bis dahin »meinen beiden Männern« galt, habe sich jetzt ganz und gar ihm zu widmen. Wir sind am Beginn unserer Reise, da wird etwas passieren, ich kann einfach nicht mehr länger. Wir unternehmen eine Flusskreuzfahrt auf der Donau. Kann ja sein, dass da mal jemand ins Wasser fällt, von so einem Schiff. Wieso also nicht Norbert? Dann bin ich ihn endlich los, und zwar für immer. Er kann nämlich immer noch nicht schwimmen! Alles wird nach einem Unfall aussehen. Soll es ja hin und wieder geben, so einen tragischen Verlust im Urlaub. Und ich werde dann als trauernde Witwe zurück nach Hause reisen. Die Lebensversicherung auf Norbert ist ganz ordentlich ausgestattet, sie wird dazu beitragen, mein gebrochenes Herz schnell zu heilen. Dann kann ich endlich wieder alles so machen, wie ich will!

Wir sind heute Vormittag mit dem Zug in Passau angekommen und haben ein paar Stunden Zeit, um uns das »bayerische Venedig« ein wenig anzuschauen. Was ich bis jetzt von der barocken Stadt gesehen habe, gefällt mir ganz ausgezeichnet.

Norbert trägt wie üblich seinen beigefarbenen Breitcordanzug, obwohl er genau weiß, dass ich den nicht ausstehen kann. Und zu allem Überfluss hat er zusätzlich hellbraune Schuhe an! Mit Lochmuster! Norbert hat ziemlich zugelegt seit unserer Hochzeit. Das ist ja kein Wunder, denn das Einzige, was der stemmt, ist abends im Fernsehsessel sein Weißbierglas. Es war ursprünglich seine Idee, nach Niederbayern zu reisen, ins Eldorado für Biergenießer. Ich habe ihn dann umgelotst auf die Schiffsreise.

In dem hellen, leicht zu engen Anzug könnte Norbert

gut als Michelin-Männchen auftreten, das Werbung für Traktorreifen macht.

Nur eine kurze Weile muss ich ihn also noch ertragen, bevor ich nach einer günstigen Gelegenheit Ausschau halten kann. Und ich bin wild entschlossen, sie zu nutzen, sobald sie sich bieten wird! Ich beende diese Reise ohne ihn, das steht für mich fest.

Ich blicke mich nach Norbert um. Er hat schon wieder Bierdurst, das sehe ich seiner Miene deutlich an. Nach so vielen gemeinsamen Jahren kennt man seinen Partner schließlich ganz genau, oder etwa nicht? Wir befinden uns auf der steinernen Promenade längs des Inns und steuern nun auf das Dreiflusseck zu. Dort, wo der Inn und die Ilz sich mit der Donau vereinen. Die Sonne gibt ihr Bestes an diesem Frühsommertag. Schwäne schwimmen anmutig auf dem Wasser, Möwen kreisen darüber. Das Panorama längs des Wegs verzaubert mich. Zur linken Seite schmiegen sich schmucke Häuser eng aneinander, zur rechten Seite liegt eine hügelige Landschaft, die ebenfalls sehr hübsch bebaut ist. Der Inn ist so unmittelbar vor seiner Mündung ziemlich breit. Ich kann mir lebhaft vorstellen, dass er, wenn er bei Hochwasser über seine Ufer tritt, noch imposanter ist.

Wäre da nicht mein schon wieder nörgelnder Mann, hätte ich allen Grund, bester Laune zu sein. Aber wie soll mir das mit ihm gelingen? Aus den schönsten Gedanken reißt er mich mit seinen Wünschen. Wie ein Kind, das seine Bedürfnisse auf der Stelle befriedigt haben will. Man kann doch mit Trinken etwas warten!

»Edelgard! Jetzt renn nicht so arg! Ich komme ja kaum hinterher.«

Ich setze mich auf eine der Parkbänke, damit Norbert in Ruhe zu mir aufholen kann, und genieße den Panoramablick über den Stadtteil auf der gegenüberliegenden Flussseite. Ein Mann mittleren Alters nickt mir freundlich zu.

Ich lächele zurück. Hier passiert genau das, was ich die ganze Zeit über schon denke! Ohne meinen Mann eröffnen sich für mich viele neue Chancen.

Der fremde Herr, ein fesches Mannsbild, wie man in Bayern sagt, nimmt neben mir Platz. Er trägt einen hellbraunen Leinenanzug mit Hemd. »Ich darf mich setzen?«

Verstohlen blicke ich mich nach meinem Göttergatten um. »Bitte sehr.«

»Sie sind hier auf Urlaub, nicht wahr?«

Ich zeige zu einem Gebäude auf dem gegenüberliegenden Berg. »Können Sie mir sagen, was das ist?«

»Aber klar. Schönen Frauen hilft man immer gerne.«

Dieses Lächeln! Meine Laune schnellt ordentlich nach oben.

»Was Sie dort drüben über der Innstadt sehen, das ist die Wallfahrtskirche Mariahilf.«

In dem Moment ist Norbert schnaufend und schwitzend bei mir angelangt und quetscht sich ungefragt zu uns auf die Bank.

»Das weiße, welches zur Kirche hochführt, ist die berühmte Wallfahrtsstiege.«

»Eine Wallfahrtsstiege?« Norbert gibt das Echo.

»Es kommen immer noch viele Gläubige, die ihre Anliegen an die Muttergottes hier vortragen. Stufe für Stufe. Im Gebet verharrend.«

»Und das hilft?« Norbert gibt sich skeptisch.

»Schauen Sie selbst mal die Stiege an! Zu den Seiten der Stufen sind an den Wänden viele Gaben angebracht, welche die Gläubigen bringen. Der Glaube hilft. Aber was hat Sie denn in unsere Stadt geführt?«

»Wir werden eine Flussschifffahrt unternehmen.«

»Wann gehen Sie an Bord?«

»Morgen geht es los. Aber wenn Sie gestatten, möchte ich jetzt gerne meine Frau entführen und in einem Biergarten einen Gerstensaft zu mir nehmen.«

Lieber Himmel, weshalb drückt Norbert sich jetzt bloß derart geschwollen aus? Liegt es an der eleganten Kleidung seines Gegenübers? Will er ihn beeindrucken?

Der Mann erhebt sich nun und weist mit der Hand in Richtung einer schmalen Gasse. »Natürlich. Halten Sie sich da vorne links, dann rechts. Dort erhalten Sie ein vorzügliches Schankbier. Ich kann es Ihnen wärmstens empfehlen.«

Norbert springt mit einer Behändigkeit, die selbst ich ihm nicht zugetraut hätte, auf und geht voraus. »Das klingt richtig gut.«

Der Mann neigt sich mir zu und blickt mich direkt an. »Gehen Sie morgen nicht an Bord.«

Diese Augen! Grün. Ich habe das Gefühl, als blicke er mir damit in die kleinsten Winkel meiner Seele. Ich spüre ein feines Kribbeln im Bauch. Aber weshalb soll ich nicht an Bord gehen?

Er fasst nach meiner Hand. »Geben Sie mir ein Pfand. Dafür, dass wir uns wiedersehen.«

»Ein was?«

»Verstehen Sie mich bitte richtig, ich will sichergehen, dass wir uns nochmals begegnen.«

»Edelgard, wo bleibst du denn?« Mein Mann kräht aus einiger Entfernung ungeduldig nach mir.

»Seien Sie in einer Stunde im Hirschwirtsgassl. Übergeben Sie mir dort etwas von Ihnen persönlich«, sagt der Fremde und verschwindet.

Verblüfft bleibe ich zurück und setze, nachdem ich mich etwas gefasst habe, zögerlich einen Fuß vor den anderen, um Norbert zu folgen. Ich bin Norbert noch gar nicht losgeworden, und schon bemüht sich ein derart attraktiver Mann um mich! Könnte er mir dabei behilflich sein, mir meinen Gatten endlich vom Hals zu schaffen? Bislang sind alle meine Versuche, mich seiner zu entledigen, gescheitert. Stets war im entscheidenden Moment, wenn er etwa von einer Burg hätte fallen können, eine helfende Hand zur Stelle. Zu meinem Bedauern. Vielleicht sollte ich es nicht mehr länger alleine versuchen? Das Leben gibt mir einen Wink in Form von grünen Augen! Man muss in der Lage sein, Zeichen als solche zu erkennen und zu verstehen. Ich bin bereit!

Aber weshalb will er ein Pfand von mir? Das erscheint mir ziemlich altmodisch. Und was, bitte sehr, soll ich ihm geben? Andererseits, warum denn eigentlich nicht? Auf Romantik habe ich in all den Jahren meiner Ehe schmerzlich verzichtet. Da darf es jetzt gerne ein wenig mehr davon sein. Es muss ja nicht gleich ein Rosamunde-Pilcher-Rührstück daraus werden.

Er hat nach meiner mit Granatsteinen besetzten schweren silbernen Kette gelugt. Die rücke ich auf keinen Fall heraus, schöne Augen hin oder her. Die stammt schließlich von meiner Urgroßmutter. Die werde ich selbst tragen, bis unser Sohn Julian eines Tages heiratet. Dann wird sie meine zukünftige Schwiegertochter von mir als Hochzeitsgeschenk erhalten, das Stück bleibt auf jeden Fall in unserer Familie. Die Kette ist der einzige Schmuck, den meine hochbetagte Großtante Edelgard bislang aus dem komplett für sich beanspruchten Erbe an mich abgegeben hat. Als ich an einem kleinen Friseurlädchen vorbeigehe, über dessen Fenster eine Messingscheibe als Ladenschild baumelt, habe ich *die* zündende Idee. Ich werde eine Locke aus meinen Nackenhaaren herausschneiden. Welch schöneres Pfand kann es schließlich für einen Mann, der eine Frau begehrt, geben?

Ich habe Norbert erreicht, der bereits vor dem Biergarten steht.

Ungeduldig trippelt er durch den Einlass. »Wo bleibst du denn so lange? Und überhaupt, was hast du denn mit diesem Mann noch zu reden gehabt? Was gab es da zu besprechen, als ich schon weg war?«

Ich zucke mit keiner Wimper. »Er hat uns eine gute Reise gewünscht.«

»Na, das ist aber freundlich von ihm. Schau mal, da ist ein Zweiertisch frei. Bestell mir schon mal ein dunkles Weizenbier, ich muss noch kurz wohin.«

Das Zweiertischchen ist das einzige, an dem Platz ist. Denn der Biergarten ist voll besetzt, die Lärmkulisse ist nicht unerheblich. Hauptsächlich sitzen hier junge Leute an den hölzernen Tischen unter den Kastanienbäumen. Ob das alles Studierende sind? Sogar unser Julian hatte seinerzeit überlegt, sich für einen Studienplatz in Passau zu bewerben. Der Campus ist einer der schönsten in ganz Deutschland. Er liegt direkt am Inn. Außerdem genießt die Universität einen sehr guten Ruf.

Ich ziehe mein Smartphone aus der Tasche und beglückwünsche mich dazu, über mobile Daten zu verfügen. Rasch schaue ich nach, wo dieses Hirschdingsgasserl sein soll. Zu meiner Erleichterung ist es ganz in der Nähe. Wie ich meinen Mann kenne, wird bei ihm nach dem Genuss eines

Bieres rasch Appetit aufkommen. So rappelvoll, wie es hier ist, wird es bestimmt eine Weile dauern, bis es serviert wird. Mit etwas Glück ist er in knapp einer Stunde immer noch beim Essen und ich kann, den Besuch der Toilette vortäuschend, mich kurz fortstehlen. Das dürfte kein Problem sein. Aber wie entferne ich eine Locke aus meiner Haarpracht? Zum Innenleben meiner Handtasche gehört keine Schere. Ob die hier scharfe Messer haben? Ich könnte mir eine Kleinigkeit zu essen bestellen und es unauffällig in meiner Handtasche verschwinden lassen.

Da kommt Norbert schon wieder zurück. »Hast du mein Bier bestellt?«

»Mach ich sofort. Ach, da ist ja die Bedienung.« Ich lege meine Hand liebevoll auf Norberts Arm, als ich nach ihr rufe. Schließlich sollen Zeugen bei einer späteren Befragung aussagen, ich habe meinen Mann abgöttisch geliebt. »Hallo, bringen Sie bitte meinem Mann ein dunkles Weizenbier und mir einen Latte macchiato.«

Die Frau trägt einen knallengen schwarzen Bleistiftrock mit hohem Bund zu einer weißen Bluse. Es ist mir ein Rätsel, wie die in ihren hochhackigen Schuhen stundenlang herumlaufen kann.

Eine der jungen Frauen neben mir ruft ihr ebenfalls etwas zu. »Und für mich einen Bierwärmer!«

»Einen was?« Das junge Ding auf dem Stuhl neben ihr kichert. »Einen Bettwärmer? Den suchst du dir besser im Hörsaal!«

»Was du immer gleich verstehst!« Die junge Frau mit dem strengen Haarknoten und der Perlenkette über der hochgeschlossenen Blümchenbluse zieht empört eine Schnute. »Ich habe dir schon x-mal erläutert, dass mein empfindsamer Magen kein kaltes Bier verträgt.«

»Einmal Bierwärmer, jawoll, kommt sofort!«

Die Bedienung hat mit hoher Tonlage die Augen aller Biergartenbesucher auf die Frau mit dem Sonderwunsch gelenkt.

Aber die schert sich nicht darum. Ganz im Gegenteil scheint sie die Aufmerksamkeit zu genießen. Sie streicht eine kokett aus der Frisur gerutschte Haarsträhne nach hinten und sitzt aufrecht vor ihrem Glas.

Meine Rechnung geht auf. Mit der Bestellung für sein zweites Glas Bier bittet Norbert die Bedienung um die Speisekarte.

Auch ich werfe einen Blick darauf. Welchem Gericht liegt wohl ein scharfes Messer bei? Dem Salat sicher nicht. Ich entscheide mich für ein Steak.

»Edelgard, seit wann isst du Steaks? Möchtest du nicht lieber Fisch?« Er klopft mit dem Finger auf die Speisekarte. »Einen Zander, zum Beispiel. Du stehst doch so auf Fisch.«

Damit hat mein Gatte recht. Aber wie, bitte sehr, soll ich mir mit einem stumpfen Fischmesser eine Strähne meines Haares absäbeln?

»Ich dachte wegen der Proteine, Norbert.« Ich versuche ein Lächeln.

»Proteine. Wenn du meinst. Dann nehme ich ebenfalls eines. Frollein!«

»Norbert, um Himmels willen, man ruft heutzutage nicht so nach der Bedienung«, raune ich ihm zu. Aber die Frau ist schon auf dem Weg zu uns. Norbert bestellt sich gleich noch einen fulminanten Nachtisch dazu. Eine Palatschinke mit Eis und Sahne.

»Für die Dame ebenfalls?«

»Bitte nicht.«

»Edelgard, gönn dir ruhig mal etwas. Schließlich sind wir hier in Urlaub und nicht beim Fastenwandern.«

»Mein Lieber«, ich lächele ausgiebig, »wir sind ab morgen auf dem Schiff. Da werde ich noch reichlich Gelegenheit für solch kleine Sünden haben.« Bei dem Wort »Sünden« streichele ich sanft seinen Arm.

Er nickt der immer noch wartenden Bedienung zu. »Bringen Sie ruhig zwei. Wenn meine Frau ihre nicht schafft, wird sie schon nicht verkommen.«

Als unser Essen endlich serviert wird, ist die Stunde beinahe abgelaufen. Ich werde ein wenig an dem Steak herumsäbeln und dann vortäuschen, auf die Toilette zu gehen.

»Du, Norbert«, beginne ich, während ich nachdenke, wie ich noch während des Essens erklären soll, dass ich kurz austreten werde.

»Schmeckt's dir nicht?« Norbert blickt begehrlich auf meinen Teller.

Ich nicke. »Irgendwie hatte ich es mir anders vorgestellt.«

Ehe ich es mich versehe, hat Norbert mein Stück Fleisch flugs mit seiner Gabel aufgespießt und es auf seinem Teller platziert. »Ich helfe, wo ich kann.«

»Wenn du eh noch am Essen bist, verschwinde ich mal kurz, du weißt schon, wohin.«

Norbert hat sich bereits erneut einen großen Bissen zwischen die Backenzähne geschoben und kaut ausgiebig darauf herum.

»Mach das. Ich laufe schon nicht weg.«

Während des Aufstehens schiebe ich unauffällig mein Messer in den Ärmel meiner leichten Jacke. Ich schlage den Weg zur Toilette ein und lasse das Messer in meine Handtasche gleiten. Erleichtert stelle ich fest, dass das Restaurant über einen weiteren Ausgang verfügt.

Draußen angelangt, orientiere ich mich kurz mithilfe meines Smartphones. Dieses Gasserl liegt zum Glück ganz nah. Kurz nachdem ich an einem Museum vorbeigegangen bin, strömt jedoch mindestens ein ganzer Bus voller Touristen aus einer Gasse. Die Hauptfarbe ihrer Kleidungsstücke ist beige. Sie verteilen sich über die ganze Breite der Straße und machen als Gruppe das Durchkommen unmöglich. Als ich mitten in der Menge versuche, mich im Slalom weiterzuwinden, hält mich eine Frau, die ein knallrotes Kleid trägt, am Arm fest.

»Sie gehören gar nicht zu uns.« Sie reckt einen gepunkteten Schirm hoch über ihren Kopf.

Komisch, es regnet doch gar nicht! Wozu braucht die einen Schirm? Gegen die Sonne? Aber die knallt gar nicht so sehr, dass man sich vor ihr auf diese Art schützen muss.

»Welche Gruppe?«

»Sehen Sie, genau darum geht es. Sie haben keinen Eintritt für diese Führung bezahlt und haben sich da jetzt einfach mitten hineingemischt.«

»Wie unsozial!« Ein älterer Mann im grünen Hemd und beigefarbener Hose mustert mich vorwurfsvoll. »Dabei ist diese ausgezeichnete Führung jeden Cent wert. Sie sollten sich schämen. Alles, was recht ist!«

»Ich soll was?« Ich presse unwillkürlich meine Handtasche an mich.

»Sie dachten wohl, es fällt nicht auf und Sie kommen damit durch, nicht wahr?« Der Griff ihrer Hand um meinem Arm wird fester. »Aber mir fällt es sofort auf, wenn sich jemand in meine Gruppe mogelt. Das gibt es bei mir nicht. Das lasse ich mir nämlich nicht bieten.«

»Jetzt hören Sie mal!« Ich finde das Verhalten der Frau gelinde gesagt unerhört.

Der Mann pflichtet ihr bei. »Jetzt zahlen Sie endlich und hören auf, uns hier etwas vorzuspielen.«

»Da Sie unredlich versucht haben, sich einzuschleichen, kostet das für Sie die erhöhte Teilnahmegebühr in Höhe von 20 Euro.«

»Was?« Ich streife die Hand der Frau wütend ab. »Sie und Ihre Gruppe versperren hier den Weg und jetzt verlangen Sie Geld von mir? Sie sind ja nicht ganz dicht!«

»Wenn Sie unverschämt werden, rufe ich die Polizei.« Sie baut sich vor mir auf. Ihre Gruppe umringt mich. Sie wirken nicht besonders freundlich, eher unangenehm.

»Machen Sie das! Ich bestehe darauf, dass sofort die Polizei gerufen wird. Wenn *Sie* es nicht machen, dann tue ich es.« Das werden wir sehen, ob sie mit ihrer Taktik durchkommt. Ich ziehe mein Smartphone aus der Handtasche und entsperre den Bildschirm.

Da scheint sie es sich anders zu überlegen. »Ich will kein Aufsehen. Aber lassen Sie sich nicht nochmals dabei erwischen, wie Sie sich einfach so in meine Gruppe mogeln.«

Als die Leute weg sind, atme ich tief durch. Ich habe ja schon von vielen Betrugsmaschen gehört. Aber diese eben ist für mich völlig neu. Ich bemerke, dass ich die Bügel meiner Handtasche immer noch mit beiden Händen umklammert habe. Ein Blick auf die Uhr zeigt mir, dass es bereits zehn Minuten über der Zeit ist. Und die Haarsträhne habe ich immer noch nicht abgeschnitten! Ich suche in meiner Tasche nach dem Messer, das ich vorhin eingesteckt habe. Mit der linken Hand umfasse ich eine Strähne meines dunkelblonden, gelockten Haares im Nacken. Mit der rechten Hand setze ich das Messer an.

»Du, Tante! Was machst'n du da? Des schaugt irgendwie komisch aus.« Ein kleiner Dreikäsehoch in karierter kurzer Hose baut sich vor mir auf. Sein blondes Haar könnte gut die nähere Bekanntschaft mit einem Kamm vertragen.

»Nichts, nichts, mein Kleiner«, wiegele ich ab und schiebe das Messer wieder zurück. »Alles in Ordnung. Geh zu deiner Mama.«

Nun eilt es aber wirklich, endlich ins Hirschwirtsgassl zu kommen. Ich weiß noch nicht einmal, wie der Mann heißt! Ich werde ihn auf jeden Fall bitten, mir mit der Strähne zu helfen.

Endlich sehe ich das Schild der Gasse. Aber hier ist genauso wenig ein Durchkommen wie grade eben. Sind heute sämtliche Reisegruppen Niederbayerns in Passaus Altstadt unterwegs? Ich werde es von der anderen Seite versuchen und haste vorbei an einer Häuserzeile über einen Platz.

Als ich das große gelbe Haus umrundet habe, was in meinen Pumps mit den schmalen Absätzen auf dem Kopfsteinpflaster nicht ganz so flott geht, wie ich mir das wünsche, stehe ich auf einem weiteren Platz. Es scheint ein Schulhof zu sein. Jetzt, auf dieser Seite, bemerke ich, dass das gelbe Haus eine Schule sein muss. Aber auch von hier ist der Zugang zum Hirschwirtsgassl verstopft. Herrje, weshalb hat mir der Fremde ausgerechnet dieses Nadelöhr als Treffpunkt vorgeschlagen? Ihn selbst kann ich nirgendwo entdecken, sosehr ich meinen Hals auch recke und versuche, über die Köpfe der Touristen zu blicken. Meine Uhr zeigt an, dass ich dringend in den Biergarten zurückmuss, wenn mein Gatte keinen Verdacht wegen meines kleinen Ausfluges schöpfen soll. Niedergeschlagen eile ich zurück. Ich weiß weder, wie der Mann heißt, noch, was er von mir wollte.

»Edelgard, ich dachte schon, du kämst gar nicht mehr von der Toilette zurück!«

Norbert widmet sich bereits mit Hingabe seinem Nachtisch. Eine Palatschinke mit Vanilleeis und einem Schlag Sahne, als kulinarisches Kunstwerk auf einem gläsernen Teller serviert. Die Gedecke unserer Hauptgerichte hat er zur Seite geschoben.

»Du weißt doch, vor der Damentoilette ist immer eine endlos lange Schlange. Ich musste ewig warten, wirklich. Da denkt man, während man da steht, da geht gar nichts voran.«

»Na, jetzt bist du ja endlich wieder hier. Greif zu.« Auf meinem Platz steht der Zwilling zu Norberts Nachspeise. Der Duft von Puderzucker, der warmen Palatschinke und Vanille versucht tapfer, mich zu verführen.

Mir ist jedoch der Appetit vergangen. Mein vielversprechendes Treffen mit dem gut aussehenden Fremden ist geplatzt und ich habe keine Telefonnummer von ihm. Nicht einmal seinen Namen. Ich habe keine Ahnung, wie ich ihn kontaktieren soll. Ich schiebe Norbert meinen Teller hin.

Als die Bedienung kurz darauf unseren Tisch abräumt, bemerkt sie das fehlende Messer.

»Entschuldigung, ich glaube, das ist mir vorhin runtergefallen.«

Während mir die Röte ins Gesicht schießt, bücke ich mich nach meiner Handtasche, die neben meinem Holzstuhl auf dem Boden steht, und fingere das Messer heraus. Schnell lege ich es auf den Teller.

Als die Bedienung weg ist, bemerke ich das Flüstern der jungen Frau, die den Bierwärmer bestellt hat, und ihrer Begleiterin. Dabei blicken die beiden immer wieder zu mir und kichern.

»Zu dämlich zum Klauen«, pflichtet die eine der anderen in einer für mich bestimmten Lautstärke bei.

Früher waren die Manieren der jungen Leute gegenüber Menschen älterer Semester zweifellos besser, denke ich bei mir. Als ich jung war, hätten wir uns so etwas nicht getraut. Ach was, wir wären gar nicht auf die Idee gekommen, uns derart impertinent zu verhalten!

Als wir wenig später den Biergarten verlassen, remple ich beim Hinausgehen versehentlich an den Stuhl der Warmbiertrinkerin, während sie ihr Glas in der Hand hält. Flüssigkeit schwappt über ihre Bluse.

Ohne sie weiter zu beachten, folge ich hocherhobenen Hauptes meinem Mann.

Wir gehen längs der Donau, vorbei an der Büste der Dichterin Emerenz Meier, die nach Chicago ausgewandert ist, mit Blick auf Nieder- und Oberhaus zur Anlegestelle unseres Schiffes, das einen klangvollen Namen trägt. Auf dem Weg halte ich Ausschau nach dem Unbekannten. Zu meinem Leidwesen kann ich ihn nirgendwo entdecken. So gehen wir an Bord, ohne dass ich ihn nochmals hätte sprechen können. Wie bedauerlich! Aber wir sind ja erst am Beginn unserer Reise. Wer weiß, welche Gelegenheiten für interessante Bekanntschaften sich im weiteren Verlauf noch ergeben werden? Das Leben steckt voll ungeahnter Möglichkeiten! Man muss sie lediglich erkennen.

Gleich nachdem wir das Schiff durch eine doppelte Glasschiebetür betreten haben, stehen wir in einem großen Raum. Auf der linken Seite befindet sich eine Rezeption, genauso wie in einem Hotel. Eine freundliche junge Dame in dunkelblauem Kostüm begrüßt uns. Nachdem wir eingecheckt sind, weist sie uns den Weg zur offenen geschwungenen Treppe, die sich gegenüber befindet.

»Ihre Kabine liegt, wie bei der Buchung gewünscht, auf dem Oberdeck. Sie können hier hinaufgehen oder den Aufzug nehmen.«

Eigentlich will ich die mit Teppich belegte elegante Treppe benutzen, aber Norbert begibt sich bereits zum Aufzug.

Der lange Flur, von dem rechts und links holzfarbene Türen in die Kabinen führen, ist ebenfalls mit einem Teppich ausgelegt, in den das Logo der Reederei eingewebt ist. Ich öffne die Tür zu unserer Kabine und bin überrascht, wie geräumig sie ist. Alles sieht genauso aus wie in einem Hotelzimmer der gehobenen Klasse. An der einen Seite steht ein breites Doppelbett. Gegenüber an der Wand ein schmaler Schreibtisch. Seitlich vor dem Außenbalkon haben wir zwei bequem aussehende Klubsessel aus hellem Holz mit Stoffbezug. Die Balkonbrüstung ist aus Glas, sodass sie den Blick nicht behindert. Da draußen stehen zwei Stühle bereit. Ein Traum! Das Bad könnte einen Tick größer sein, aber alles in allem bin ich zufrieden.

Norbert inspiziert die Minibar und setzt sich dann auf das Bett, während ich meine Sachen in den Schrank räume.

»Beeil dich, Edelgard. Wir sollten nicht zu spät zum Begrüßungscocktail erscheinen.«

Ich wähle ein schmales Kleid in Kobaltblau. »Willst du dich ebenfalls umziehen, Norbert?«

»Wieso? Die Sachen, die ich anhabe, sind total bequem!«
Norbert öffnet die Tür. Mit bequem hat er sicherlich
recht, was sein Outfit anbelangt. Hoffentlich kann ich ihn
wenigstens zum Dinner dazu überreden, sich umzuziehen.
Immerhin gibt es an Bord einen Dresscode!

Die Bar befindet sich auf demselben Deck, auf dem unsere
Kabine ist. Wir müssen lediglich den Bereich mit der
Treppe queren.

Die Hausdame Laura Anselmo steht bereits vor einem
kleinen schwarzen Flügel auf einer Art Bühne. Sie wird
gemeinsam mit dem Kreuzfahrtleiter, der neben ihr auf
das Einfinden der Passagiere wartet, unsere Ansprech-
partnerin für alle Belange während unseres Aufenthaltes
auf dem schwimmenden Hotel sein. Ich erfreue mich an
dem Anblick des Salons, in dessen Eingangsbereich sich
eine großzügige Bar befindet, um die man auf Hockern
Platz nehmen kann. Die hübsche Bestuhlung erinnert mich
an ein Caféhaus.

Aus dem Angebot wähle ich einen zartblauen Aperitif,
der hervorragend zum Farbton meines Kleides passt. Das
Glas ist mit einem Zuckerrand verziert. Norbert entschei-
det sich für ein Weizenbier. Das entspricht seinem »Sport-
gerät«, welches er abends vor unserem Fernseher stemmt.

Unsere Mitreisenden sind überwiegend in unserem
Alter oder liegen darüber. Die meisten haben sich elegant
gekleidet. Bis auf ein Pärchen, das nicht so recht ins Bild
passen will. Die junge Frau nippt an einem Mineralwasser, ihr ebenso junger Begleiter an einem Espresso. Lieber
Himmel, denke ich, womöglich leben die vegan. Dabei
fällt mir ein, dass Norbert keinerlei Allergien hat. Es soll
ja Menschen geben, die kann man mit einer einzigen Nuss,

die gerieben ihrem Essen untergemischt wird, ins Jenseits befördern. Zu meinem Bedauern verträgt Norbert jegliche Art von Nahrung bestens. Selbst diesbezüglich hat ihn das Schicksal verschont.

Kira, so höre ich den Mann sie nennen, als ich an ihnen vorbeigehe, wirkt in sich zurückgezogen, während er unverhohlen die anderen Gäste mustert. So, als würde er sie sortieren nach bedenklich und unbedenklich. Weswegen auch immer.

Nachdem wir in die Sicherheitsbestimmungen an Bord eingewiesen wurden, erläutert Laura Anselmo den Ablauf unserer Reise und wie wichtig es sei, nach Landgängen pünktlich an Bord zurückzukehren.

Als die Einweisung zu Ende ist, verweilen wir noch ein wenig in der Bar, wo ein Pianist in schwarzem Anzug und weißem Hemd an dem Flügel Platz genommen hat und leichte Weisen zum Besten gibt.

Es ist bereits dunkel, als wir an Linz vorbeifahren. Eingehüllt in eine Decke sitze ich auf unserem Balkon und genieße den Blick auf die Lichter der Stadt. Obwohl ich noch ein wenig traurig darüber bin, in Passau den interessanten Fremden nicht mehr getroffen zu haben. Nebenan niest jemand.

»Kira, zieh dir was über. Du erkältest dich sonst.«

»Bela, hast du alles dabei?«

»Klar.«

Eine Tür geht zu.

Nebenan wohnt also das junge Paar, das mir vorhin aufgefallen war.

»Edelgard!« Norbert ruft nach mir. »Wo ist denn meine Zeitschrift?«

Norbert arbeitet sich neuerdings in die Fotografie ein, seit ihm unser Sohn zum letzten Weihnachtsfest eine Kamera geschenkt hat.

»Du hast sie selbst eingepackt!«

Ich verlasse meinen Aussichtsplatz. Denn ich weiß genau, Norbert wird keine Ruhe geben, bis er das Gewünschte erhalten hat. Ganz unten im Koffer, in welchem noch immer seine Sachen sind, liegt das Heft. Ich drücke es ihm in die Hand und räume seine Kleider ein. Damit, dass er es selbst bewerkstelligt, ist kaum zu rechnen.

Morgens stelle ich fest, dass unsere Kabinennachbarn mit uns am selben Tisch im Panorama-Restaurant sitzen. Die Plätze werden uns für die Dauer der Reise zugewiesen, man kann sich nicht einfach irgendwohin setzen.

»Ist das Ihre erste Flussschifffahrt?« Ich beginne die Unterhaltung mit meiner Tischnachbarin.

Die nickt.

»Wir sind zum ersten Mal auf so einem Schiff«, übernimmt ihr Begleiter die Antwort für sie.

»Und wo kommen Sie her?«

»Edelgard, hör schon auf damit, die Leute zu verhören.« Norbert fällt mir ins Wort. »Meine Frau liest zu viele Krimis.«

Am liebsten würde ich ihm unter dem Tisch vors Schienbein treten. Ich mache immerhin ganz normale Konversation mit den anderen Gästen! Das hat nichts mit einem Verhör zu tun, wenn man lediglich höflich ist.

»Kira, Schatz, schmeckt es dir?«

Dieser Bela kümmert sich wirklich vorbildlich um seine Partnerin. Von diesem Verhalten könnte mein eigener Mann gerne etwas übernehmen.

»Guck, Norbert, Stift Melk!«

Unser Schiff fährt soeben an der wunderschönen Stift-
anlage vorbei, die sich über das Tal erhebt. Die Morgen-
sonne scheint auf die überwiegend in Goldgelb gehaltene
Fassade und lässt sie regelrecht strahlen.

»Erinnerst du dich? Der Name der Rose? Den haben
wir damals in dem kleinen Kino bei uns um die Ecke gesehen. In diesem Stift in der Wachau wurde ein Teil des
Films gedreht.«

»Keine Ahnung. Hieß nicht eine der Hauptfiguren
Adson von Melk? Nach dem Stift?«

»Ich habe damals nach dem Kinobesuch den Roman
von Umberto Eco gekauft.«

»Ich bin mir ziemlich sicher, der Schüler hieß so wie
das Stift, an dem wir grade vorbeifahren.«

Wir blicken beide, wie die anderen Gäste im Restaurant
ebenfalls, zu der prächtigen Barockanlage hoch.

»Schade, dass wir hier nicht anhalten. Meine Bekannte
Astrid Steins hat im letzten Jahr eine Radtour gemacht,
ich kenne sie aus dem Kirchenchor. Die ist von Passau bis
nach Wien mit dem Fahrrad gefahren.«

Norbert stöhnt alleine schon bei dem Gedanken laut auf.

»Sie hat das Stift besichtigt. Astrid erzählte mir, die Bibliothek sei wunderbar! Die müsse man unbedingt gesehen
haben. Die liest genauso gerne wie ich.«

»Kann man da auch mit dem Zug hinreisen, Edelgard?«

Er ist mit seinem Rührei mit Speck fertig und scheint
zu überlegen, was er sich als Nächstes vom Frühstücks-
büfett holt.

Ich kann mir ein Grinsen nicht verkneifen. Selbst für
mich ist mein korpulenter Mann auf einer sehr langen Radtour nur schwer vorstellbar. Vermutlich bräuchte er eine

Spezialanfertigung, damit sich der Rahmen des Drahtesels unter seinem Gewicht nicht verbiegt.

Nach dem Mittagessen, zu dem uns Wiener Schnitzel mit Kartoffelsalat serviert wurde, legen wir schon in der Donaumetropole an. Wir verlassen das Schiff für einen Landgang. Norbert will natürlich ins Hotel Sacher, um dort stilgerecht ein Stück der in aller Welt berühmten Torte zu verspeisen. Ich hingegen will mir die Lipizzaner in der Spanischen Hofreitschule ansehen. Davon hat unsere Nachbarin nämlich ebenfalls geschwärmt.

Kaum sind wir von Bord gegangen und haben festen Boden unter den Füßen, steuert eine junge Frau direkt auf uns zu. Ich glaube, meinen Augen nicht zu trauen! Es ist Marja Schnitter, die aufdringliche Journalistin, die wir während unserer Reise längs der Bergstraße kennengelernt haben. Ausgerechnet die hier zu treffen! Die hat doch tatsächlich meinen Mann des Mordes verdächtigt! Eine Unverschämtheit. Völlig haltlos obendrein. Was, bitte sehr, würde es mir nützen, wenn mein Mann für 15 Jahre in den Knast müsste? Da käme ich überhaupt nicht mehr an seine Lebensversicherung dran. Die zahlt schließlich nur bei seinem Tod!

Der Mann, der Marjas Mutter auf dem Gewissen hat, ist selbst zum Opfer geworden. Das hatte ihr die Polizei gegen Ende unserer damaligen Reise mitgeteilt. Ich kenne zufällig die Frau, die sich seiner in Notwehr entledigte, als der Serienmörder erneut brutal zuschlagen wollte. Aber nur sie und ich wissen davon. Ich habe ihr versprochen, zu schweigen wie ein Grab. Schließlich halten wir Frauen zusammen, nicht wahr?

»Frau Buchmann!« Marja Schnitter streckt mir fröhlich, grade so, als wäre nie etwas anderes als Heiterkeit in unserer Begegnung gewesen, die Hand hin. »Und Herr Buchmann! Welch eine Überraschung, Sie hier zu treffen. Und das bei diesem strahlenden Sonnenschein. Das freut mich jetzt aber wirklich.«

»Das kann man wohl sagen, so eine Überraschung«, erwidere ich spitz. Mein Bedürfnis, diese Person wiederzusehen, ist nicht sehr ausgeprägt.

»Frau Schnitter!« Mein Göttergatte deutet tatsächlich eine Verneigung an. Ich habe ihm damals nicht die Wahrheit gesagt, als wir die Journalistin bei der letzten Station unserer Reise an der Bergstraße in Wiesloch trafen. Er weiß nichts von ihren unerhörten Verdächtigungen gegen ihn. Wozu hätte ich es ihm erzählen sollen? Das hätte ihn nur unnötig aufgeregt. Dabei ist der Aufenthalt in diesem skurrilen Smart-Haus in Wiesloch am Ende der Reise an die Bergstraße für sich genommen bereits abenteuerlich genug gewesen. Das Haus hatte unser Sohn gebucht, weil er uns mit etwas Besonderem überraschen wollte. Ich kann nur bestätigen, das ist ihm vortrefflich geglückt! Der Vermieter war in dubiose Finanzgeschäfte verwickelt und wurde von Leuten, die er geschädigt hatte, entführt. Ich hatte damals den Eindruck, die Polizei verdächtige meinen Mann! Das war natürlich völlig haltlos und ließ sich rasch klären.

»Sie beide hier zu treffen! Welch ein Zufall.«

Ich hoffe für sie ebenfalls darauf, dass diesem Treffen kein Kalkül zugrunde liegt. Wer weiß schon, was diese Person wieder ausheckt? Ist das Treffen mit ihr tatsächlich dem Wechselspiel des Lebens geschuldet? Es fällt mir schwer, wirklich an einen Zufall zu glauben. Ich traue ihr einiges zu.

»Sind Sie auf diesem Schiff?«

»Genau. Meine Frau und ich machen eine Flussschifffahrt.« Norbert strahlt mit der Sonne um die Wette, während die anderen Gäste sich an uns vorbei in Richtung der Stadt zerstreuen.

»Zauberhaft! Ich will, während das Schiff hier liegt, mit dem Kreuzfahrtleiter sprechen. Ich habe einen Termin bei ihm. Dachte ja gar nicht, dass das Schiff pünktlich ist. Mit den ganzen Staustufen und so. Das frisst immerhin Zeit ohne Ende.«

»Schreiben Sie einen Ihrer Reiseführer?« Norbert ist sichtlich von ihrem Aussehen hingerissen. Sie trägt ein figurnahes Kleid mit Blumenmuster. Am liebsten würde ich ihn an Ort und Stelle in den Fluss schubsen. Er kann nämlich nicht schwimmen. Vor meinem inneren Auge sehe ich die Schlagzeile in einer Zeitung mit großen Buchstaben stehen: »Wal an Donaustrand bei Wien angeschwemmt«.

»So was Ähnliches. Wenn Sie mich nicht verpetzen …« Sie knipst ein breites Lächeln an. »Ich will eigentlich kritisch über diese Art des Reisens schreiben. Aber das verrate ich dem Kreuzfahrtleiter nicht. Sonst komme ich nicht an Informationen heran.«

Das glaube ich ihr sofort. Vorne nett und hinterrücks hat sie bereits den Griffel angespitzt. Laut sage ich: »Dann viel Vergnügen bei Ihrem Gespräch. Sie entschuldigen uns, wir beide sehen uns jetzt Wien an. Komm endlich, Norbert, unsere Zeit ist knapp. Und wir müssen pünktlich zurück sein. Das Schiff soll schließlich nicht ohne uns weiterfahren.«

»Wo wir uns hier schon derart zufällig über den Weg laufen, habe ich eine Idee!«, hält sie uns zurück. »Sie könnten mir doch von Ihrer weiteren Fahrt berichten, Frau Buchmann, indem sie Artikel darüber schreiben?«

»Kritisch?«

»Das ist *mein* Ressort. Sie schreiben einfach auf, was Sie erleben. Ganz natürlich und unverbrämt.«

»Aha.«

»Denken Sie drüber nach. Kehren Sie nachher zehn Minuten früher von Ihrem Ausflug zurück.«

»Weshalb machen Sie die Reise nicht einfach selbst?«

»Können Sie es für sich behalten, Frau Buchmann? Ich werde ganz grässlich seekrank, sobald das Schiff die Maschinen anwirft und losfährt. Bis nachher!«

Schon stöckelt sie an Bord.

»Komm, Norbert, lass uns die Zeit endlich für unsere Stadtbesichtigung nutzen.«

Wir besteigen ein Taxi.

»Zur Hofburg, bitte!«

»Du hättest ruhig netter zu Frau Schnitter sein können.«

»Findest du?«

»Ich weiß wirklich nicht, was du gegen sie hast. Irgendwie habe ich den Eindruck, du warst unangenehm überrascht, sie zu treffen. Dabei ist sie derart nett. Manchmal verstehe ich dich einfach nicht.«

Ich schweige und starre aus dem Fenster.

An der Hofburg angekommen, stelle ich zu meinem Bedauern fest, dass heute keine öffentliche Führung stattfindet. Wir schlendern längs der Österreichischen Nationalbibliothek und biegen in die Dorotheergasse ein. Vorbei an berühmten Cafés gelangen wir bis zum Stephansdom.

»Sollen wir uns am Naschmarkt mit ein paar Spezialitäten eindecken?«

Mein Mann ist sofort überzeugt.

Auf dem berühmten Markt verschwendet er keinen Blick auf die gegenüberliegende Häuserzeile mit den fantastischen Jugendstilfassaden. Ich hingegen vermag mich kaum daran sattzusehen. Ehe ich es mich versehe, sitzt er bereits vor einem Imbiss auf einem der im Freien aufgestellten Stühle.

»Edelgard, guck mal, die haben Krautwickel!«

»Krautwickerl, der Herr.« Der Mann hinter der Theke grinst.

»Dann eben Wickerl. Machen Sie mir eine große Portion!«

Mir bleibt nichts anderes übrig, als mich auf einen der freien Stühle neben meinen Mann zu setzen.

»Bittschän, kommt sofort. Und die Dame?«, ruft der Inhaber zu mir her.

»Haben Sie auch Kaffee?«

»Aber gern! Was darf es denn sein? Einspänner oder Kapuziner?«

»Ganz normalen Milchkaffee, bitte.«

Der Mann verzieht keine Miene. »Ich mach Ihnen eine Wiener Melange, gnä' Frau, die wird Ihnen gewiss munden.«

Wenig später erwirbt Norbert an einem Stand zwei Stangen Salami, ein Glas mit eingelegten Paprika und einen Bund mit mehreren Knollen Knoblauch.

»Wozu brauchst du den vielen Knoblauch? Du wirst bestimmt keine Vampire treffen.«

»Schau nur, wie wunderbar der ist. Dieses zarte Violett, welches durch das Weiß der Schale schimmert. So was kriegst du bei uns zu Hause nicht! Der hält sich. Damit bereitest du mir daheim etwas Leckeres zu.«

Ich nicke. Demnächst hat seine Mutter Geburtstag. Ich werde dafür sorgen, dass ihr dieser Tag olfaktorisch für längere Zeit in Erinnerung bleibt, indem ich ihren Sohn am Vorabend auf ganz besondere Weise verköstige.

Da vorne fesselt etwas meine Aufmerksamkeit. Unsere jungen Nachbarn vom Schiff kommen soeben aus einem Büdchen. Dort wird Kunsthandwerk feilgeboten. Ich winke den beiden zu, aber sie nehmen mich nicht wahr.

»Edelgard, was fuchtelst du denn derart herum?«

»Die beiden! Siehst du die? Mit denen haben wir heute gemeinsam gegessen.«

»Die Frau, die noch weniger zu sich nimmt als du. Ich verstehe dich wirklich nicht, Edelgard.«

»Guck mal, die haben gar nichts gekauft. Die haben gar keine Tüte bei sich.«

»Miss Marple! Vielleicht haben sie lediglich eine Kleinigkeit erworben? Oder nur geguckt und nichts gefunden? Man muss nicht immerzu kaufen, man kann sich auch einmal einfach nur umsehen.« Norbert drückt mir eine prall gefüllte Stofftasche mit dem Aufdruck »Wiener Naschmarkt« in die Hand. »Kannst du die nehmen? Du weißt ja, meine Handgelenke schmerzen so rasch.«

Viel zu schnell ist unser kurzer Aufenthalt in Wien zu Ende, dabei gäbe es noch jede Menge zu entdecken. Ich wäre gerne in die Secession gegangen oder hätte das Hundertwasserhaus angeschaut. Schade. Aber es muss ja nicht mein letzter Besuch in Wien gewesen sein, nicht wahr? Als vermögende Witwe leiste ich mir dann ein gutes Hotel in der Nähe der Oper. Nur zu gerne nähme ich wenigstens einmal im Leben am Opernball teil!

Wir erstehen noch geschwind ein kulinarisches Kunstwerk namens Sachertorte in einem Holzkistchen und eilen zu unserem Schiff.

Davor erwartet uns tatsächlich Marja. Ich lege, ganz ehrlich, keinen großen Wert auf dieses Wiedersehen. Ich werde auf der Hut sein. Was will sie wirklich von mir? Der Frau ist meiner Ansicht nach nicht zu trauen!

»Frau Buchmann, da sind Sie ja endlich. Ich mache es schnell, denn Sie fahren ja gleich ab. Es geht um einen Blog, auf dem Sie Ihre Reiseeindrücke schildern. Haben Sie Interesse daran?«

»Ich weiß nicht …«

»Denken Sie in Ruhe darüber nach. Es gibt einen sehr großen Reiseveranstalter, der Ihre Reisen bezuschusst, wenn Sie davon berichten. Sie reisen nahezu kostenfrei.«

Die Sache beginnt nun allerdings, interessant für mich zu werden. Was sie soeben sagte, klingt nicht schlecht für meine Ohren. Wo Reisen sowieso meine Leidenschaft ist. An uns vorbei hasten die anderen Passagiere an Bord.

»Ich gebe Ihnen meine Karte, Frau Buchmann. Melden Sie sich, wenn Sie wieder zu Hause sind. Für mich selbst kommt das nicht infrage. Ich habe zwar dieses Angebot bekommen, aber ich kann es einfach nicht annehmen, wegen meiner Neigung zur Reiseerkrankung auf schwankenden Transportmitteln. Die Auftraggeber denken, so ein Blog wäre eine hervorragende Werbung für Schifffahrtsreisen.« Sie legt mir ihre Hand auf den Arm und raunt mir leise ins Ohr: »Das wäre so eine Art Wiedergutmachung, Sie verstehen, was ich damit meine …«

Natürlich ist mir sofort klar, worauf sie anspielt.

»Aber … ich habe so etwas noch nie gemacht! Ich schreibe zwar ab und an kleine Beiträge für unseren Gemeindebrief von der Kirche …«

»Keine Sorge! Sie mailen mir die Texte zu und ich bereite sie auf. Die Änderungen kriegen Sie natürlich vorab zu sehen. Selbstverständlich wird Ihnen ein Tablet-Computer zur Verfügung gestellt.«

»Ich denke darüber nach. Aber jetzt muss ich wirklich an Bord.« Ich stecke die Visitenkarte ein.

»Frau Buchmann«, sie streckt mir ihre Hand hin, »gute Reise!« Und an Norbert gewandt: »Wie reizend, Sie beide mal wiedergesehen zu haben. Ausgerechnet in Wien!«

Abends, als ich mit einem Glas Wein auf unserem Balkon sitze, höre ich nebenan den jungen Mann telefonieren.

»Wien ist der neue Hotspot!«

…

»Ja, hat alles geklappt. Gut, wir sehen uns am verabredeten Ort.«

Hotspot – wie spricht der denn? Was meint er damit? Und was, bitte sehr, hat bei dem geklappt? Da ist etwas faul, das sagt mir mein Gefühl ganz eindeutig. Und auf mein Gefühl konnte ich mich schon immer verlassen.

»Edelgard, gehen wir zum Abendessen?«

»Ja, Norbert, ich komme schon, muss mich bloß noch geschwind umziehen.«

Es gibt hier an Bord eine Kleiderordnung, wonach es unerwünscht ist, den Speisesaal in Jeans und T-Shirt zu betreten. Ich finde es angemessen, auf Etikette zu achten. Norbert trägt seinen beigefarbenen Breitcordanzug, dazu ein weißes Hemd und eine der gehäkelten Krawatten, die Mutti ihm an jedem seiner Geburtstage schenkt. In Vorfreude auf den bevorstehenden Genuss grinst mein Mann schon jetzt wie ein Honigkuchenpferd.

»Wollen wir mal sehen, womit uns die Küche überrascht.«

Viel zu schnell verfliegt die weitere Zeit und ehe ich es mich versehe, fährt unser Schiff bereits wieder auf Passau zu. Von Bord aus gewinnt man Donau aufwärts fahrend den Eindruck, man halte auf eine Insel zu. Wie uns der Kreuzfahrtleiter erläutert, wird von der Bergfahrt gesprochen, wenn das Schiff in diese Richtung fährt. Schwimmt es mit dem Strom in dessen Fließrichtung, unternimmt es eine Talfahrt. Bei diesen Termini fällt mir Fitzcarraldo ein, der im gleichnamigen Film versuchte, im Amazonasgebiet ein Schiff über den Berg zu ziehen.

Während ich mich an dem Anblick der scheinbar auf uns zuschwimmenden Ortsspitze erfreue, fällt mir Marjas Angebot ein. Vielleicht sollte ich wenigstens darüber nachdenken? Ich finde es auf dem Schiff ziemlich angenehm. Es ist komfortabel wie ein sehr gutes Hotel, mit dem Unterschied, dass man unterwegs eine wunderschöne Landschaft betrachten und viele Ausflüge unternehmen kann. Zusätzlich ist das Essen von ausgezeichneter Qualität. Und wenn ich obendrein die Reisen gesponsert bekomme, spricht eigentlich rein gar nichts dagegen. Meine Bekannte Monique, mit der ich das Geheimnis um das Ableben des Mörders von Marjas Mutter teile, betreibt mittlerweile einen Blog, auf dem sie über Essen berichtet. Sie hat mir neulich eine Mail gesandt und geschrieben, dass sie damit sehr viele Klickraten erreicht. Der Absatz ihrer selbst gemachten Produkte steigt rasant. Wie heißt es so schön? Wer nicht mit der Zeit geht, geht mit der Zeit.

Als wir mit den anderen das Schiff verlassen, fallen mir zwei Männer in salopper Freizeitkleidung und Sneakers auf, welche die Landgänger eindringlich mustern. An Norbert und mir scheinen sie allerdings kein Interesse zu haben. Als mein Mann mich, nachdem wir den Steg verlassen haben, weiterzuziehen versucht, bleibe ich stehen.

»Jetzt guck mal, Norbert, die Männer. Die suchen nach jemandem.«

»Edelgard, es ist manchmal richtig schlimm mit dir. Siehst du wieder Geheimagenten?«

»Das könnte die Kriminalpolizei sein. Das weiß wirklich jeder, dass die keine Uniform tragen.«

»Außerdem haben sie keinen Blaulichthelm auf dem Kopf, Frau Schlau.«

Ich entdecke die beiden jungen Leute aus unserer Nachbarkabine. Der Mann hat seinen Arm um die Frau gelegt. Beide halten ihre Blicke auf den Boden gesenkt. Als sie den Steg verlassen, treten die zwei Männer unmissverständlich auf sie zu.

»Herr Groth und Frau Bell?«

Die so Angesprochenen versuchen, sich an den beiden vorbeizudrängen. Das kommt bei dem Mann, der die Frage dem Anschein nach eher rhetorisch an sie gerichtet hat, allerdings nicht gut an. Er packt Herrn Groth am Arm.

»Machen Sie kein Aufsehen. Wir müssen Sie bitten, uns zu begleiten.«

»Und wenn das keine Kripo ist?«, raune ich Norbert zu. »Wenn die beiden soeben entführt werden?«

»Am helllichten Tag? Vor so vielen Menschen? Edelgard! Was hast du gestern vor dem Einschlafen gelesen?«

So leicht gebe ich mich nicht geschlagen. Ich trete beherzt zu dem zweiten Mann, der soeben seine Hand auf Kiras Arm gelegt hat. Soweit ich im Bilde bin, nennt man mein Handeln Zivilcourage!

Ich fixiere ihn. »Was ist hier los?«

»Gehen Sie bitte weiter.«

»Das werde ich nicht. Ich will sofort wissen, was hier geschieht.«

Er zieht einen Ausweis aus seiner Hemdtasche. »Schauen Sie da drauf. Wir ermitteln in einem Fall von Antiquitätenschmuggel. Es geht um besonders wertvolle Stücke, die auf verschlungenen Wegen aus Kriegsgebieten nach Europa gelangen.«

Kira wirkt auf mich, als würde sie sogleich in Ohnmacht fallen. Die blasse schmale Frau tut mir leid und deshalb erwähne ich mit keinem Wort meine Beobachtungen auf dem Naschmarkt.

»Mein Onkel ist so krank. Er ist der einzige Bruder meiner Mutter. Wir brauchen das Geld.«

»Kommen Sie mit uns. Wir bringen Sie zum Revier.«

Als die vier weg sind, fragt mein Mann spöttisch: »Was haben die Entführer gesagt? Wo bringen Sie die beiden hin?«

»Aufs Polizeirevier.«

»Das wusste ich gleich. Kriminalpolizei.« Er zuckt mit den Schultern.

Ich jedoch halte Ausschau nach dem geheimnisvollen attraktiven Fremden, den ich vor unserer Abreise im Hirschwirtsgassl verpasst habe. Weshalb hatte er mich gewarnt, an Bord zu gehen? Mir fällt kein einziger vernünftiger Grund ein, weshalb ich es nicht hätte tun sollen. Der Mann und sein Spruch sind mir ein großes Rätsel, das mich beschäftigt.

»Edelgard! Wonach guckst du? Weitere Kripobeamte? Denkst du, es waren noch mehr Verbrecher an Bord?«

»Du weißt gar nicht, ob die beiden wirklich etwas verbrochen haben.«

»Wann fährt unser Zug nach Hause?«

»In eineinhalb Stunden.«

Mit ist bewusst, das ist viel zu kurz, um noch einmal heimlich die Altstadt abzulaufen und auf eine zufällige Begegnung zu hoffen. Missmutig folge ich meinem Mann.

DIE DONAU

Als »schöne blaue Donau« wurde sie oft weinselig besungen. Blau wirkt sie je nach Tageslicht und Sonneneinstrahlung tatsächlich, etwa aus dem Blickwinkel vom Oberhaus über dem Dreiflusseck in Passau, wo der Strom den aus Österreich kommenden Inn und die »schwarze Perle« des Bayerwaldes, die Ilz, aufnimmt.

Den Rang als längster Fluss Europas hat die Wolga inne. Auf Platz zwei folgt die Donau. Sie ist eine wichtige Verkehrsader, die viele Länder Europas verbindet. Der Fluss entsteht bei Donaueschingen durch die Verbindung von Brigach und Breg.

Für den Flussfahrttourismus ist sie eine der schönsten die Ländergrenzen überschreitenden Routen, die bis ans Schwarze Meer führt, wohin die Donau in Rumänien mündet. Der Fluss ist Lebensraum für viele Arten. Er durchquert Naturschutzgebiete wie die Donauleiten und bietet an seinen Ufern Flora und Fauna Schutz zur Entfaltung.

VOM ENDE EINER EHE
(ELBE; DRESDEN, PRAG)

Marjas Angebot geht mir nicht aus dem Sinn. Es kann nicht schaden, mich deshalb mit unserem Sohn telefonisch auszutauschen.

»Bist du dir sicher, dass es eine seriöse Sache ist, Mom?«

»Ja, schon. Ich bekomme einen Vertrag. Sagt Marja. Wäre lieb, wenn du den durchgucken könntest.«

»Klar, kann ich machen. Woher kennst du diese Marja überhaupt?«

»Dein Vater und ich haben sie an der Bergstraße kennengelernt.«

»Ah, du kennst sie also persönlich, nicht nur übers Netz.«

»Die Frau ist echt, das kannst du mir glauben. So was von echt!«

»Und jetzt hast du sie in Wien wiedergetroffen?«

»Ein Zufall, gell? Die Welt ist irgendwie ein Dorf.«

»Kann man wohl sagen. Mir ist gestern in Gamla Stan vor einer Kneipe mein alter Deutschlehrer über den Weg gelaufen. Seit der in Pension ist, reist er nur noch.«

»Recht hat er. Warum denn nicht?«

»Du müsstest also ein paar Kreuzfahrten unternehmen? Mit so einem Riesendings auf dem Ozean? Gemeinsam mit 5.000 anderen?«

»Nein, Julian. Kreuzfahrten schon, aber alle auf Flüssen in Deutschland, vielleicht ein wenig über die Grenze. Ganz gemächlich und überschaubar. Da sind unter 200 Passagiere an Bord.«

»Verstehe. Und ich habe mir grade Paps und dich auf einem Ozeanriesen vorgestellt, der nach New York unterwegs ist.«

Ich lache. »Wenn du ihm verrätst, dass es dort zig Restaurants an Bord gibt, hättest du sicherlich ein schlagkräftiges Argument.«

»Ich weiß nicht, so ein Ozeanriese. Da gehen manches Mal Leute über Bord. Ich habe kürzlich irgendwo gelesen, dass man ganz schöne Zahlungen von den Reedereien heraushandeln kann, wenn man anschließend auf Ermittlungen verzichtet. Wäre nämlich negative Presse, die keiner haben will.«

Ich schweige. Meine Gedanken hierzu sind nicht für eine Mitteilung an unseren gemeinsamen Sohn geeignet.

»Mom, bist du noch dran?«

»Und wie ist es, wenn jemand in Deutschland über Bord geht?« Das will ich genauer wissen. »Ermittelt da auch keiner, wenn man es als Angehöriger nicht möchte?«

»Mom, in solch einem Fall ermittelt selbstverständlich die deutsche Polizei, jeweils die aus der nächsten Stadt. Aber auf dem Weltmeer ist die Rechtslage völlig anders und komplex. Außerdem, wie soll man denn im Ozean jemanden finden? Da gehen ganze Schiffe und Flugzeuge auf Nimmerwiedersehen verloren. Denk nur an dieses Bermuda-Dreieck. Aber in Flüssen …«

Ich seufze. »Wird man irgendwann ans Ufer geschwemmt.«

»Mom?«

»Das geht mir grade so durch den Kopf. Dein Vater und ich werden demnächst ein paar Reisen unternehmen. Ganz bestimmt nicht in der Nähe des Bermuda-Dreiecks.« Um seine Sorgen über mein Nachfragen gänzlich zu zerstreuen, lache ich laut. »Versprochen! Wir bereisen ausschließlich Flüsse. Hier in Deutschland. Alles gänzlich harmlos.«

»Werdet ihr denn nicht seekrank, ihr beide?«

»Wo denkst du hin! Außerdem haben wir unsere erste Fahrt schon hinter uns.« Mein Mann hat den Magen eines Walrosses, wie sollte der seekrank werden? Laut sage ich in den Hörer: »Da hatten wir beide keinerlei Probleme, absolut keine. Du musst dich also nicht um uns sorgen. Es besteht überhaupt kein Anlass dazu.«

»Tja, Mom, maile mir den Vertrag zu, sobald du ihn hast. Schadet ja nicht, wenn ihn mehr Leute durchgucken.«

»Alles klar, Julian.«

*

Norbert ist begeistert von der Idee, unsere nächsten Reisen jetzt so gut wie umsonst durchzuführen. »Ich habe gleich gesagt, diese Marja ist eine patente Person.«

Ja, mein Lieber, du denkst dabei vor allem an ihre optischen Reize. »Weißt du noch, wonach sie bei Darmstadt gesucht hat?«

»Wie könnte ich das vergessen! Manchmal habe ich durchaus den Eindruck, du hältst mich für unsensibel. Marja suchte nach dem Mörder ihrer Mutter.«

»Weil sie unmittelbar vor ihrer eigenen Hochzeit stand.«

Der Gedanke, dass Marja jemand anderen geheiratet hat, auch wenn er selbst partout nicht für diese Rolle infrage käme, behagt Norbert nicht. Männer sind manchmal in ihren Gedankengängen ziemlich durchschaubar.

»Eine gut aussehende Frau wie sie …«

Ich schweige dazu, verrate ihm aber mein erstes Angebot für eine Reise, über die ich für den Blog berichten werde. »Marja hat mir nämlich den Vertrag des Reiseveranstalters übermittelt. Nachdem ihn Julian durchgesehen und ebenfalls für gut befunden hat, habe ich unterzeichnet. Marja wird meine Artikel durchsehen, sie auf Rechtschreibung prüfen und anschließend an den Veranstalter weiterleiten, wo sie dann hochgeladen werden. Wir gehen bei Dresden an Bord. Wir bereisen die Elbe.«

»Dresden?«

»Wir können früher anreisen und im Elbsandsteingebirge wandern.« Mir ist spontan ein Bild der senkrecht aufragenden Felsen in den Sinn gekommen. Von diesen steilen, in sanften Farben getönten Felsen, die, soweit ich weiß, für Touristen zugänglich gemacht wurden, kann doch mal jemand herunterfallen? Wieso also nicht Norbert? Vielleicht muss ich ihn eines Tages gar nicht zu einer teuren Reise über den Atlantik überreden, wo er über Bord geht und im Bermuda-Dreieck auf Nimmerwiedersehen verschwindet. Selbstverständlich würde ich in so einem Fall auf Nachforschungen verzichten, wenn man mich darum bäte. Vorher müsste ich allerdings herausfinden, wo überall an Bord Überwachungskameras installiert sind.

»Ich soll klettern? Vergiss es.«

»Was du schon wieder annimmst! Da gibt es ganz normale Wanderwege. Von der anderen Seite, also sozusagen von hinten. Man muss gar nicht wie ein Freeclimber senkrecht die Wand hoch.« Ich muss grinsen, als ich mir meinen Mann bei so einer Aktion vorstelle. Das Outfit stünde ihm sicher ganz hervorragend. Vorausgesetzt, es wäre in seiner Kleidergröße verfügbar. Schließlich ist es keine gängige Größe, die er trägt. Vermutlich würden die Seile und Sicherungshaken sein Gewicht nicht tragen.

»Was soll ich denn im Gebirge? Grade eben hieß es noch, wir machen eine Flusskreuzfahrt. Was denn nun wirklich? Entweder – oder.«

»Aber man kann das Angenehme mit dem Nützlichen verbinden!«

»Was soll daran nützlich sein, wenn ich ins Elbsandsteingebirge gehe?«, brummelt er.

Das kann ich ihm leider nicht auf die Nase binden. Also gebe ich nach und buche die Anfahrt für uns so, dass wir gleich am Ankunftstag an Bord unseres Schiffes gehen. Schließlich ist das Wichtigste, meinen Mann überhaupt dazu zu bringen, unser Zuhause zu verlassen. Das ist dann immerhin der erste Schritt in die von mir gewünschte Richtung.

Insgeheim hege ich die Hoffnung, den geheimnisvollen Fremden von der Passauer Ortsspitze erneut zu treffen. Vielleicht spaziert er an verschiedenen Schiffsanlegestellen herum und nicht nur in Niederbayern? Womöglich ist er beruflich viel unterwegs und deshalb auch andernorts anzutreffen? Ich erinnere mich sehr gerne an ihn und hätte nichts gegen ein Wiedersehen einzuwenden. Der nette Mann würde sicherlich vergnügt mit mir wandern gehen, und zwar in der Natur und nicht immerzu nur von einem Restaurant zum nächsten, so wie mein Angetrauter. Sicherlich wäre er auch aufmerksamer mir gegenüber und würde gute Manieren an den Tag legen.

Dresden empfängt uns nach einer komplikationsfreien Bahnfahrt mit prächtigem Wetter. Für die Prager Straße, die ich von einem früheren Städteurlaub mit einer Freundin her kenne, hätte ich heute gerne mehr Zeit. Die Auslagen in den vielen Läden sind sehr verlockend. Aber Norbert hastet bereits voraus.

»Wir sollten wenigstens in die Frauenkirche, Edelgard, wenn wir schon mal hier sind.«

So unrecht hat er damit nicht. Beim Überqueren des Neumarktes bin ich wie schon beim ersten Mal verzückt vom Anblick der großartigen Architektur des Gotteshauses.

»Ich bin froh, dass die nach der Wende wiederaufgebaut wurde«, sage ich deshalb. »Das war eine richtige Entscheidung. Unbedingt. Dresden war von den Zerstörungen des Zweiten Weltkriegs besonders hart betroffen.«

»Wir hatten früher eine ältere Nachbarin, die hat die schrecklichen Bombenangriffe auf Dresden in ihrer Jugend selbst miterlebt.« Norbert blickt nachdenklich. »Ich habe oft Kuchen bei ihr gegessen.«

»Du hast nie von ihr erzählt!«

»Sie ist irgendwann aus unserer Nachbarschaft weggezogen und ich habe nichts mehr von ihr gehört. Aber jetzt fällt es mir grade wieder ein, wie sie mit Mutti darüber sprach. Sie hatte bei den Angriffen ihre gesamte Familie verloren, die Eltern und alle Geschwister.«

»Wie schrecklich.«

Drinnen allerdings muss ich ihn dazu ermahnen, seinen Koffer nicht hinter sich herzuziehen, sondern in die Hand zu nehmen und zu tragen. Da hätte er getrost von alleine drauf kommen können! Man macht in einem Gotteshaus nicht solchen Lärm! Wir nehmen in einer der Bankreihen Platz.

»Wieso sind da vorne eigentlich Beichtstühle? Das ist doch keine katholische Kirche!«

»In den Anfangszeiten der Reformation konnte man ebenso bei den Lutherischen beichten. So etwas weiß man schließlich!«

»Nur weil deine Chefin Pfarrerin ist, musst du dich nicht so hervortun!«

»Du hast mich danach gefragt!«

»Ich wollte nur hören, ob du es ebenfalls weißt.«

Er schweigt, bis wir uns wieder hinausbegeben.

»Die anderen Sehenswürdigkeiten Dresdens? Was ist mit denen? Haben wir für die keine Zeit? Das grüne Gewölbe hätte ich gerne gesehen!«

»Du warst es immerhin, der unbedingt erst heute hierherkommen wollte!«, entrüste ich mich.

»Ich wollte bloß nicht in dieses Gebirge! Aber die Schatzkammer Augusts des Starken hätte ich wirklich gerne besucht. Mutti hat vor ein paar Jahren eine Reise hierher gemacht. Sie war sogar in der Semperoper! Es hat ihr sehr gut gefallen.«

»Hättest du Mutti zu dieser Reise begleitet, hättest du mit ihr in die Oper gehen können.« Norbert weiß ganz genau, dass ich lieber Operetten genieße. Diese spielerische Leidenschaft! Aber davon versteht er leider nichts.

»Lass Mutti aus dem Spiel. Immer wenn sie vorschlägt, uns auf Reisen zu begleiten, bist du sehr unhöflich zu ihr. Deshalb ist sie ziemlich verzagt und meidet das Thema. Ich spüre das ganz genau. Dabei hätte sie nichts dagegen, mitzukommen. Ich übrigens auch nicht.«

Ich bin kurz davor, in Schnappatmung zu verfallen. Einatmen, ausatmen. Gleichmäßig und ruhig. Ich fahre mit den Rollen meines Koffers versehentlich gegen Norberts Hacke.

»Edelgard! Kannst du nicht besser aufpassen?«

»Guck mal, Norbert. Da vorne ist unser Schiff.«

Wir sind an der Brühlschen Terrasse angekommen. Ich nehme mir vor, sie in meinem Artikel über die Reise zu erwähnen.

Unsere Kabine liegt mit Blick auf die Schokoladenseite Dresdens. Dieses Mal haben wir einen sogenannten französischen Balkon auf dem Oberdeck mit einem breiten, raumhohen Fenster.

Ich gönne mir einen Aperitif aus der Minibar und lasse die imposante Silhouette der Stadt auf mich wirken. Immerhin werde ich auch über diese Eindrücke in meinem Blog-Beitrag schreiben, deshalb sind sie ziemlich wichtig für mich. Authentisch aus meiner persönlichen Sicht als Passagierin. Ich denke, ich kann das ziemlich gut.

»Edelgard, wo sind meine Manschettenknöpfe? Hast du die nicht mitgenommen?«

Mein Mann versteht es mal wieder vortrefflich, mich aus meiner schönen Stimmung zu reißen.

»Wozu brauchst du denn Manschettenknöpfe?«

»Soll ich etwa im T-Shirt zum Essen in den Salon gehen? Damit du gleich etwas für deinen Blog zum Meckern hast?«

»Norbert«, entgegne ich spitz, »mein Blog ist nicht dafür da, um dir ein literarisches Denkmal zu setzen.«

»Na, dann bin ich aber beruhigt. Ich dachte schon, ich muss eine Goldwaage für meine Worte kaufen, um sie draufzulegen. Ah, da sind sie ja.«

Wir bekommen feste Plätze für die Dauer unseres Aufenthaltes zugewiesen. Mit uns am Tisch sitzt ein Paar. Die aparte Frau mit ihren schulterlangen Haaren wirkt wie Anfang 30, wobei ich das Alter ihres Mannes schwer schätzen kann. Vermutlich ist er gut 15 Jahre älter als sie. Damit haben die beiden einen deutlichen Altersunterschied.

»Wie reizend, Sie als Tischnachbarn zu haben. Stefan und Nikola Halmbach.« Der Mann lächelt verbindlich.

»Norbert Buchmann. Meine Frau, die Edelgard.«

»Ist es Ihre erste Kreuzfahrt?«

»Wo denken Sie hin? Wir sind versierte Reisende.«

»Wir testen zum ersten Mal eine Flussfahrt.«

»Sie sind Tester?«, frage ich nach. »So ähnlich wie ein Restaurant-Tester?«

Herr Halmbach lacht. »Da habe ich mich wohl falsch ausgedrückt. In diesem Sinne sind wir keine Tester. Wir werden nirgendwo über die Reise berichten. Sie werden nichts dazu lesen.«

»Meine Frau …«

Ein kurzer Tritt meines Fußes gegen Norberts Schienbein bringt ihn zum Schweigen.

»Ich lese gerne Reiseberichte«, ergänze ich seinen Satz.

Zurück in unserer Kabine tippe ich meine ersten Eindrücke in das Tablet, das Marja mir besorgt hat. Bei einem Glas Weißwein schreibt es sich ziemlich beschwingt, wie ich feststelle. Als ich fertig bin, beschließe ich, aufs Sonnendeck zu gehen und die Abendstimmung dort oben zu genießen.

An der Reling finde ich Nikola. Neben ihr stehend bemerke ich, dass sie ihre Frisur verändert hat. Sie hat eine dicke Strähne vor ihr linkes Auge gezogen.

»Schön hier draußen, nicht wahr?«, beginne ich eine Konversation. »Ich wäre gerne früher angereist und hätte mich ausgiebig hier umgeschaut. Gegen eine kleine Wanderung hätte ich nichts gehabt.«

»Weshalb haben Sie es nicht umgesetzt?«

»Mein Mann wollte, dass wir gleich an Bord gehen.«
Von unserem Missverständnis bezüglich einer Stadtbesichtigung erzähle ich nichts.

»Verheiratet zu sein, kann ein ganz schöner Zwang sein.
Wem sagen Sie das.«

»Nun ja, so eingezwängt fühle ich mich eigentlich nicht.«
Ich denke an meine Freiheit, die ich bald genießen werde.

»Ich kann keinen Schritt ohne meinen Mann unternehmen.«

»Wo ist er denn? Momentan sehe ich ihn nirgends.«

»Sie täuschen sich. Er sitzt auf einem der Deckstühle.
Nur weil ich mich mit einer Frau unterhalte, hat er sich
nicht zu uns gesellt. Glauben Sie mir, er lässt mich nicht
aus den Augen.«

»Sind Sie erst kurz zusammen? Ist er so schwer verliebt?«

Nikola macht eine abwertende Bewegung mit der Hand.
»Verliebt. Das habe ich zu Beginn geglaubt. Nein, es ist
eher so, dass er gerne etwas besitzt. Und dann Angst hat,
es teilen zu müssen. Er ist ziemlich eifersüchtig. Ich habe
das leider zu spät bemerkt. Da waren wir jedoch bereits
verheiratet. Er war am Anfang so aufmerksam, hat mich
mit Blumen und anderen Geschenken überhäuft. Ich war
so angetan von seinen Umgangsformen. Wer hat die heutzutage schon? Er hat mir Türen aufgehalten, mir den Stuhl
zurechtgeschoben, wenn ich mich im Restaurant hinsetzte.
Ich muss zugeben, das gefiel mir alles sehr gut. Und um
ihre Frage zu beantworten, wir sind drei Jahre zusammen.
Drei Jahre, in denen ich durch die Hölle gegangen bin.
Wenn er die Beherrschung verliert, ist er unberechenbar.
Dazu muss er lediglich den Eindruck haben, ich hätte einen
anderen Mann angeblickt, und sei es nur der Kellner, bei

dem ich mich mit einem Lächeln bedanke. Entschuldigen Sie bitte, ich weiß nicht, weshalb ich Sie damit behellige.«

Ich winke mit der Hand beschwichtigend ab. »Weshalb trennen Sie sich nicht?«

»Das ist nicht so einfach, wie Sie sich das vorstellen.«

»Sie haben doch sicher einen Beruf?«

»Den ich nicht mehr ausübe, seit wir verheiratet sind. Nicht nur seine Manieren sind old fashioned, auch sein Rollenverständnis. Seine Frau hat es nicht nötig, arbeiten zu gehen. Das sähe ja so aus, als könne er nicht für mich sorgen. Er verdiene genug für uns beide. Was sollten die Leute dazu sagen? Das ist seine Meinung, von der er nicht abrückt.«

»Lieber Himmel. Aber Sie haben das Recht, zu machen, was Sie wollen! Unsere Gesetze sind schließlich nicht in den 50er-Jahren des letzten Jahrhunderts stecken geblieben.«

»Wie soll ich das beschreiben?« Sie zögert. Dann wendet sie mir ihr Gesicht zu und hält die Haarsträhne zur Seite, sodass ihr linkes Jochbein zu sehen ist.

Ich verstehe sofort. »Er schlägt Sie? Aber es gibt genügend Anlaufstellen, an denen Sie sich helfen lassen können.«

»Vorsicht, er kommt.« Sie lässt ihre Haare los und sie schmiegen sich wieder über die verräterische Verfärbung der Haut.

»Liebes, so ein schöner Abend. Und die nette Frau Buchmann leistet dir Gesellschaft. Worüber habt ihr denn gesprochen?«

Am liebsten würde ich herausplatzen: »Über Sie«, aber ich zähme mich, um Nikola nicht zu schaden, und lächele. Es ist vorstellbar, dass er seinen Ärger über mich später an ihr auslassen wird. Das will ich auf keinen Fall provozieren. »Über unsere Reise. Darüber, was wir morgen zu sehen bekommen, wenn das Schiff ablegt.«

Im Weggehen nehme ich wahr, wie er seine Arme um Nikola legt und sie eng umschlungen hält. Sie wirken wie ein Liebespaar. Wenn sie ihre Arme hochhöbe, könnte man meinen, sie stellten die berühmte Szene im Film Titanic nach. Dabei trennen diese beiden Paare Welten, nach allem, was ich soeben erfahren habe. Sein und Schein klaffen in diesem Fall unüberbrückbar auseinander.

Norbert schläft bereits, als ich in unsere Kabine zurückkomme. Sein Nachtlicht ist noch an, neben ihm auf dem Bett liegt ein Buch. Er ist also mal wieder beim Lesen eingeschlafen. Ich nehme es auf und lege es auf den Tisch. Womöglich wälzt er sich im Schlaf darauf und zerknittert es. Wenn ich selbst ein Buch gelesen habe, sieht es anschließend immer noch aus wie neu. Ich hasse es, wenn Leute Eselsohren in Bücher machen. Deshalb verleihe ich grundsätzlich keine. Norbert bekommt meine Bücher erst, nachdem ich sie gelesen habe. Und ich passe auf, dass er sorgfältig damit umgeht.

Der Schlaf will lange nicht zu mir kommen und ich liege eine gefühlte Ewigkeit wach. Es ist erstaunlich ruhig. Wenige Geräusche vom Land. Selbst die Vögel scheinen zu schlafen. Aus den Nachbarkabinen dringt ebenfalls nichts zu mir herüber. Alle schlafen, außer mir. Das ist ungerecht. Morgen früh habe ich bestimmt wieder diese dunklen Ringe unter den Augen. Dabei fällt mir Nikola ein. Ihr Mann gibt sich in Gegenwart Dritter derart zuvorkommend seiner Frau gegenüber. Kann es sein, dass er »zwei Gesichter« hat? Dass er sich anderen gegenüber verstellt und zu ihr ganz anders ist? Ich wälze mich auf die andere Seite. Der blaue Fleck im Gesicht seiner Frau spricht eine deutliche Sprache. Wieso vertraut sie sich ausgerechnet mir an? Ein Hilfeschrei, weil sie sonst niemanden hat? Oder glaubt ihr sonst keiner? Weil dieser Stefan seine freundliche Rolle, wenn andere zugegen sind, so perfekt spielt? Und zu Hause alle auf diese Fassade des vermeintlichen Gentleman hereinfallen?

So ein Schicksal hautnah mitzubekommen, ist nichts Schönes. Irgendwie muss man Nikola doch helfen können! Vielleicht fällt mir in den nächsten Tagen etwas ein. Ich muss mich unbedingt nochmals alleine mit ihr unterhalten. Vielleicht lässt es sich einfädeln, dass Norbert sich mit Stefan beschäftigt und ihn ablenkt.

Bin ich zwischendurch ein wenig eingenickt? Denn draußen ist es hell. Kreischende Vögel wecken mich. Es ist 7 Uhr, bald gibt es Frühstück. Norbert blockiert bereits unser kleines Bad, welches sich in einer der Ecken unserer Kabine befindet. Ich setze mich an unser raumhohes Fenster. Wie wir gestern Abend erfahren haben, werden wir heute gegen 8 Uhr ablegen und am Nachmittag schon Prag erreichen. Gerne würde ich diesen letzten Blick auf Dresden mit der ersten Tasse Kaffee des Tages in der Hand genießen. Aber in unserem Zimmer steht kein Automat. Ich werde mich wohl oder übel anziehen müssen und erst im Speisesaal ein warmes Getränk erhalten.

Im Salon erwartet uns ein opulentes Frühstück. Weiße Porzellanschalen, in denen Shrimps, geräucherte Makrelen und Lachs liegen. Auf Warmhalteplatten werden Speck und Rühreier angeboten. Verschiedene Sorten Brötchen liegen auf Körben bereit, sogar Kuchen gibt es. Für Menschen wie mich, die es auf nüchternen Magen nicht derart kalorienreich mögen, gibt es eine reiche Auswahl an Obstsorten ergänzt um Joghurt, Milch und Säfte. Die Marmeladensorten in kleinen Gläschen sind beeindruckend. Neben glänzenden Weintrauben, Äpfeln und roten Erdbeeren liegen mundgerecht aufbereitete Stückchen von reifen Mangos, Ananas und Kiwis bereit. Zusätzlich entscheide ich mich für zwei Scheiben Knäckebrot und etwas Stachelbeermarmelade. Ich mag ihren süß-sauren Geschmack. Als ich das Marmeladengläschen auf mein Tablett lege, gesellt sich Nikola zu mir. Sie trägt ein teures Designerkleid.

»Guten Morgen.«

Schnell blicke ich mich um. Ihr Mann hantiert am entgegengesetzten Ende des langen Büfetts am Kaffeeautomaten. Zischend brodelt heiße Milch in die Tasse, die er unter den Ausgabehahn gestellt hat. Dies ist meine Chance, Nikola eine Frage zuzuraunen, die mich heute Nacht beschäftigt hat.

»Haben Sie eigentlich Kinder?«

Ein Schatten huscht über ihr Gesicht. Sie blickt wie nach innen. Zögernd sagt sie, während sie nach ihrem Mann Ausschau hält: »Eigentlich hätten wir eines.«

Ich lasse ihr Zeit und bedränge sie nicht, weiterzusprechen. Ich täusche vor, mich weiter mit dem Büfett zu beschäftigen und beäuge ausgiebig die reichhaltige Brötchen- und Knäckebrotauswahl.

»Ich war im vierten Monat. Da«, ihre Augen füllen sich mit Tränen, »sagen wir mal, ich bin die Treppe hinuntergestürzt.«

»Ihr Mann …«

Sie nickt nur.

»Aber warum?«

»Er will mich ganz für sich allein haben.« Das kommt so leise, dass ich Mühe habe, sie zu verstehen.

Nikolas Mann kommt mit seiner Tasse dampfenden Kaffees direkt auf uns zu. »Frau Buchmann! Einen schönen guten Morgen!« Zu seiner Frau gewandt fügt er hinzu: »Hast du eine Freundin gefunden auf dem Schiff?«

»Ihre Gattin ist reizend. Wie schön, dass wir während dieser Reise gemeinsam am selben Tisch sitzen.« Es kostet mich Überwindung, dem Mann keinen Kaffee auf die senfgelbe Weste zu gießen. Stattdessen gehe ich zu Norbert und setze mich, während Nikola sich der reichen Käseauswahl zuwendet.

»Edelgard! Wie kannst du nur mit Knäckebrot vorliebnehmen, wo es hier derart leckere Sachen gibt! Damit staubst du dir zu Hause schon immer die Kehle voll. Du könntest ruhig etwas kräftiger zupacken beim Essen.« Sein Blick fällt auf meine magere Brust. »Denn du weißt ganz genau, dass ich es gerne etwas üppiger mag.«

Auf Norberts Teller türmt sich ein Berg gebratenen Specks neben einem Häufchen Rührei und drei gebratenen Würstchen. Allein von diesem Anblick schnellt mein Cholesterinspiegel rasant in die Höhe.

»Sollten wir nicht eigentlich schon fahren? Wir haben extra noch gestern eingecheckt, weil das Schiff heute sehr früh ablegen wollte«, frage ich verwundert meinen Mann.

»Keine Ahnung. Aber es stimmt, wir sollten jetzt eigentlich unterwegs sein.«

In dem Moment betritt die Hausdame den Salon, begibt sich vor das Büfett und versucht, mittels leichtem Schlagen eines Messers an ein Glas die allgemeine Aufmerksamkeit zu erheischen. Was ihr gelingt. Alle blicken zu ihr.

»Verehrte Gäste, Sie haben hoffentlich eine angenehme Nacht auf unserem Schiff verbracht.«

Allgemeine Zustimmung ist in Form eines sich fortsetzenden Raunens zu vernehmen.

»Sie genießen unser Frühstück?« Fragend blickt sie einzelne Passagiere an.

»Bravo!«, ruft Norbert nach vorne, was einige Lacher nach sich zieht.

Meine Wangen röten sich, wie immer, wenn ich Aufmerksamkeit als unangenehm empfinde.

»Wir legen heute leider etwas später ab als geplant. Eine kleine Störung an der Maschine. Unser Mechaniker besorgt auf die Schnelle ein Ersatzteil und baut es ein. Sie können also, wenn Sie mögen, in Dresden nochmals an Land gehen. Seien Sie aber bitte um 12 Uhr zurück an Bord.«

»Das passt wunderbar!« Mit diesen Worten wende ich mich meinem Mann zu, auf dessen Kinn ein Tropfen Fett klebt. »Jetzt können wir uns hier ungeplant ein wenig umsehen.«

»Die meisten sind vermutlich früher angereist und haben die Altstadt bereits besucht. Wenn Sie sich jedoch in die Neustadt begeben, entdecken Sie eine Seite Dresdens, die es genauso wert ist, von Ihnen erkundet zu werden. Außerdem haben Sie von dort den besten Panoramablick auf die markanten historischen Gebäude«, fährt die Hausdame fort.

»Norbert, sollen wir das machen? Für die Altstadt ist die Zeit ohnehin zu kurz. So ein kleiner Bummel durch die Neustadt?« Da mein Mann zögert, schiebe ich nach: »Bestimmt gibt es dort ganz reizende Cafés«.

Bingo, das war das überzeugende Argument. Nach so vielen Ehejahren kennt man seinen Partner eben sehr gut.

Nach einem kurzen Bummel durch Dresdens Neustadt und einige reizende Innenhöfe mit kleinen Läden zieht es Norbert magisch in eines der hübschen Cafés. Dort sitzt zu meinem Erstaunen Nikola. Ich geselle mich zu ihr, während Norbert zur Kuchentheke geht, um die Auswahl zu begutachten.

»So ein Zufall, Sie hier zu treffen.«

Sie wirkt nervös. »Ich muss Ihnen unbedingt etwas erzählen, solange wir ungestört sind. Dafür war vorhin keine Gelegenheit. Ich habe gestern, während mein Mann schlief, auf seinem Smartphone gestöbert.«

»Hatten Sie keine Sorge, er könne aufwachen?«

»Eigentlich nicht. Stefan hat einen sehr festen Schlaf.« Sie beugt sich vor. »Er steht in Kontakt mit jemandem. Ich habe seine Kurznachrichten gelesen.« Sie wischt ihre Haare nach hinten. Der Fleck über ihrem Jochbein ist dabei, die Farbe zu wechseln. Von blau zu gelb. »Ich glaube, er hat einen Killer angeheuert.«

»Er hat was?«

»Er hat ständig Angst, ich könne ihn verlassen.«

»Grund genug hätten Sie wahrlich. Und ich an Ihrer Stelle, also ehrlich ... Wieso wenden Sie sich nicht an ein Frauenhaus an Ihrem Wohnort? Die wissen Hilfe in solchen Fällen. Außerdem sollten Sie ihn anzeigen.«

»Stefan wird mich überall finden, egal, wo ich mich verstecke. Niemand kann mich vor ihm schützen. Außerdem, was wäre das für ein Leben? Sich ständig verstecken zu müssen.«

»Und was für ein Leben haben Sie jetzt?« Ich bemerke ihre Nägel. Die sind ganz kurz abgenagt.

Sie verschränkt ihre Finger ineinander. »Ich habe Angst.«

»Sie müssen etwas tun. Sie können mit seinem Smartphone zur nächsten Polizeistation gehen, wenn sich darauf eindeutige Beweise befinden.«

»Er trägt es bei sich.«

»Aber Sie können nicht schicksalsergeben warten, bis irgendwo ein Killer auftaucht und zuschlägt!«

Die Tür des Cafés öffnet sich und ihr Mann kommt herein. Er beugt sich zu seiner Frau und streichelt ihr liebevoll über den Arm. »Hat etwas länger gedauert, entschuldige bitte, Liebes. Aber im Kiosk gegenüber hatten sie meine Sorte nicht. Und als ich sie zwei Straßen weiter endlich bekommen habe, musste ich gleich eine rauchen.« Er lächelt resigniert. »Ich kann einfach nicht von den Glimmstängeln lassen.« Sein Gesicht wird ernst. »Genauso wenig wie von dir, mein Schatz.« Er legt den Arm besitzergreifend um sie, dann wendet er sich mir zu. »Frau Buchmann, Sie haben sich hoffentlich nicht gelangweilt in der Gesellschaft meiner Frau?«

»Ganz im Gegenteil. Wir hatten eine sehr anregende Unterhaltung.«

»Worüber, wenn ich fragen darf?«

»Sollen wir jetzt dasselbe Gespräch noch mal führen, damit Sie nicht das Gefühl haben, Sie hätten etwas verpasst?«, platze ich heraus. Im selben Moment bereue ich meine Impulsivität.

»Entschuldigen Sie, ich wollte Sie nicht verärgern.« Er legt den Arm noch fester um seine Frau. Nikola senkt ihren Blick, während ihr Mann spricht. Für mich sieht es so aus, als habe sich ihr Körper unter seiner Berührung versteift.

»Ah, mein Mann kommt ebenfalls zurück.« Als der sich gesetzt hat und seinen Teller liebevoll vor sich auf den Tisch stellt, frage ich: »Norbert, gibt es hier auch Marmorkuchen?«, nur um irgendetwas zu sagen und die unangenehme Situation aufzulockern.

»Zwetschgenkuchen, Edelgard! Stell dir vor, die haben Zwetschgenkuchen. Mit Streuseln!« Mit Freude begutachtet er sein Stück.

»Liebes, möchtest du etwas Süßes?«, fragt Stefan Nikola.

»Gegen einen Zwetschgenkuchen hätte ich nichts einzuwenden.«

»Ich gehe eben an die Theke und bestelle uns welchen. Frau Buchmann, Sie auch einen?«

»Nein, danke.«

»Für mich mit Sahne«, kräht Norbert. »Ich denke, ich kann gut ein zweites Stück verkraften.«

Nachdem Stefan sich erhoben hat und dabei ist, das kleine Café zu durchqueren, legt Nikola ihre Hand auf meinen Arm. Sie beugt sich vor und flüstert mir ins Ohr: »Bitte, verärgern Sie ihn nicht. Sie können gar nicht absehen, was das für mich bedeutet. Ich bitte Sie wirklich.«

Als Norbert uns verständnislos anblickt, sage ich, während ich ihr zuzwinkere, »Tut mir leid. Aber ich esse nie um diese Uhrzeit. Unter gar keinen Umständen.«

Auf dem Weg zu unserem Schiff halten wir am Ufer inne. Es stimmt, von der Neustadt aus hat man einen überaus prächtigen Blick auf die historische Seite Dresdens.

Kaum sind wir zurück an Bord, legen wir ab. Während wir vor unserem Aussichtsfenster sitzen, fahren wir unter einer blauen Brücke hindurch. Die Ufer rechts und links werden von schönen Bauten gesäumt. Einer trägt auf der Fassade in goldfarbenen Lettern die Aufschrift »Koenigliches Ministerium des Innern«. Mein Blick fällt auf schöne alte Villen und auf rebenbestandene Hänge mit prächtigen Gutshäusern. Ein paar der Häuser haben schlossähnliche Ausmaße.

Auf die Oberfläche der Elbe zaubert die Sonne Lichtreflexe. Es sind etliche Ruderer unterwegs, die meisten im Zweier. Sie halten gebührenden Abstand zu unserem Schiff.

Ich schnappe mir mein Tablet und beginne zu schreiben. Die schöne, an uns vorbeiziehende Landschaft lädt mich regelrecht dazu ein, meine Eindrücke festzuhalten. »Meine Seele wird so leicht und fühlt sich frei. Unser Schiff gleitet auf dem Wasser dahin, herrlichen Zielen entgegen. Dabei ist der Weg bereits so zauberhaft …«

Es klopft an unserer Tür. Keine Ahnung, wer das sein könnte. Zumindest ist es dem Anklopfer gelungen, mich aus meinen Gedankengängen zu reißen.

»Norbert, guckst du mal?«

»Wieso ich?«

»Na, es hat geklopft.«

»Erwartest du jemanden?«

»Natürlich nicht. Hast du etwa den Roomservice bestellt?«

»Nö. Habe ich nicht.«

Es pocht erneut. Da mein Göttergatte keinerlei Anstalten unternimmt, sich zu bewegen, stehe ich auf und begebe mich zur Tür. Draußen steht Nikola. Sie tritt ungeduldig von einem Fuß auf den anderen und blickt sich mehrmals um.

»Kann ich Sie bitte sprechen?«

»Wollen wir auf das Sonnendeck gehen?«

»Besser an die Bar? Ich könnte etwas zu Trinken gebrauchen. Ich habe mich unter einem Vorwand davongeschlichen.«

Ich gehe zurück, schalte mein Tablet aus und greife nach meiner Tasche. »Norbert, unsere Tischnachbarin geht mit mir auf ein Getränk an die Bar.«

»Ist gut. Lass dir ruhig Zeit!«

Draußen auf dem Flur, unter der hellen Lampe, erkenne ich, wie blass Nikola ist. Wie immer hängt die Haarsträhne über die eine Gesichtshälfte. Ich greife nach ihrem Arm.

»Was ist passiert? Hat er wieder …?«

»Gleich.« Sie sieht sich erneut um. »Lassen Sie uns erst an die Bar gehen.«

Aus einer der anderen Türen kommt eine ältere Frau in einem geblümten Kleid. Sie nickt uns freundlich zu und geht sehr langsam ebenfalls in Richtung der Treppe.

Wir müssen die Klingel betätigen, damit eine Stewardess an die Theke kommt. Auf ihre freundliche Frage hin bestelle ich einen Latte macchiato. Nikola gibt eine Erdeermilch für sich in Auftrag.

Als sich die Stewardess wieder zurückgezogen hat, beginnt Nikola zu sprechen.

»Er will sich in Prag mit jemandem treffen. Als ich vorhin im Badezimmer war, hat er telefoniert und gedacht, ich höre das nicht. Heute Abend, an der Karlsbrücke.«

»Und Sie glauben …«

»Ich habe den Verdacht, er trifft sich mit einem Auftragskiller.« Sie schlägt ihre Hand vor den Mund. »Ich habe solche Angst.«

»Aber weshalb trifft er sich mit dem persönlich? Wenn er sich Nachrichten mit ihm sendet? Da ist doch ein Treffen nicht nötig.«

»Der Typ will Bargeld.«

»Bares? Ich hätte jetzt auf Bitcoin getippt. Macht man das nicht über das Darknet?«

»Über was? Keine Ahnung. Jedenfalls will der echte Scheine sehen. 5.000 Euro. Ich weiß nicht, was ich tun soll.«

»Die Polizei einschalten?«

»In Prag? Ich kann kein Tschechisch. Außerdem, was soll ich dort anzeigen? Dass mein Mann jemanden trifft? Die Polizei wird immer erst tätig, wenn es einen Straftatbestand gibt. Jemanden zu treffen, ist, glaube ich, keiner. Bargeld bei sich zu führen ebenfalls nicht.«

Ich nicke. »Damit liegen Sie vermutlich richtig.« Ich drehe das Glas mit meinem Latte macchiato. »Aber irgendetwas muss man doch unternehmen! Sie können nicht abwarten, bis ein Killer auf Sie zukommt, und dann den Notruf wählen! Auf jeden Fall bleiben Sie in Prag in meiner Nähe. Ich lasse Sie nicht aus den Augen.«

»Stefan wird einen Vorwand suchen, um heute Abend alleine unterwegs zu sein.«

»Und Sie bleiben bei mir. Wir können uns zufällig in der Nähe der Karlsbrücke aufhalten. Vielleicht sehen wir, wen er trifft. Es ist immer gut zu wissen, wie der Gegner aussieht.«

»Das ist viel zu auffällig.«

Ich stoße laut Luft aus. »Zum einen ist die Karlsbrücke *der* Touristenmagnet Prags, zum anderen habe ich so das Gefühl, immerhin irgendetwas zu tun. Wir können nicht tatenlos abwarten! Auf gar keinen Fall. Sie bleiben selbstverständlich im Hintergrund. Mich kennt der Fremde ja nicht, von Ihnen hat er vermutlich ein Foto. Für mich ist es also nicht schlimm, von ihm gesehen zu werden.« Ich rühre mit dem langen Löffel im Milchschaum und nehme etwas davon auf. »Ihr Mann wird ihn ja kaum damit beauftragen wollen, mich zu beseitigen. Ich denke deshalb, für mich ist das Ganze ziemlich ungefährlich.«

»Ich gehe jetzt zurück in unsere Kabine. Wenn ich zu lange wegbleibe, sucht er mich.«

Ich umarme sie. »Geben Sie auf sich acht«, empfehle ich ihr und bleibe noch ein wenig sitzen, um das Gehörte sacken zu lassen.

»Na, was hattet ihr so Wichtiges zu besprechen, bei dem ich nicht dabei sein sollte?« Mit diesen Worten empfängt mich mein eigener Mann lächelnd in unserer Kabine. Für einen Moment blitzt der Gedanke in mir auf, dem Killer eine andere Zielperson zu nennen. Aber den verwerfe ich sogleich wieder. Denn dann gäbe es bereits zwei Mitwisser. Außerdem wäre das zu teuer für mich. 5.000 Euro sind schließlich kein Pappenstiel. Weshalb sollte ich Geld für etwas ausgeben, das sich bei günstiger Gelegenheit selbst ausführen lässt? Ob es mir gelingen wird, Norbert heute Abend abzuschütteln, wenn Nikola und ich ihren Mann beschatten? Aber da habe ich eine glänzende Idee. Wir nehmen Norbert mit. Es spricht immerhin nichts dagegen, ihn einzuweihen. Ich überlege, wie ich ihm die Thematik schonend näherbringe, und setze mich.

»Norbert, das Paar, also unsere Tischnachbarn …«

»Nikola und Stefan.«

»Genau, die beiden.«

»Die Frau steckt ziemlich viel mit dir zusammen.«

»Ah, das fällt dir auf?«

»Nun ja, ganz blind bin ich auch nicht.«

»Der Mann ist seiner Frau gegenüber sehr aufmerksam, findest du nicht?«

»Was willst du mir damit sagen, Edelgard? Soll ich etwa damit beginnen, dir Sachen hinterherzutragen? Oder dich ständig zu fragen, wie dein wertes Befinden ist?«

»Norbert, darum geht es jetzt gar nicht.« Sein Umgang mit mir lässt oft zu wünschen übrig, aber das will ich im Moment nicht thematisieren. Außerdem habe ich dafür bereits eine sehr persönliche Lösung gefunden, die ich demnächst umzusetzen gedenke. »Dieser Stefan, der tut nur immer so, wenn Dritte dabei sind. In Wahrheit verhält er sich seiner Frau gegenüber jedoch ganz anders.«

»Du meinst, weil sie ihre Haare vors Gesicht zieht? Edelgard, mir ist schon klar, dass die Frau wohl kaum gegen einen Schrank gerannt sein wird.«

Das hat er also ebenfalls bemerkt. Läuft er demnach doch nicht mit Scheuklappen durch die Gegend, wie ich manches Mal denke. »Sie hat Angst«, sage ich nachdrücklich.

»Und was willst du von mir? Soll ich ihm Prügel androhen?« Er zuckt mit den Schultern. »Das interessiert solche Kerle nicht. Am Ende lässt er das nur an ihr aus, wenn sie alleine sind. Nein, die Frau muss professionelle Hilfe suchen. Vor allem sollte sie von ihm weg.«

»Das stimmt.« Ich fahre mit den Händen an meinem grünen Rock längs, wie um ihn glatt zu streichen. »Norbert, wir wollen heute Abend gucken, was Stefan macht, wenn er alleine unterwegs ist. Er hat nämlich Nikola angeboten«, nun mogele ich etwas, »sich mit uns beiden Prag anzusehen. Also, ohne ihn.«

»Ah, du meinst, der Herr sucht gewisse Kontakte in gewissen Etablissements? Das auch noch!« Er schnaubt verächtlich.

Unglaublich! Norbert hat soeben selbst einen treffenden Grund genannt, weshalb wir Stefan heute Abend verfolgen. Ich muss ihm gar nichts von dem Auftragskiller erzählen. Womöglich glaubt er diese Geschichte nicht. Im Gegensatz zu mir. Für mich ist sie absolut plausibel.

»Genau. Du verstehst, dass das kein schöner Gedanke für seine Frau ist. Deshalb würde sie gerne sehen, wohin er ohne sie unterwegs ist.«

»Wenn der Herr dann in einem Haus verschwunden ist, ist unsere Aufgabe erledigt. Es erwartet hoffentlich keiner von mir, dass ich mich in so etwas begebe.«

»Auf keinen Fall«, beruhige ich ihn. Ich weiß genau, was er jetzt hören will. »Wir kehren dann schön in einem böhmischen Restaurant ein. Natürlich in einem, wo es dunkles Bier gibt.«

Norbert nickt. »Einverstanden, Miss Marple.«

Eigentlich müssten unsere Schritte auf dem Kopfsteinpflaster der Prager Altstadt verräterisch hallen. Aber dank der vielen Menschen, die gleichzeitig mit uns unterwegs sind, stechen wir akustisch nicht hervor. Am Altstädter Ring erhebt sich eine große metallene Figur auf einem großzügig abgegrenzten Areal.

»Das Denkmal für Jan Hus. Der wird hier ziemlich verehrt.« Norbert hält inne.

»Erst haben sie freies Geleit zum Konzil nach Konstanz versprochen und dann landete er trotzdem auf dem Scheiterhaufen. Er war zeitweise Rektor der Universität in Prag. Die ist sogar älter als die Universität in Heidelberg.« Nun prahlt er wieder mit seinem Schulwissen. »Er war der Wegbereiter für Martin Luther, der 100 Jahre nach ihm gemeinsam mit vielen anderen die Reformation bewirkt hat.«

»Gab es damals nicht Streitigkeiten mit den deutschen Professoren?«

»Genau. Die haben unter Protest mit ihren Studenten die Universität in Prag verlassen und im Jahr 1409 eine eigene in Leipzig gegründet. Selbst der Rektor war mitgegangen, daraufhin wurde Jan Hus sein Nachfolger an der Prager Karls-Universität.«

Norbert ist sichtlich in seinem Element und, so scheint es, einen Zentimeter größer. Das liegt sicherlich daran, dass er seinen Rücken durchstreckt.

»Und wie kam es dann zu der Gründung in Wittenberg?«, frage ich. Ob das mein Mann beantworten kann? Immerhin war Geschichte sein Lieblingsfach in der Schule. Es heißt immerzu, im Alter erinnert man sich am besten an die Dinge, die man in der Jugend gespeichert hat.

»Nach der Leipziger Teilung hatte ein Herrschaftsbereich Sachsens keine Universität. So kam es 1502 zur Gründung der Universität in der Stadt, in der Luther wirken sollte. Leucorea hieß die. Kurfürst Friedrich der Weise gestand seinen Professoren die Freiheit der Wissenschaft zu.«

Lieber Himmel. Gleich sagt er noch fehlerfrei »Die Glocke« von Schiller auf, so wie Großtante Edelgard dies immer bei unseren Familienfeiern macht. Ich kann sie vom vielen Anhören schon beinahe selbst auswendig.

»Und wo ist der Platz, auf dem 1968 die sowjetischen Panzer den Prager Frühling beendeten?«

Norbert dreht sich einmal um seine eigene Achse und zeigt in eine bestimmte Richtung. »Du meinst den Wenzelsplatz? Der müsste in etwa dort liegen.«

»Wie sich doch die Zeiten geändert haben. In unserer Jugend war es bei Weitem nicht so einfach wie heute, in den ›Ostblock‹ zu fahren. Einer meiner Onkel stand damals zwei Stunden an der deutsch-tschechischen Grenze, der Reisebus wurde von Männern mit Maschinenpistolen genauestens gefilzt.«

Nikola unterbricht uns ungeduldig und tippt auf ihre Armbanduhr. »Ich möchte jetzt gerne zur Karlsbrücke gehen.«

Ich nicke. »Selbstverständlich.«

Unser Weg führt uns am Rathaus mit der astronomischen Uhr vorbei. Wir müssen darauf achten, uns gegenseitig in dem Gedränge nicht aus den Augen zu verlieren. Eine dichte Gruppe hat sich versammelt, wir kommen nur schwer durch. Einem breitschultrigen Mann vor uns hängt die gürtellose Hose so weit nach unten, dass man getrost von einem Klempnerdekolleté sprechen kann. Die blaue Trainingsjacke ist zu kurz, um diesen von meiner Seite her ungewollten Einblick zu verdecken. An seinem Armgelenk baumelt ein schweres Goldarmband. Seine Begleitung, die er an der Hand führt, trägt eine weiße Hose in Größe extra small, dafür balanciert sie ihre beachtliche Oberweite in einer Stütze mit mindestens Körbchengröße F. Wie sie sich mit ihren sagenhaft hohen Absätzen auf dem Prager Pflaster unfallfrei fortbewegen kann, bleibt mir ein Rätsel. Die Sprache, in der sich die beiden unterhalten, verstehe ich nicht. Sie klingt hart, mit kurzen Vokalen. Der Mann spuckt einen Kaugummi auf den Boden.

»Hoppla, der hat was verloren«, sagt Norbert, als er erfolgreich der graugekauten Masse auf dem Boden ausweicht.

Wir hasten Nikola hinterher, immer darauf bedacht, sie im Gewühl nicht zu verlieren. Sie gibt ein ziemliches Tempo vor.

Vor der Karlsbrücke mit ihren imposanten Statuen ist genauso viel los wie auf dem Weg dorthin. Fröhliche Stimmung liegt in der Luft, einige Menschen halten Bierdosen in der Hand. Das Sprachengewirr mutet babylonisch an, Englisch mit verschiedenen Akzenten höre ich jedoch am meisten heraus. Etliche halten ihre Smartphones für Selfies hoch.

Nikola zupft mich am Ärmel. »Da vorne, da ist er. Sehen Sie ihn?« Sie hält sich dicht hinter mir. »Neben ihm steht ein Mann mit dunklem Hemd. Der, mit dem er gerade spricht! Das ist er bestimmt.« Obwohl es ausgeschlossen ist, von den beiden in dem allgemeinen Stimmengewirr gehört zu werden, flüstert sie.

»Wieso trifft der sich mit einem Mann?«, fragt Norbert verwirrt.

»Wir sind ebenfalls überrascht«, presse ich hervor und hoffe, er sieht nicht, wie ich erröte. Das geschieht immer, sobald ich auch nur ein klein wenig mogele.

»Wollen die über die Brücke laufen und dann auf den Hradschin?«, überlege ich laut.

»Keine Ahnung.« Nikola zuckt mit den Schultern. Plötzlich packt sie mich am Arm. »Schauen Sie, die gehen nach links.«

Ich versuche, die beiden Männer nicht aus den Augen zu verlieren und dabei selbst von ihnen unbemerkt zu bleiben. Das ist gar nicht so einfach, wie ich mir das vorgestellt habe, und plötzlich verliere ich Nikola und Norbert komplett aus dem Blick. So ein Mist! Dabei gehen die beiden Männer soeben in eine typische Bierkneipe. Aber sosehr ich mich bemühe, Nikola und meinen Mann zu erspähen, gelingt es mir nicht, die beiden irgendwo auszumachen. Durch die Fenster werfe ich einen Blick in das Innere der Kneipe. Soll ich reingehen? Da drinnen ist es ziemlich voll. Von meinen beiden Komplizen ist weit und breit nichts zu sehen. Was ist, wenn Stefan und sein Begleiter durch eine Hintertür verschwinden? Dann haben wir ihre Spur verloren. Es ist aussichtslos, sie heute Abend in der überfüllten Stadt wiederzufinden. Ich entscheide mich spontan, den beiden zu folgen.

Als ich die Tür aufgestoßen habe, stehe ich in einer Art Windfang, der vom eigentlichen Lokal mit einem dichten schwarzen Vorhang abgetrennt ist. Ich luge durch den Spalt hindurch und sehe, wie die beiden einen Tisch ganz hinten ansteuern. Stefan setzt sich allerdings nicht, sondern zeigt zu einem schmalen Gang, über dem das Piktogramm für Toilette hängt. Drückt ihm die Aufregung über seinen erteilten Auftrag auf die Blase?

Während er verschwindet, betrete ich den Schankraum und steuere rasch den Fremden an. Für längere Überlegungen ist keine Zeit, ich folge einem inneren Impuls. Je näher ich ihm komme, desto jünger erscheint er mir. Anfang 20, tippe ich, als ich vor ihm stehe. Ich habe wenig Zeit. Stefan wird rasch zurückkommen. Was sage ich bloß, um den Mann dazu zu bringen, seinen Auftrag zu ändern? Der könnte vom Alter her gut mein Sohn sein. Vermutlich ist er jünger als unser Julian.

»Hello«, sagt er, während er mich mustert. Für mich klingt das nach Englisch mit russischem Akzent, so hart, wie er das ausspricht.

Wie sagt man bloß auf Englisch, ich könnte vom Alter her seine Mutter sein? Das würde ihm Respekt einflößen, hoffe ich. Meine Gedanken hämmern, während mir die Zeit davonrennt. Sind Russen nicht schrecklich familienorientiert und hängen an ihren Müttern? Das habe ich irgendwo mal gelesen.

»I«, ich deute auf mich selbst, »your Mother.«

Augenblicklich fährt er mit dem Daumen der rechten Hand hoch.

Ich zucke nicht mit den Lidern.

Er schlägt ein Kreuz über seiner Stirn und zwei über seiner Brust. Dann verharrt seine rechte Hand über dem Herz. Spontan füllen sich seine Augen mit Tränen.

Das kenne ich von meiner Großmutter. Die machte das mit den Kreuzen immer, wenn der Name von einem Verstorbenen fiel.

»You know my mother?«

Einer inneren Eingebung folgend nicke ich. Sein Englisch scheint noch eingerosteter zu sein als meines. Ich blicke mich rasch um. Die Familiennummer scheint bei ihm zu ziehen. Diese Linie gilt es, weiterzuverfolgen.

»Don't kill my daughter. I love her so much.«

Er will nach meiner Hand greifen, aber ich krame schon nach meiner Geldbörse und angele drei Hunderteuroscheine heraus. Die wird mir Nikola ersetzen müssen. Ich lege die Scheine auf den Tisch.

»Stefan is a Monster.«

Ehe der junge Mann etwas erwidern kann, husche ich hinaus. Draußen spähe ich durch das Fenster. Das Geld liegt nicht mehr auf dem Tisch, als Stefan von der Toilette zurückkommt und sich setzt. Die Bedienung bringt ihnen je einen Humpen mit Bier.

Kafkas Prag. Plötzlich sehen alle Gassen für mich gleich aus. Ich befinde mich in einem Labyrinth. Ein kleiner Laden reiht sich an den nächsten. Wie finde ich nur aus dem Gewimmel wieder heraus? Irgendwie habe ich den Eindruck, mich ständig im Kreis zu bewegen, nicht wirklich vorwärtszukommen. Da, der Laden mit den Kunstobjekten aus Glas. Bin ich nicht schon zum dritten Mal an dem vorbeigelaufen? Nach beinahe einer Stunde stehe ich endlich an der im Dunkeln schwarz glänzenden Moldau. Lichter spiegeln sich im Fluss. Nun gelingt es mir endlich, mich zu orientieren, und ich finde die Anlegestelle unseres Schiffes. Norbert kommt mir entgegen.

»Edelgard, du warst plötzlich verschwunden! Und an dein Telefon gehst du ja wohl aus Prinzip nicht. Wo warst du so lange?«

Natürlich bin ich nicht an mein Telefon gegangen. Das hatte ich auf lautlos gestellt. Hält er mich für eine Anfängerin in Sachen Personenobservation? Schließlich weiß ich so etwas Grundlegendes aus meiner umfänglichen Krimilektüre. Das ist gewissermaßen Punkt eins, den es zu beachten gilt. In Fernsehkrimis klingeln Mobiltelefone grundsätzlich im falschen Moment. Das weiß doch jeder! Punkt zwei, nichts trinken. Damit man während der Verfolgung nicht auf die Toilette muss. Aber das tut jetzt nichts zur Sache.

»Norbert, ich habe euch plötzlich nicht mehr gesehen. Und ich wollte doch an Nikolas Mann dranbleiben.«

»Wo ist er jetzt?«

»Er ist mit diesem Fremden in einem einschlägigen Etablissement verschwunden.« Ich wedele mit beiden Händen vor meinen Gesicht, da mir klar ist, dass es beim Mogeln wie immer die Farbe wechselt. Vermutlich glüht es gerade wie eine aufgehende Sonne. »Ich bin sicher ganz rot, gell, weil ich das letzte Stück so gerannt bin?«

»Wie eine Tomate.«

»Ich werde gleich ein Glas Wasser trinken. Zur Beruhigung. Aber wo ist denn Nikola?«

»Auf dem Schiff. Sie schien mir plötzlich sehr ängstlich. Aber du hast mir ein Abendessen in Aussicht gestellt. Mit Schwarzbier.«

»Ich schaue nur ganz schnell nach Nikola, dann gehen wir in ein Restaurant. Versprochen.«

Als unser Schiff am nächsten Tag zur Rückfahrt bereit ist, fehlt ein Passagier. Stefan ist nicht zurück an Bord gekommen. Der Kreuzfahrtleiter persönlich bespricht sich mit seiner Ehefrau, während die Schiffsmotoren bereits laufen und ein schwaches Vibrieren wahrnehmbar ist.

»Hat sich Ihr Mann bei Ihnen gemeldet? Wissen Sie, wo er steckt?«

Sie schüttelt ihren Kopf. »Keine Ahnung.«

»Wir können nicht auf einen einzelnen Passagier warten. Außerdem müssen wir unsere Fahrtzeiten einhalten, für das Ablegen haben wir ein Zeitfenster, welches wir einhalten müssen. Ihr Mann kann den Zug zurück nehmen.«

Nikola nickt. »Das macht er sicher.«

Als der Mann weg ist, wendet sie sich mir zu. »Was meinen Sie, was geschehen ist?«

»Ich an Ihrer Stelle würde ein, zwei Tage warten und ihn bei der Polizei als vermisst melden, wenn er bis dahin nicht wieder auftaucht.«

Sie blickt mich direkt an »Wo sind die beiden wirklich hin? Stefan ist nicht schwul.«

»Sind Sie sich sicher? Wer kennt den anderen schon so ganz genau? Sie haben sich schon einmal in ihm getäuscht. Vielleicht hatte er noch mehr Seiten, die er geschickt vor Ihnen verborgen hat. Er scheint ja über ein gewisses schauspielerisches Talent zu verfügen.«

Ich beschließe, die 300 Euro abzuschreiben und meinen wahren Part in dem Stück für mich zu behalten. Nach meiner Fernsehkrimierfahrung nennt man so etwas Anstiftung zum Mord. Dabei habe ich in Wirklichkeit nur ein Detail in dem von Stefan in Auftrag gegebenen Szenario verändert. Außerdem hat Stefan es in meinen Augen verdient, selbst zum Ziel seiner perfiden Idee zu werden. Ich persönlich denke nicht, dass man mir daraus einen Fallstrick drehen könnte, aber man weiß schließlich nie, wie ein Richter so etwas bewertet. Lieber auf Nummer sicher gehen und nicht unnötig weitere Mitwisser belasten.

Nach einer Woche, als wir wieder zu Hause sind und ich den offiziellen Teil meiner Eindrücke von der Reise in die Tasten getippt und an Marja gesandt habe, höre ich zufällig eine Meldung im Radio, als ich in der Küche unser Abendessen zubereite.

»Am Rande von Prag wurde von Bauarbeitern eine männliche Leiche im vorbereiteten Fundament eines Hochhauses gefunden, das demnächst gebaut werden soll. Dem Vernehmen nach handelt es sich um einen deutschen Staatsbürger. Die Polizei hat keinerlei Anhaltspunkte auf den oder die Täter. Die Aufklärungsquote bei solchen Fällen ist, das wurde ebenfalls mitgeteilt, gering.«

»Was kam denn da eben im Radio?«, fragt Norbert, der in die Küche kommt, um zu sehen, wie lange es noch bis zum Essen dauert. Dafür hat er sogar seinen Sitzplatz auf der Terrasse, wo er mit seinem Feierabendbier saß, verlassen.

»Ach, nichts Wichtiges. Psst, jetzt sagen die gleich, wie das Wetter morgen wird. Das will ich unbedingt hören.«

DIE ELBE

Friedrich Smetana huldigte der Moldau sinfonisch mit einem Werk. Der Fluss, der durch das beeindruckende Prag und das malerische Český Krumlov fließt, ist der größte Nebenfluss der Elbe, mit der er sich bei Mělník vereinigt. Die Elbe hat ihr Ursprungsgebiet im Riesengebirge. Teilweise gehörte sie zur innerdeutschen Grenze, die bei der Wiedervereinigung aufgehoben wurde. Hinter Hamburg, bei Cuxhaven, fließt sie in die Nordsee. Der Fluss ist circa 1.000 Kilometer schiffbar.

Die Route führt zu Städteperlen, deren jede einzelne einen mehrtägigen Besuch wert ist. Ein möglicher Beginn einer Flussreise ist Hamburg, neben weiteren Städten vorbei am vorbildlich herausgeputzten Wittenberg – der Keimzelle der Reformation –, an Dresden – der Stadt, die wegen ihrer imposanten Schönheit als Elbflorenz bezeichnet wird –, der Porzellanstadt Meißen und dann weiter auf der Moldau bis ins »goldene« Prag, das immer wieder aufs Neue einen Besuch lohnt.

EINE LEICHE ZUM DESSERT
(EMS; LEER)

Sie greift sich mit der linken Hand ans Herz. Dabei stößt sie ihr Glas um. Polternd fällt es zu Boden. Gleich darauf krallt sie sich mit beiden Händen an der Tischkante fest. »Oh mein Gott!«, stöhnt sie laut.

Alle Augenpaare im Speisesaal sind auf die junge blonde Frau im hellgrünen Leinenkostüm mit der perfekten Kurzhaarfrisur gerichtet. Die sackt zur Seite und kippt vom Stuhl.

Heftiges Stühlerücken, die Passagiere rufen durcheinander.

»Herzinfarkt?«, fragt eine jüngere Frau, die mit ihrem Smartphone kalt die Szene filmt.

»Stecken Sie das Handy weg!«, ruft der Sitznachbar der Dame, die nun am Boden liegt. Er ist in Hocke gegangen und beugt sich über sie. »Annegret!«, ruft er und schüttelt sie an der Schulter.

»Umkippen, bevor der Teller leer ist«, raunt mein Mann mir zu, »welch eine Verschwendung.«

Es ist die Mittagsmahlzeit, welche wir einnehmen. Matjes und Kartoffelsalat wurden soeben als zweiter Gang aufgetragen. Ich habe aufgehört zu zählen, wie viele der zarten Filets sich Norbert bereits einverleibt hat. Trotzdem finde ich seinen Beitrag nicht gerade passend. Immerhin hat er ihn geflüstert, sodass ihn hoffentlich außer mir keiner wahrgenommen hat. Mit uns am Tisch sitzen während dieser Reise zwei Männer. Ich schätze sie vom Alter her auf ungefähr Mitte 40. Sie tragen eine ähnliche Frisur, gleiche Brillengestelle und sogar ihr Kleidungsstil sieht aus, als hätten sie sich am selben Kleiderschrank bedient.

Mittlerweile hat sich mindestens die Hälfte der Passagiere im Speisesaal von ihren Stühlen erhoben, mich eingeschlossen. Ich muss schließlich im Bilde sein, was hier vorgeht. Einige umringen die auf dem Boden Liegende. Ihre Gliedmaßen sind seltsam verrenkt, die Augen weit geöffnet.

»Ist ein Arzt an Bord?«, ruft ihr Begleiter hektisch.

Der Reiseleiter eilt herbei. »Aus dem Weg. Herrgott noch mal, stecken Sie die Handys weg. Sie müssen die Frau nicht auch noch filmen!« Er kniet neben ihr nieder und tastet mit seinen Fingerkuppen nach ihrem Hals, um den Puls zu fühlen. »Da ist nichts mehr.« Er wendet sich an den Begleiter der Frau. »Helfen Sie mir?«

Zu zweit tragen sie die zierliche Frau hinaus.

»Sie nehmen alle bitte wieder Platz. Die beiden Gedecke werden abgeräumt.« Die Stewardess setzt sich mit lauter Stimme durch. Zögernd werden die Sitzplätze wieder eingenommen.

»Was passiert jetzt?«, fragt eine füllige Rothaarige, während sie nach ihrem Besteck greift.

»Das Essen geht jetzt erst mal weiter.«

»Und die Frau? Wird die jetzt in die Ems gekippt? Eine sogenannte Flussbestattung?« Der schlaksige Mann im dunkelbraunen Sakko zur schwarzen Hose grient.

»Wie pietätlos kann man sein?« Eine Frau im gepunkteten Kleid fuchtelt mit ihrer Gabel in der Luft herum. »Das ist ja wohl das Allerletzte.«

In dem Moment kommt ein mittelgroßer Mann in Jeans und hellem Leinenjackett in den Speisesaal. Sein dunkles Haar trägt er nach hinten frisiert. Dem Glanz nach zu urteilen, wurde es mit viel Gel gebändigt. Wer ist das? Kriminalpolizei? So hurtig?

Er geht zur Mitte und hebt beide Hände theatralisch hoch, mit den Handflächen zu uns. »Herrschaften, die Frau, die hinausgetragen wurde, ist einer Vergiftung erlegen. So viel kann ich Ihnen jetzt schon sagen.«

Falls er damit jemanden beschwichtigen wollte, ist ihm das missglückt. Das allgemeine Murmeln wird lauter. Ein Stuhl fällt um, weil sich die darauf Sitzende hektisch erhoben hat.

Der Mann fährt unbeirrt fort. »Ist der Mörder unter uns? Oder ist es eine Mörderin? Gleich wird das Dessert aufgetragen, dann können Sie bereits über diese Frage nachdenken. Im Anschluss haben Sie Zeit für einen Landgang. In der Stadt Leer gibt es verstreut Hinweise auf die Tat zu finden. Mithilfe derer können Sie das Verbrechen, dessen Zeugen Sie soeben geworden sind, aufklären. Begeben Sie sich auf eine interessante Schnitzeljagd in Leer. Und halten Sie die Augen offen! Es lohnt sich! Beim Abendessen sammeln wir Ihre Aussagen ein und werten sie aus. Zu gewinnen gibt es eine Flasche Champagner, serviert an der Bar.«

Ich selbst habe nicht die geringste Ahnung, wen die Autorin des Theaterstücks, dessen Zuschauer wir soeben wurden, als Täter im Visier hatte.

»Das wird eine ganz besondere Art, die Stadt zu erkunden, wenn wir überall ganz genau hingucken müssen«, sage ich aufgeregt zu meinem Mann.

»Miss Marple kommt heute voll auf ihre Kosten!«, stöhnt der.

Die Frau, die soeben bühnenreif verstarb, ist eine Schauspielerin. Sie liegt derzeit pudelwohl auf einer Liege oben auf dem Sonnendeck und lässt sich dort den Nachtisch servieren, wie uns die Stewardess versichert. Es wäre sonderbar, wenn sie wie eine von den Toten Auferstandene wieder zurückkehrte und weiter mit uns speiste, als wäre nichts gewesen. Wir alle sind Mitspieler und dürfen ermitteln, worauf ich mich freue.

Die Stewardessen tragen Tabletts herein und tischen die Desserts auf. Kleine Zimtklößchen mit Eis und Schokosoße. Ich weiß schon jetzt, Norbert wird meine Portion mitverschlingen.

»Was denkst du, was es für ein Motiv gab?«

»Keine Ahnung«, brummelt er, während er bereits nach meinen Porzellanteller schielt. Neben dem liegt ein Block mit Bleistift auf dem Tisch. Den können wir für unsere Notizen verwenden. Die Veranstaltung, an der wir heute auf dem Flusskreuzfahrtschiff auf der Ems teilnehmen, nennt sich Krimidinner.

»Wie aufregend«, sagt mein Tischnachbar.

»Wir waren bei so etwas noch nie dabei. Wir finden es ziemlich spannend. Und Sie?«, fragt uns sein Begleiter.

»Gehört habe ich schon öfters davon. Eine meiner Freundinnen hat es mal in einem Restaurant mitgemacht, der hat das ganz gut gefallen. Aber jetzt so in der Stadt auf eigene Faust zu ermitteln, das ist schon etwas Besonderes. Kennen Sie Leer?«

Er verneint kopfschüttelnd meine Frage. »Dürfen mein Freund und ich uns Ihnen anschließen? Wir könnten gemeinsam ermitteln.«

Ohne lange zu überlegen, stimme ich zu. Denn die beiden sind sicher eine größere Hilfe als mein Ehemann, dem das Verständnis für kriminalistische Methoden völlig fehlt. Er hat einfach keine Gabe dafür.

»Herr Matter, gerne! Wir ermitteln gemeinsam. Eine angenehme Idee.«

»Wir könnten auch einen schönen Tee trinken gehen, nicht wahr, Anton?« Er legt seinem Begleiter die Hand auf den Arm.

»Bernhard, ganz reizend. Das machen wir.«

»Tee!« Norbert guckt wenig erfreut. »Da gibt es sicher auch irgendwo was Richtiges zu Trinken!«

Ostfriesland gefällt mir ausgesprochen gut. Die Backsteinhäuser, die wir beim gestrigen Landgang bereits gesehen haben, finde ich sehr hübsch. Die großen gardinenfreien Fenster lassen die Häuser offen und freundlich wirken. Die Menschen wirken auf mich geradlinig. Dass »Moin« nicht »Guten Morgen« heißt, sondern zu jeder Tageszeit gilt, weiß ich selbstverständlich von meiner Reiseführerlektüre. »Moin Moin« geht übrigens ebenso, gilt aber bei den als wortkarg beschriebenen Ostfriesen schon beinahe als geschwätzig. Heute also Leer.

Bei unserem Rundgang verlieren wir das nette Paar Anton und Bernhard an das Teemuseum. Ich hätte es zwar ebenfalls gerne besucht, aber Norbert schlendert einfach weiter, grade so, als habe er meine Frage, ob wir uns den beiden anschließen wollen, nicht gehört. Dabei bin ich mir sicher, dass er sie sehr wohl vernommen hat. Aber wen sehe ich da vorne, in dem grünen Kostüm? Das ist doch die Schauspielerin, die bei unserem Mittagessen auf dem Schiff so fotogen verstorben ist? Sie hat sich nicht umgezogen. Das kann ich verstehen, denn das Kostüm steht ihr wirklich ganz ausgezeichnet. Für mich sieht es aus, als wäre es aus Wildseide. Sehr edel. Die Farbe passt gut zu ihren blonden Haaren, die sie ziemlich kurz geschnitten trägt. Ob es unseren Ermittlungen dienlich ist, ihr hinterherzugehen? Aber hieß es nicht, es seien Hinweise in der Stadt verteilt? Davon, dass das Opfer hier herumläuft, war nicht die Rede. Wie denn auch, die ist ja tot.

Norbert reißt mich aus meinen Überlegungen. »Schau mal, Edelgard, hier!« Er zeigt auf eine rote Stofftasche, die an einer Hausmauer lehnt. »Die hat jemand mit Absicht dahin gelegt.«

Ich bücke mich nach der Tasche. Famos. Norbert hat recht. Das ist eines der Schnipsel, welches der Reiseleiter für uns ausgelegt hat. In der Tasche steckt nämlich ein Buch über Giftpflanzen. »Sie wurde vergiftet, nicht wahr?«

»Woher soll ich das wissen? Irgendwie sah es nach Herzinfarkt aus, finde ich.«

»Aber den kann vergiftetes Essen ausgelöst haben. Es gibt ein Herzmittel, wie heißt es gleich nochmals? Dieser Wirkstoff, der im Fingerhut enthalten ist. Ein bisschen ist ein Heilmittel, aber zu viel davon ist giftig. Außerdem war die Frau viel zu jung für einen natürlichen Herzinfarkt.«

Ich sehe mich um. Wie ärgerlich, nun ist Annegret weg. So hat ihr Tischnachbar sie genannt, als sie so elegant auf den Boden sackte. Sosehr ich mich auch umblicke, sie ist nirgends zu sehen und scheint vom Erdboden verschluckt worden zu sein. Dabei leuchtet die Farbe ihres Kostüms geradezu. Zu übersehen ist sie damit eigentlich nicht. Ich würde schon gerne wissen, wo sie gerade ist. Ob die in Leer wohnt und zu den Krimidinners jeweils an Bord kommt? Oder ist sie von außerhalb und reist extra hierfür an? Spielt sie noch woanders Theater? Oder vielleicht in einem Film, den ich mir im Fernsehen anschauen kann?

An einem Ständer der hübschen Läden hängen verschiedene Tücher. Ob ich meiner Chefin eines mitbringen soll? Sie liebt die bunten Accessoires. Ich habe ihre Sammlung bereits um einige besonders schöne Stücke erweitert, die sie gerne trägt. Ein schwarzes mit weißen Tupfen erweckt meine Aufmerksamkeit. Das könnte ihr gefallen! Das Material fühlt sich angenehm und natürlich an, ohne Polyester. Der Preis ist in Ordnung. Ich nehme das Tuch ab und rufe zu meinem Mann hinüber, der vor einem Delikatessenladen steht und sich die Nase am Schaufenster platt drückt. »Ich geh rein und bezahle das!«

»Du bist dann mal weg, verstehe.«

Norbert weiß genau, was nun kommt. Ich werde nämlich die gesamte Kollektion des Ladens in Augenschein nehmen. Das braucht selbstverständlich Zeit.

Als ich das Geschäft betrete, weiß ich gar nicht, wohin ich zuerst blicken soll. Kleider mit Blütenmustern, Hüte in allen Farben und noch mehr Tücher sind im Angebot. Zum Glück habe ich meine Kreditkarte einstecken, so muss ich mich bei der Auswahl nicht beschränken.

»Annegret, Kundschaft. Ich bin gleich wieder bei dir.«

Durch einen Bogen im Mauerwerk kommt eine Frau auf mich zu. Sie ist ein wenig älter als ich und sehr geschmackvoll gekleidet. Ihre Art, sich zu bewegen, erinnert mich frappierend an eine andere Person. Ich komme jetzt nur nicht darauf, an wen.

»Kann ich Ihnen helfen?«

»Das Tuch hier hätte ich gerne.« Ich lege es auf die Theke neben der Kasse. »Aber ich sehe mich noch ein wenig um. Reizend, ganz reizend.«

»Danke. Ich gebe mir Mühe bei der Auswahl meines

Sortiments und will meinen Kundinnen etwas Besonderes bieten.«

»Das gelingt Ihnen.«

»Darf ich Ihnen einen Kaffee bringen?« Sie lächelt.

»Warum nicht? Schwarz bitte, ohne alles.«

Ich blicke durch die Scheibe nach Norbert. Aber der ist bereits aus meinem Blickfeld verschwunden. Vielleicht findet er einen weiteren Hinweis zur Klärung des Krimispiels? Von wegen blindem Huhn und Korn und so weiter. Da er nicht wie ich Kriminalromane verschlingt, wäre es wirklich purer Zufall, wenn er etwas entdeckte. Vielleicht gewinnt er die Flasche Champagner? Ich bin ihm gerne beim Leeren behilflich.

»Darf ich Ihnen etwas Exklusives zeigen?« Sie stellt meinen Kaffee auf der Theke ab. Dann greift sie nach einem der Kleiderständer. »Ich kann mir das sehr gut an Ihnen vorstellen. Sie können so etwas Extravagantes tragen. Bei Ihrer Figur!«

Mir stockt der Atem. Die freundliche Frau hält mir ein grünes Wildseidenkostüm entgegen. Genau so eines, wie das Opfer beim Krimidinner trug.

»Welche Größe ist das denn?«, hauche ich.

»Müsste Ihre sein. Schlüpfen Sie mal rein.« Sie weist mir den Weg zur Umkleidekabine.

Kaum habe ich den roten samtenen Vorhang hinter mir zugezogen, höre ich eine zweite Stimme.

»Es ist so eine Unverschämtheit! Für kleine Gesellschaften bin ich grade gut genug. Und jetzt, wo er das Angebot für eine Kreuzfahrt auf dem Atlantik hat, will er mich nicht mitnehmen. New York! Die Gäste fliegen von Frankfurt nach New York und fahren mit dem Schiff zurück. Und mit was für einem! Für 3.500 Gäste, es wurde sogar hier in der Nähe gebaut. Die haben ein richtiges Theater an Bord, mit Orchestergraben. Stell dir das vor! Da sind auch Opernsänger dabei, die während der Reise auftreten. Das Krimidinner wird zweimal täglich aufgeführt, immer in einem anderen Restaurant. Mein Gott, und ich sitze hier in Leer und darf einmal pro Woche auf ein Flussschiff! Vor maximal 150 Gäste. Und dann kann ich auch noch durch Leer takeln und sogenannte Hinweise verteilen.«

»Beruhige dich. Vielleicht überlegt er es sich noch.«

»Er trifft sich heute mit Adéle. Mama, lach nicht! Sie heißt so.«

»Bist du sicher? Klingt nach einem Künstlernamen.«

»Ist doch egal.«

Ihre Stimme wird allmählich schrill. Vor angespanntem Zuhören habe ich ganz vergessen, in das Kostüm zu schlüpfen. Nun fragt die Beraterin direkt vorm Vorhang: »Und, wie passt es?«

»Moment noch, ich bin noch nicht fertig«, antworte ich hektisch. Wenn ich als junges Mädchen im Kaufhaus meiner Heimatstadt Kleider anprobierte, war es bei der dort beschäftigten Verkäuferin üblich, den Vorhang ungefragt mit einem blitzschnellen Ruck zur Seite zu reißen und diese Frage in die enge Kabine zu plärren. Zu einer Zeit, in denen der Jugend kaum eigene Rechte zugestanden wurden, stand es auch um den Umgang mit Kunden nicht immer besonders. Heute würde man sich eine Anzeige einhandeln, wenn man jemanden gegen seinen Willen in Unterwäsche präsentierte. Zu Recht, wie ich finde. Auch die damals als Diebstahlschutz angebrachten Deckenspiegel in den Kabinen jenes Kaufhauses, die manchen Begleiter den Kleidereinkauf seiner Frau plötzlich nicht mehr als langweilig betrachten ließen, sind schon lange ein absolutes No-Go. Vieles ist im Laufe meines Lebens besser geworden, denke ich bei mir, während ich mir die kühle Seide überstreife.

Als ich sachte den Vorhang zur Seite ziehe, stehe ich vor meinem Spiegelbild. Der Spiegel mogelt ein wenig, denn er zeigt mich eine Kleidergröße schmaler, mein Haar ist kürzer und ziemlich pfiffig geschnitten. Das Bild hat weniger Fältchen um die Augen als ich selbst. Annegret steht vor mir.

»Ups«, sage ich zu ihr.

»Na, das steht Ihnen aber ausgezeichnet«, gibt sie erstaunt zurück.

»Dafür, dass Sie heute schon gestorben sind, sehen Sie ziemlich gut aus.«

»Tja«, sie fährt sich mit der Hand durchs Haar, »darin bin ich gut. Ich kann Ihnen gar nicht sagen, wie oft ich schon über den Jordan gesprungen bin.«

»Und dieser Typ – wer ist es eigentlich?«

Ihre Wangen röten sich. »Der Agenturinhaber, Hubsie, also eigentlich heißt er Hubert. Sie erinnern sich bestimmt, er hat heute wieder ein Zuviel an Gel erwischt.«

»Der will Sie nicht nach New York mitnehmen?«

»Er sagt, in Leer sei es auch schön.« Ihr Lachen klingt gequält. »Ich würde dem Typen gerne einen Denkzettel erteilen.«

»Klar ist Leer sehr schön. Aber es gibt Dinge, die kann man nicht vergleichen.«

»Ich glaube, er vergleicht schon. Adéle ist zehn Jahre jünger als ich.«

»Was? Ist die denn schon volljährig? Wenn ich mir Ihre Mutter ansehe und diese Frau zehn Jahre jünger ist als Sie …«

Die beiden lachen. Jetzt ist es ein herzliches Lachen, in das ich gerne mit einstimme.

»Es ärgert mich ganz furchtbar. Ich würde auch so gerne an Bord dieses Kreuzfahrtschiffes auftreten. Das weiß er ganz genau.«

Ich nehme meine Tasse Kaffee und trinke einen Schluck. »Was kostet das Kostüm, es hat kein Preisschild.«

Als Annegrets Mutter den Preis nennt, bewahre ich meine Contenance. Nun denn, da ich quasi umsonst reise, kann ich mir dieses Prachtkostüm eigentlich leisten, denke ich bei mir. Irgendwann wird mein Sohn Julian heiraten. In diesem schicken Outfit werde ich die Gegenschwiegermutter, wie sie da heißt, wo ich aufgewachsen bin, auf jeden Fall ausstechen. Solche Prachtgewänder muss man kaufen, wenn man sie zufällig entdeckt. Wenn man gezielt danach sucht, bleibt diese Suche oft vergebens. Außerdem treffe ich hoffentlich den sympathischen Herrn von der Passauer Ortsspitze bald irgendwo wieder. Ich wünschte mir, Kommissar Zufall gibt sich endlich etwas mehr Mühe und führt ein Wiedersehen herbei. Auch für diesen Anlass wäre es unbedingt angemessen. »Wissen Sie was? Ich nehme es. Ich schreibe übrigens einen Blog über meine Reisen.«

»Erwähnen Sie mein Geschäft und ich lasse Ihnen 20 Prozent vom Preis nach.« Sie zwinkert mir zu. »Sie müssen die Tüte nicht mit sich herumtragen. Ich lasse sie Ihnen an Bord bringen.« Sie nickt ihrer Tochter zu und blickt dann wieder mich an. »Sie wollen noch weiter auf Schnitzeljagd durch Leer unterwegs sein, nehme ich an. Wer weiß, vielleicht finden Sie ja den entscheidenden Hinweis.«

In der Rathausstraße liegt ein grünes Portemonnaie auf der Straße. Ich bücke mich danach und hebe es auf. Anstelle von Kreditkarten steckt ein Foto darin. Annegret eng umschlungen mit einem Mann. Es ist aber nicht der, der an Bord neben ihr am Tisch saß. Im Geldfach stecken zwei Euro. Als ich mich umsehe, entdecke ich eine interessante Fassade. Gehört das zum Krimidinner dazu? Jedenfalls liegen in den großen Schaufenstern mehrere Artikel, die sich als Dekoration dazu eignen würden. Ich trete einen Schritt zurück und blicke hoch. »Tatort Taraxacum« steht in großen Buchstaben über der Eingangstür. Das erweckt natürlich mein gesundes Neugierverhalten und ich trete ein. Krimis, überall Krimis in den raumhohen Regalen. Ich bin im Krimi-Paradies gelandet! Die Buchhandlung geht in den hinteren Räumen in ein Café über. Zu meinem Erstaunen finde ich dort meinen Mann sitzend an einem der Tische.

»Edelgard! Köstlich, der Kuchen hier. Möchtest du auch einen? Oder eine Tote Tante? Guck mal, das haben die auf der Karte stehen.« Er lacht keckernd.

Mir ist klar, er hat Tante Edelgard im Sinn. Wer würde ihr nicht ein friedvolles Einschlafen gönnen? Zäh, wie sie, ist wird sie nicht nur 100, sondern 200 Jahre werden. Womöglich wird sie noch kreuzfidel unseren Sohn Julian überleben.

»Ich nehme einen Ostfriesentee mit Kluntjes und Sahne.«

»So, wie ich dich kenne, suchst du dir dann noch einen Krimi aus.«

Ich nicke. »Vielleicht auch zwei oder drei. Aber guck, was ich gefunden habe. Uns gehört sozusagen schon jetzt die Flasche Champagner.« Ich lege die grüne Börse auf den

Tisch und fingere das Foto heraus. »Der entscheidende Hinweis zur Tat. Ihr Mann hatte berechtigten Grund zur Eifersucht. Er hatte Angst, verlassen zu werden. Männer töten, um zu behalten.«

»Weshalb töten Frauen?«

»Um jemanden loszuwerden.«

»Interessante These. Herr Ober, bringen Sie mir noch ein dunkles Weizenbier?«

»Du, Norbert, auf unserem Schiff gibt es Fahrräder zum Ausleihen. Was hältst du davon, beim nächsten Landgang eine Radtour zu unternehmen?«

»Schatz, du willst, dass ich gesünder lebe?«

Ich selbst habe nicht wirklich ein gesteigertes Interesse daran, dass Norbert nun anfängt, gesund zu leben. Aber untrainiert, wie der ist, könnte er womöglich einen Sportunfall haben oder sich beim Treten überanstrengen. Was wäre, wenn er ohne Helm Rad fährt und dann stürzt? Laut sage ich: »Norbert, wir können uns wirklich zwei Fahrräder borgen. Ich habe, so glaube ich, sogar gelesen, dass das noch nicht mal etwas kostet.«

»Haben die auch E-Bikes?«

Es ist meines Wissens nach noch nie jemand verstorben, weil er sich zu viel bewegt hat. Das scheint jedoch genau die Todesart zu sein, vor der mein Mann am meisten Angst hat.

Wir schlendern in Richtung Museumshafen. Ich sehe Annegret ein Geschäft verlassen, das Brötchen sowohl mit Fisch als auch mit Krabben anbietet.

»Haben wir noch Zeit, die Schiffe anzugucken?«, fragt Norbert.

»Ich denke ja. Geh schon mal vor.«

Das grüne Kostüm steuert auf eine Bank zu. Dort setzt sich Annegret. Neben ihr entdecke ich den Mann mit der

Gelfrisur. Hubsies Körperhaltung strahlt Überlegenheit aus. Aber Annegret wirkt in dem Moment auch ziemlich selbstbewusst. Es macht auf mich den Eindruck, als lieferten die beiden sich ein heftiges Wortgefecht und als würden sie sich gleich duellieren. Einige Passanten sind stehen geblieben und hören zu. Genauso wie ich.

»Was du da vorführst, das ist doch nichts!«

»Findest du?«

»Alter! Beim Essen die Vergiftete zu spielen und zu Boden zu gleiten. Hör mal, worin soll denn da die Kunst bestehen?«

»Glaubwürdig sollte es immerhin sein!«

»Also, da ist wirklich nichts dabei. Das kann jeder. Jeder! Dazu brauchst du auf keine Schauspielschule zu gehen!«

»Dann führc das vor!«

»Wie jetzt. Hier?«

»Warum nicht?« Sie blickt zu den Umstehenden. »Publikum hast du schon.«

Einige der Umstehenden, zu denen sich rasch mehr gesellen, nicken bekräftigend und klatschen.

»Aber ich habe gar nichts zu essen dabei.«

»Reicht ein Matjesbrötchen?« Annegret entnimmt einer Papiertüte ein Brötchen und reicht es ihm. »Nun zeig mal, wie du glaubwürdig stirbst.«

Er greift mit einer überheblichen Geste danach. »Matjes? Klar. Solange es kein Krabbenbrötchen ist. Du wirst es sehen, alle glauben es. Das wird eine super Vorführung!« Brösel springen vom Brötchen ab, als er seine Schneidezähne hineingräbt. »Extra viele Zwiebeln, lecker. Genauso, wie ich es mag.«

Als er den ersten Bissen geschluckt hat, lässt er das Brötchen fallen. Sein Oberkörper richtet sich starr auf.

Er greift sich an den Hals. Die Augen sind panisch weit aufgerissen.

Ein Mann ruft. »Der hat nicht übertrieben! Das sieht wirklich glaubwürdig aus. Bravo!«

»Absolut«, mischt sich die Frau in dem rosa Kleid neben ihm ein. »Also, ich hätte den nicht herausgefordert. So gut, wie der spielt, das kriegt man nicht so leicht hin. Auf gar keinen Fall!«

»So echt! Toll.« Der Mann und die Frau gehen weiter. Sie haben genug von der Vorstellung gesehen.

Auch die anderen zerstreuen sich. Ich bleibe stehen und warte ab.

Hubsie ringt immer noch nach Luft.

»Du spielst gut! Wirklich gut.« Annegret lächelt.

Hubsie versucht etwas zu sagen. Aus seinem Mund kommen unartikulierte Laute.

»Du hast gewonnen.« Annegret steht auf.

»Absolut glaubwürdig. Hammermäßig gespielt.« Ich komme näher und beuge mich über ihn.

»Nicht wahr?« Annegret nimmt das restliche Fischbrötchen sorgfältig auf, achtet darauf, keine Reste liegen zu lassen, schiebt es in die Papiertüte und steckt es weg in ihre Handtasche. »Sterben kann der Hubsie richtig gut.«

Sie greift nach meinem Arm und zieht mich mit sich fort.

Ich wende mich um. Er sitzt immer noch auf der Bank.

»Aber …«

»Wenn er merkt, dass er kein Publikum mehr hat, wird er mit dem Schauspielern schon wieder aufhören.«

Wie angekündigt werden während des Abendessens unsere Tipps bezüglich des Krimidinners von den Stewardessen ausgelost. Norbert und ich haben tatsächlich die Flasche Champagner gewonnen.

Gleich als wir unser Mahl beendet haben, gehen wir an die Bar. Zu dem edlen Getränk stellt uns der Barkeeper ein Schälchen mit Krabben. Dankend lehne ich ab. Ich mag die kleinen Schalentiere nicht. Norbert übrigens auch nicht. Es soll Leute geben, so habe ich irgendwo gelesen, die reagieren hochallergisch auf die kleinen Meeresbewohner. Das kann sogar bis hin zu einem anaphylaktischen Schock führen. So etwas kann tödlich enden. Deshalb sollten Allergiker nur Fischbrötchen essen, bei denen sie ganz sicher sein können, dass niemand eine Krabbe dazwischengeschoben hat.

DIE EMS

Das Quellgebiet des Flusses liegt in der Moosheide, er mündet bei Emden in die Nordsee. Insgesamt bringt er es auf eine Länge von ungefähr 370 Kilometern.

Neben der Leda, die bei Leer in die Ems fließt, ist die Hase einer der Nebenflüsse. Bei Leer wurde eine der längsten Klappbrücken Westeuropas gebaut, die Jann-Berghaus-Brücke.

Wer sich dafür interessiert, kann in Leer Seefahrt und Maritime Wissenschaften studieren.

In Leer befindet sich Tatort Taraxacum, Ostfrieslands Krimibuchhandlung mit Café und Restaurant. Sie ist unbedingt einen Besuch wert!

WENN SIE DOCH
BLOSS GESCHWIEGEN HÄTTE
(ILLER; MEMMINGEN)

Wir beide haben unsere gemeinsame Schulzeit in Memmingen verbracht. Nach dem Abitur sind wir von dort weggezogen, weil Norbert unbedingt Jura studieren wollte. Ich selbst entschied mich für Biologie und war bis zur Geburt von Julian Assistentin in einer Forschungseinrichtung. Bis unser Sohn aufs Gymnasium kam, blieb ich zu Hause und lebte nur für »meine beiden Männer«. Nach etlichen Bewerbungen bekam ich eine Stelle als Gemeindesekretärin bei unserer Frau Pfarrer. Ich muss ehrlich sagen, dieser Job passt sehr gut zu mir. In meinen alten Beruf kann ich aufgrund der Familienzeit nicht mehr zurück. Diese Tür ist endgültig ins Schloss gefallen. Wenn man eine Weile pausiert hat, wird man von potenziellen Arbeitgebern unter ferner liefen eingestuft, aber ganz sicher nicht eingestellt. Dabei können Beamtinnen und Beamte sich sogar zwölf Jahre lang freistellen lassen. Davon kann man in der freien Wirtschaft nur träumen. Weshalb ich damals zu Hause blieb und nicht mein verbeamteter Ehemann? Vermutlich waren wir nicht innovativ genug, um den sogenannten Rollentausch mit als Erste durchzuführen. Außerdem muss ich gestehen, dass die Familienzeit mit unserem Sohn zu der glücklichsten Phase meines Lebens gehört.

Ich fühle mich in meiner jetzigen Arbeitsstelle wohl und bin zufrieden. Meine Chefin hat immer ein offenes Ohr für mich. Außerdem gesteht sie mir flexible Arbeitszeiten zu, was ich sehr zu schätzen weiß. Es ist keine trockene Bürostelle, wir haben viel Publikumsverkehr. Es gibt so einiges zu besprechen, beispielsweise wenn Brautpaare wegen eines Hochzeitstermins vorsprechen oder Kinder getauft werden sollen. Kirchenaustritte sind bei uns kaum ein Thema. Die Pfarrerin ist sehr beliebt, sie erarbeitet viele Angebote für unsere Gemeindemitglieder, und unsere Kirche ist daher selbst außerhalb von Weihnachts- und Osterterminen gut besucht. Sie veranstaltet sogar Tanzgottesdienste und Andachten im Wald. Sie ist wirklich sehr engagiert und ich unterstütze sie nach Kräften. Ich organisiere neben anderem unseren Kirchenchor und singe selbst dort mit.

An einem Mittwochnachmittag, als ich von der Arbeit nach Hause komme, fische ich zusammen mit diversen Werbeprospekten einen länglichen Umschlag aus dem Briefkasten. Der Absender weckt Erinnerungen in mir. Diese Post wurde nämlich in unserer alten Heimat aufgegeben. Ich gehe in die Küche, schalte den Kaffeeautomaten ein und setze mich auf einen der mit gemustertem Stoff bezogenen Stühle. Aus dem aufgeschlitzten Umschlag ziehe ich ein buntes Blatt. »Jubiläums-Abifeier« steht in bunten Buchstaben über einem alten Foto. Ich weiß sofort, wo ich stehe. Ich bin die vorne links. Norbert steht in der Mitte der letzten Reihe. Mein blaues Kleid hat Mutter selbst genäht. Für die helle Jacke hatte ich damals lange mein Taschengeld gespart. Ich bin ganz gerührt. Verschiedene Erlebnisse fallen mir spontan ein. Etwa unsere Abschlussreise nach Berlin. Ich drücke auf den Knopf des Kaffeeautomaten. Während der Kaffee in meine Tasse sprudelt, blicke ich aus dem Fenster. Die Nachbarin von gegenüber aus dem gelben Haus mit den perfekten Scheibengardinchen fegt mit Hingabe den Hof vor ihrer Tür. Dabei ist der ohnehin so ordentlich, als ob sie ihn gestaubsaugt hätte. Vielleicht schadet es nicht, ein paar Tage zu verreisen, mal wieder etwas anderes zu sehen? Aus dem Trott herauszukommen? Gut, wir waren in diesem Jahr schon jeweils für ein paar Tage in Passau, Dresden und im Norden Deutschlands in Leer. Meine flexiblen Arbeitszeiten und die Großzügigkeit meiner Chefin haben mir dies ermöglicht. Aber jetzt in den Süden? Eine Fahrt in die alte Heimat? Die Leute wiederzusehen, mit denen wir aufs Abitur gelernt haben? Außerdem habe ich meine Mutter schon länger nicht mehr besucht. Wir stehen zwar in regelmäßigem Kontakt, denn Julian hat ihr im Haus Internet eingerichtet und so skypen wir mindestens zweimal pro Woche. Das ist beinahe ein klein wenig so, wie mit ihr in der Küche zu plauschen. So haben wir das früher immer stundenlang gemacht und dabei gemeinsam neue Backrezepte getestet.

Als Norbert abends nach Hause kommt und ich ihm sein fertiges Essen auf den Tisch stelle, landet die Einladung wie zufällig neben seinem Teller.

»Oh Gott! Klassentreffen! Du willst da nicht etwa hin?«

»Selbstverständlich fahren wir.«

»Was soll ich mit denen? Die konnte ich schon damals nicht leiden. Weshalb sollte ich die wiedersehen wollen? Wirklich nicht. Danke. Kein Bedarf.«

»Menschen ändern sich.«

»Die nicht.« Er schiebt sich einen Bissen des Schmorfleisches in den Mund. »Ganz bestimmt nicht. Das Fleisch ist übrigens köstlich. Hast du es nach Muttis Rezept zubereitet?«

»Ich fahre. Auf jeden Fall. Und du kommst natürlich mit. Wie sieht das denn aus, wenn ich alleine aufkreuze? Grade so, als ob unsere Ehe nicht in Ordnung wäre. Du weißt ganz genau, dass dann gleich darüber spekuliert wird. Wir können bei Mutter wohnen.«

»Auch das noch!«

»Herrgott noch mal, du wirst es überleben.« Ich habe einen Trumpf, der ihn überzeugen wird. Den spiele ich jetzt aus. »Es ist eine Floßfahrt geplant. Der Werner hat die Brauerei von seinem Vater übernommen, der stiftet das Bier. Lies selbst, was da steht.«

»Die Brauerei vom Schmid? Das war schon ein sehr gutes Bier, was die immer gemacht haben. Doch, das muss man ganz ehrlich sagen.«

»Hast du das gar nicht mitbekommen? Der Werner hat letztes Jahr sogar einen Preis für sein Bier bekommen.«

»Was?«

»Hat Mutter mir erzählt. Der hat daraufhin seine Kapazität aufgestockt. Da könnten wir noch ein paar Kästen mit nach Hause nehmen.«

»Bier aus Memmingen.«

»Fischertag ist grad. Das wird eine Riesengaudi.«

Norbert lächelt. Denn in seiner Jugend wäre er beinahe selbst einmal Fischerkönig geworden. Wegen 50 Gramm hat es nicht geklappt. So viel wog nämlich die Forelle seines Kontrahenten mehr.

»Erinnerst du dich an diesen Prachtburschen, den ich beim Ausfischen aus dem Stadtbach geholt habe?«

»Knapp leichter war deine Forelle als die vom Egloff, der dann Fischerkönig geworden ist.«

»Da hatte mir nicht viel gefehlt. Das stimmt. Du warst mein Küblesmädel.« In Erinnerungen gefangen lächelt Norbert vor sich hin. »Und in der Nacht danach …«

Bevor er noch tiefer in delikate Details abdriftet, unterbreche ich ihn. »… hast du mir einen Heiratsantrag gemacht. Ich weiß es selbst! Ich war dabei.«

»Hast du noch einen Nachtisch für mich, Edelgard?«

Während ich die Kühlschranktür öffne und einen Apfeltraum, das ist so eine Art Tiramisu mit Äpfeln, heraushole, bekräftige ich meine Zusage. »Ich schreibe gleich zurück, dass wir beide auf jeden Fall dabei sind.« Ich trage eine doppelte Portion auf Norberts Teller auf und stelle ihm ein kleines Glas Grappa dazu. Eisgekühlt, so wie er ihn am liebsten mag.

»Wir können auf der Heimfahrt bei Mutti vorbei schauen.« Norbert versteht es glänzend, meine Vorfreude auf die Reise zu dämpfen.

»Kommen eigentlich alle?«, fragt mein Mann, als wir im Auto sitzen. Wenn wir für längere Strecken den Wagen nutzen, fahre meistens ich, während er auf dem Beifahrersitz ein Nickerchen hält.

»Von denen, die leben, schon.«

»Wie?«

»Anton ist vor ein paar Jahren mit dem Motorrad tödlich verunglückt. Die Leni ist vor drei Jahren an Brustkrebs verstorben und Lennart hatte einen Tauchunfall auf den Malediven.«

»Das habe ich gar nicht mitgekriegt.«

»Na ja, so etwas erzählt mir meine Mutter, wenn ich mit ihr skype.«

»Aber die anderen kommen?«

»Ich habe gestern mit Sabine telefoniert und die meinte, dass alle zugesagt haben. Einige bringen ihre Ehepartner mit.«

»Das machen wir doch ebenfalls.«

Wo wir beide in derselben Klasse waren. Der Humor meines Mannes ist unschlagbar.

Wie immer, wenn wir in unsere alte Heimat fahren, steigert sich spätestens bei der Fahrt durch Ulm meine Vorfreude. Links streift der Blick im Vorbeifahren das Ulmer Münster, rechts die Silhouette eines schwedischen Möbelhauses. Mit erfreulich kurzen Staus erreichen wir nach nur wenigen Stunden Memmingen. Ich stupse Norbert an, damit er aufwacht.

»Wir sind da.«

»Schon? Das ging aber flott. Bin mal gespannt darauf, wie viele Bußgeldbescheide wir bekommen, weil du wieder zu schnell gefahren bist.«

Mutter hat unser Auto gehört und eilt vors Haus. Sie wohnt seit ihrer Eheschließung darin. Mit Vater und uns lebte sie lange beengt im oberen Stockwerk, weil im Erdgeschoss noch lange seine Eltern wohnten, bis sie beide in ein Pflegeheim umzogen. Seit Vaters Tod vor etlichen Jahren bewohnt sie das gesamte Haus alleine. Sie hat es kürzlich blau anstreichen lassen. Die hölzernen Fensterläden sind frisch geschliffen und lasiert.

»Edi!« Sie ist die Einzige, der ich erlaube, mich so zu nennen. »Edi, fein, dich zu sehen.« Wir umarmen uns herzlich.

»Ganz meinerseits«, murmelt Norbert, der sich betont hinter mir hält, um einer möglichen Umarmung zu entgehen.

»Norbert! Wir haben uns schon länger nicht mehr gesehen.« Mutter begutachtet seinen Körperumfang. »Euch geht's richtig gut, gell?«

»Wir können nicht klagen«, ringt Norbert sich ab.

Ich lenke das Gespräch in andere Bahnen. »Schöne Grüße von Julian. Er wäre gerne gekommen, aber er ist ziemlich beschäftigt.«

»Gefällt es ihm in Stockholm?«

»Und wie. Er ist völlig begeistert von der Stadt. Wir sollten ihn dort unbedingt mal besuchen. Norbert, bringst du unseren Koffer ins Haus?«

»Das eilt nicht. Den kannst du später holen. Hier in Memmingen kommt garantiert nichts weg!« Mein Mann schreitet durch den kleinen Vorgarten, in dem alles in voller Blüte steht, auf die offen stehende Haustür zu.

Mutter hatte schon immer diesen schönen Blumengarten, er ist ihr ganzer Stolz. Rittersporn, Stockrosen und Lupinen blühen mit Margeriten um die Wette. Vor den Fenstern des kleinen Hauses entfalten blutrote Geranien ihre Pracht.

»Deine Blumen sind mal wieder toll. Wie schaffst du das bloß? Meine sehen bei Weitem nicht derart prächtig aus.«

»Ich habe Pferdeäpfel geholt. Die kompostiere ich ein Vierteljahr lang und arbeite sie dann in die Erde ein. Das wirkt Wunder! Was glaubst du, wie das Gemüse hinterm Haus dieses Jahr ausschlägt! Ich weiß gar nicht, wer die ganze Ernte essen soll.«

Da wüsste ich allerdings jemanden, vor allem wenn die Beilage aus einer großen Scheibe Fleisch besteht. Das behalte ich jedoch für mich. »Was macht denn dein Ischias?«

»Ach, der!« Mutter lacht. »Dem geht es wieder gut. Ich

habe schon länger nichts mehr von ihm gehört. Aber jetzt komm rein, Edi, bevor dein Mann den Kuchen alleine aufmampft.«

In der Küche nörgelt Norbert. »Mutti macht mir immer Sahne zum Birnenkuchen.«

»Birne und Walnuss sind da drinnen, Schwiegersohn. Schau mal in den Kühlschrank. Da findest du Schlagsahne. Die habe ich extra für dich eingekauft.« An mich gewandt meint sie: »Ich habe das alte Kinderzimmer oben für euch hergerichtet. So schön, euch hierzuhaben. Das freut mich wirklich.«

»Mich erst.« Ich streiche über ihren Arm. Mit meiner Mutter verstehe ich mich immer besser und wünsche mir, ich könnte sie öfter besuchen.

Norbert macht sich bereits über sein zweites Stück Kuchen her.

»Wann trefft ihr euch mit euren Schulkameraden?«

»Heute Abend, zu so einer Art Vortreffen. Morgen unternehmen wir eine Floßfahrt.«

»Eine Floßfahrt? Dabei kann man ganz schön nass werden.« Sie lacht.

»Ach, ein bisschen Wasser schadet nicht. Hauptsache, wir werden auch von innen schön nass, gell, Norbert?« Meiner Mutter raune ich zu: »Das Bier war der Hauptüberzeugungsgrund.«

»Stellt der Werner das Bier? Da würde ich am liebsten gleich mitkommen. Das Dunkle von denen ist sagenhaft gut. Kürzlich bekam er sogar einen Preis dafür.«

»Schade, dass die nicht an unseren Wohnort ausliefern. Bayerisches Bier ist einfach das allerbeste. Da kommt kein anderes dran. Überhaupt ist Bayern schon etwas ganz Besonderes, nicht nur wegen des Bieres.« Norbert hat entgegen unserer Ansicht mitgehört. »Aber nochmals umziehen? Bevor ich in Pension gehe, gewiss nicht. Als Beamter könnte ich mich versetzen lassen, Finanzämter gibt es schließlich überall. Aber das will ich nicht. Ich bin auf meinem Posten zufrieden.«

»Deine Schwägerinnen und ich würden uns freuen, Norbert. Dann wäre die Familie wieder näher zusammen. Die Hilde kommt übrigens morgen. Edi, die hat dich schon länger nicht mehr gesehen. Ihr wart immer so eng als Kinder. Gib acht, dass das nicht auseinandergeht.«

Auf jeden Fall geht mein Mann immer mehr auseinander, aber dazu sage ich jetzt nichts. Weshalb Mutter Hilde anführt? Keine Ahnung. Meine ältere Schwester Renate stand mir immer viel näher. Hilde war das Nesthäkchen und wurde als solches nach Strich und Faden verwöhnt. Zumindest Renates und meiner Überzeugung nach. Wenn Mutter nicht hinsah, haben wir, als sie klein war, ihre Sachen versteckt.

»Die Renate und ich, wir treffen uns demnächst an einem der Wochenenden.«

»Du und die Renate. Ihr habt schon immer zusammengehalten.«

Was blieb uns schon anderes übrig, wenn die Kleinste so eine elende Petzerin ist, wie Hilde es war. Das sage ich jedoch nicht laut. Es liegt schließlich lange zurück.

»Die Hilde überlegt sich, ob sie wieder hier einzieht.«

»Warum das denn?«

»Na ja, ich werde nicht jünger. Da wäre es ziemlich praktisch, jemanden im Haus zu haben.«

»Was sagt Kevin dazu?«

»Weißt du das gar nicht? Die haben sich getrennt.«

»Was?«

»Die Hilde könnte oben wohnen. Der Kevin behält die meisten Möbel und sie nimmt das Auto.«

Ich weiß nicht, was ich zu der Neuigkeit sagen soll. Hilde wieder ganz eng mit Mutter. So wie früher. Den Freund meiner Schwester nicht mehr bei Familienfeiern sehen zu müssen, wird bei mir allerdings keine gravierende Lücke hinterlassen. »Also, ich hole jetzt unseren Koffer und lege die Sachen in den Schrank. Ich mache mich ein wenig frisch und dann müssen wir bald zu dem Treffen.«

»Edi, ich bin schon so gespannt, was du danach erzählen wirst. Was aus allen geworden ist und so.«

Das Gasthaus, wo wir uns im Nebenzimmer treffen werden, liegt nicht weit entfernt. Der Spaziergang durch Memmingens Altstadt weckt Erinnerungen an meine Kindheit.

»Hier war ein Schreibwarengeschäft. Da haben wir immer unsere Schulsachen eingekauft. Seit der Grundschule.«

Norbert brummelt irgendwas und geht weiter.

Vor einem rosafarbenen Haus halte ich inne. »Den Laden hier gibt es immer noch? Na, so was! Da habe ich damals schon eingekauft. Eine Nachbarin von uns hat dort gearbeitet. Es gab 10 Prozent Personalrabatt für uns, wenn ihre Chefin nicht da war.«

Wir überqueren den Marktplatz. »Hübsch ist es hier schon, gell, Norbert?«

»Hat nie jemand was anderes behauptet.«

»So ein schönes Rathaus hat nicht jede Stadt.«

»Willst du wirklich wieder hierherziehen, weil du gar so

schwärmst? Erinnerst du dich, wie erleichtert du damals warst, aus der Kleinstadt wegzukommen?«

»Lieber Himmel, Norbert, da war ich jung. Aber im Alter? Da ist es nicht schlimm, wenn alles wieder überschaubarer wird.«

»Im Alter? Ich weiß ja nicht, wie du das siehst, aber ich empfinde mich nicht als alt! Das mag ja durchaus individuell verschieden sein. Wo ist denn jetzt das Gasthaus, wo wir hinsollen?«

»Bei der unteren Bachgassse. Wir sind gleich da.«

»Leute! Alle mal herhören! Edelgard und Norbert sind gekommen!«

Durcheinanderrufen und laute Hallos sind die Folge. Die Frau, die uns so lautstark angemeldet hat, ist das Sabine? Die hatte uns die Einladungen gesandt. Nach all den Jahren habe ich Mühe, sie wiederzuerkennen. Manche Gesichter erkennt man sofort, aber Sabine sieht anders aus. Liegt es an ihrer Frisur? Sie trägt eine knackig enge Hose mit einem schmalen Oberteil. Sie verteilt Küsschen auf unsere Wangen, was Norbert dazu veranlasst, sich zur vollen Größe zu recken, damit sie sein Gesicht nicht erreichen kann.

Sabine stellt sich jedoch waghalsig auf die Zehenspitzen und schmatzt ihm einen Begrüßungskuss auf die Wange. »Norbert! Unverändert! Wie damals.«

Sie wendet sich mir zu. »Edelgard, wie schön, dich zu sehen. Geht's euch gut?«

Bevor ich etwas sagen kann, löst sich ein stämmiger Mann aus der Gruppe. Er hält zwei Krüge in den Händen. »Da schaut's her, die Buchmanns! Willkommen in Memmingen. Habt ihr hergefunden, sakra. Nehmt's einen kräftigen Schluck von meinem Bier, das habe ich extra für heute gebraut. Das gibt es morgen auf dem Floß. Ihr kommt mit zu dem Ausflug?« Er klopft Norbert auf die Schulter, nachdem der ihm den Krug abgenommen hat.

»Klar, Werner. Was dachtest du denn?«

»Na ja, weil du ein Schreibtischhengst geworden bist.«

»Solche haben keinen Durst, oder wie?«

Wolfgang Degauer gesellt sich dazu. »Nix schaffe, aber trinke wolle, gell?«, lacht er bellend.

Ich stelle den Krug, den Wolfgang mir in die Hand gedrückt hat, auf einem der Holztische ab. Beamtenwitze lösen bei mir immer ein etwas flaues Gefühl aus. Sicher, von einem Burn-out ist mein Mann ziemlich weit entfernt. Dass er für sein Geld in der Finanzbehörde nichts tun muss außer lediglich physisch anwesend zu sein, ist allerdings ein sehr naives Märchen.

»Wer ist denn sonst noch da?« Ich nicke ihm verbindlich zu und gehe weiter. Ich sehe Margot, die schon in der siebten Klasse mit Werner verbandelt war. Sie verließ unsere Schule nach der Mittleren Reife.

»Margot! Wie schön. Bist auch hier?«

»Es hat doch geheißen mit Partner.«

»Seid ihr immer noch zusammen?« Ich zeige zu Werner.

»Klar. Ich habe in die Brauerei eingeheiratet.«

Jetzt erinnere ich mich. Mutter hatte mir davon berichtet, dass Margot beinahe rund um die Uhr dort geschuftet hat.

»Ich habe eine richtig gute Partie gemacht, weißt du. Seit fünf Generationen ist die Brauerei in Familienbesitz.«

»Habt ihr Kinder?«

»Zwei. Ein Mädchen und einen Jungen. Wir geben nämlich mal weiter. Und ihr?«

Sie unterzieht mich einer eingehenden Musterung. Ihre Blicke verweilen auf meiner Kette mit den großen Granatsteinen, dem Erbstück meiner Großtante. Ich halte ihrer Musterung stand. Ich weiß schließlich ganz genau, dass mir mein weiß-schwarz gestreiftes Leinenkleid hervorragend steht.

»Wir haben einen Sohn, Julian. Er ist derzeit in Schweden.«

»Bei den Wikingern, soso. Also, unsere Kinder arbeiten beide bei uns. Die würden nicht so weit von uns fortgehen. Das würde der Werner denen nicht durchgehen lassen. So etwas gibt es bei uns in der Familie nicht, dass da jemand so weit fortgeht.«

Sie tut grade so, als würde man erwachsene Kinder, die flügge werden, nie wiedersehen. Quasi ein Abschied für immer. In welcher Welt lebt die denn? Findet sie es unverantwortlich, junge Erwachsene in ihr eigenes Leben ziehen zu lassen?

»Wer ist denn das dort in der Mitte?« Ich zeige auf eine hochgewachsene Frau.

»Die Helga. Erkennst du sie nicht? Sie ist Schauspielerin geworden. Die war damals schon immer was Besonderes. Also, ihrer Meinung nach. Aber manchmal steht man ja alleine da, mit so einer Meinung.«

»Es kann ja nicht jede wo einheiraten, nicht wahr?« Mit diesen Worten lasse ich Margot stehen. Die Unterredung mit ihr hat mich angestrengt. Die Frau scheint der Denkweise des vorletzten Jahrhunderts verhaftet zu sein, wo es für Frauen rentabler war, sich auf dem sogenannten Heiratsmarkt umzusehen, anstatt auf eigenen Füßen zu stehen.

Ich geselle mich zu dem Grüppchen um Helga. Sie trägt ein grünes ärmelloses Plisseekleid, das ihre immer noch jungmädchenhafte Figur verspielt umhüllt. Für meinen Geschmack hat sie ein bisschen zu viel Schminke aufgetragen. Drei, vier Männer liegen ihr regelrecht zu Füßen. Jetzt erinnere ich mich an sie. Bereits in der Mittelstufe hatte sie ihren Fanklub, der ihr in der Pause nachstellte und ihr jeden Wunsch erfüllte. Sogar für ihre Schultasche fand sich oft ein Träger.

Ich spüre einen Arm auf meiner Schulter. »Edelgard, schön, dass ihr gekommen seid. Es freut mich, euch zu sehen.«

Es ist Sabine. »Wir wollten sowieso mal wieder herfahren, meine Mutter besuchen.«

»Ich weiß, wie es ist, brauchst mir nichts zu sagen. Die Zeit vergeht so schnell und dauernd hat man so viel zu tun.«

»Wo lebst du denn?«

»Nach München hat es uns verschlagen, den Egloff und mich. Er ist bei einer Unternehmensberaterfirma, schon lang. Ich habe schon öfters gewechselt. Zurzeit bin ich bei einer Carsharing-Firma. Ich mache die Werbung für die.«

»Die brauchen Werbung? Ich dachte, so was läuft von alleine, weil es Zukunft hat.«

»Zum Glück haben die eine Werbeabteilung! Sonst hätte ich den Job nicht. Komm, gehen wir an die Bar. Lass uns ein Glas Sekt trinken.«

Während ich immer noch an meinem ersten Glas nippe, ist Sabine beim dritten angelangt. Plötzlich beginnt sie zu lachen. »Weißt du eigentlich, wie das damals gekommen ist, dass der Egloff Fischerkönig geworden ist und nicht dein Norbert?«

»Seine Forelle war etwas schwerer. Das ist ganz klar geregelt. Der mit dem dicksten Fisch wird Fischerkönig.«

»Und warum hatte Eglofi den dicksten Fisch?« Sie schüttelt sich vor Lachen und beginnt zu husten.

Ich klopfe ihr vorsichtig auf den Rücken. »Sabine, schone dich. Du kriegst sonst zu wenig Luft.«

»Als ob das das Einzige wäre, von dem ich zu wenig kriege. Kannst du dir vorstellen, wie es ist, mit Egloff zu leben?« Ihre Stimmung schlägt vom Überschwänglichen ins Weinerliche um.

Ich könnte ihr jetzt davon berichten, wie es ist, mit Norbert zu leben. Da ich aber ohnehin vorhabe, mich in Bälde zu verändern, unterlasse ich es. Womöglich treffe ich den schönen Unbekannten aus Passau irgendwo wieder.

»Der hat damals schon beschissen. Da könnte ich dir Sachen erzählen! Und er bescheißt immer noch. Vor allem mich. Ich habe aufgehört zu zählen, wie oft der mich schon betrogen hat. Mich lässt er im Trockenen sitzen, wenn du verstehst, was ich meine.«

»Warum gehst du nicht?«

»Um dann alleine zu sein? Schau mal in den Spiegel. Uns nimmt keiner mehr.«

Weshalb soll *ich* in den Spiegel gucken? Ihr Lidstrich ist verschmiert und die Wimperntusche verlaufen. Außerdem hat sie Lippenstift an den Zähnen. Ich rücke ein wenig von ihr ab.

»Ihr habt damals nichts gemerkt, gell?«

»Was haben wir nicht gemerkt?«

»Der Egloff hat mir die Forelle gegeben. Ich war doch sein Küblesmädel und hatte einen runden Stein in der

Tasche. Den hab ich, während ich hinter all den anderen am Bach stand, dem Fisch in den Schlund gedrückt.«

Mir wird übel. »Da hat der doch noch gelebt!«

Sabine zuckt mit den Schultern. »Na und, das war bloß eine blöde Forelle.«

Am liebsten würde ich ihr eine scheuern. Wie kann man sich einem Lebewesen gegenüber derartig empathielos verhalten?

»Ich hab der den Stein so weit reingedrückt, wie ich konnte. Dann habe ich sie totgeschlagen. Beim Wiegen hat sich dann herausgestellt, dass sie 50 Gramm schwerer war wie die vom Norbert.«

»Als, Sabine. Sie war schwerer *als* die von Norbert.«

»Sag ich doch.«

»Das heißt, eigentlich wäre Norbert der Fischerkönig gewesen. Warum erzählst du mir das jetzt? Nach all den Jahren?«

Sie greift nach der nächsten Flasche Sekt und gießt sich das Glas erneut voll. »Ist mir halt grad eingefallen. Meine Güte, Edelgard, mach dich locker.«

Ich will eine Weile alleine sein und gehe nach draußen. Ein paar Sterne leuchten am Himmel. Der Mond zeigt sich als schmale Sichel. Ich atme tief ein. Was wäre anders, wenn Norbert damals Fischerkönig geworden wäre? Meine Eltern wären stolz gewesen. Vor allem mein Vater, der kurz vor Julians Einschulung verstarb. Ihm hätte es gefallen, der Schwiegervater des Fischerkönigs zu sein. Meiner Mutter erst! Norberts Mutter sowieso. Sie ist damals, während seines Studiums, ebenfalls von Memmingen weggezogen. Aber sonst? Wäre unser Leben anders verlaufen? Ohne diesen hinterhältigen Betrug?

Ich zucke zusammen. Eine Hand liegt auf meiner Schulter.

»Edelgard! Hier steckst du. Ich versuche schon den ganzen Abend über, dich alleine zu sprechen. Endlich klappt es.«

Karsten steht vor mir. Auch das noch. Karsten Klette, so hieß er bei uns Mädchen, weil er sich reihum an eine von uns dranheftete. Es war schwer, ihn abzuschütteln. Zu seiner Jeans trägt er einen dunkelbraunen Trachtenjanker und ein rot-weiß kariertes Hemd, um sein Handgelenk hat er ein schmales Baumwollband gebunden. Er könnte gut als Schlagersänger auftreten.

»Habe ich dir damals eigentlich gesagt, dass ich mit dir gehen wollte?«

Noch mehr Geständnisse. Das ist zu viel für einen Abend. »Karsten, lass die alten Geschichten.«

»Ich meine es ernst, Edelgard. Ich bin nur wegen dir gekommen. Extra aus Hamburg. Die ganze Fahrt über habe ich gehofft, dich hier zu treffen.«

»Ich glaube, mein Mann ruft nach mir.« Schnell haste ich davon. Die Zeiten, zu denen ich mir ungewollt nervige Geschichten anhörte, sind für mich abgeschlossen.

Weil es eine private Feier ist, darf in dem Nebenzimmer geraucht werden. Ich sehe Egloff mit einer dicken Zigarre. Ich schaue mich nach meinem Mann um. Wo ist er bloß? Wenn wir morgen fit sein wollen, sollten wir allmählich aufbrechen und uns zur Ruhe begeben.

Dort rechts, ist das nicht Karsten? Vor dem ich soeben geflohen bin? Er baggert Sabine an.

»Sabine, wie schön, dich alleine zu treffen. Ich bin nur wegen dir gekommen. Extra aus Hamburg. Die ganze Fahrt über habe ich gehofft, dich hier zu treffen.«

Ich höre wohl nicht richtig? Spielt Karsten eine Datei von seinem Smartphone ab? Das ist der identische Senf, den er grade eben noch bei mir abgelassen hat.

Das Wetter hat sich über Nacht geändert. Der Wind hat sich gedreht und Wolken über das bayerische Allgäu geschoben.

»Wollt ihr wirklich mit aufs Floß? Es könnte heute ein Gewitter geben.«

»Das wird nicht grade runterkommen, wenn wir auf dem Wasser sind«, tröste ich Mutter.

»Ich meine ja bloß. Bei Gewitter soll man auf keinen Fall auf dem Wasser sein.«

»Wir passen auf uns auf, keine Sorge.«

Wobei mir durch den Kopf geht, ob heute nicht der perfekte Tag wäre, endlich die Weichen für meine Witwenschaft zu stellen.

»Norbert, bring mir die Edi wieder heil zurück. Du passt auf sie auf, gell. Ich backe heute nochmals Kuchen. Was wünschst du dir denn?«

Norberts Äuglein leuchten. »Schwiegermutti, am liebsten Käsekuchen. Den ohne Boden, mit ganz viel Rosinen.«

»Wird ausgeführt wie bestellt.« Sie winkt uns nach.

Der Treffpunkt ist außerhalb von Memmingen, wir werden einen Teil der Iller mit unserem Floß befahren.

»Meinst du, dass alle kommen? Ein paar haben gestern ganz schön tief in ihr Glas geguckt.«

»Ist ziemlich süffig, dieses Bierchen.«

»Wie viele hattest du denn eigentlich?«

»Edelgard, ich betrinke mich nicht in der Öffentlichkeit!«

Das ist richtig. Das muss man meinem Mann wirklich zugutehalten.

Vom Parkplatz aus ist es nicht weit zur Anlegestelle. Werner ist bereits da, ebenso seine Frau Margot. In der Mitte des großen Floßes steht ein Fass Bier.

»Urig schaut das aus.«

»Edelgard, da habe ich selbst mit Hand angelegt.« Werners Brust ist vor Stolz gebläht. Ich habe sogar die Bäume ausgesucht, die dafür geschlagen wurden.«

»Respekt! Hält das denn?«

»Wo denkst du hin? Ich vermiete das an Kunden. Ich mache mir nicht selbst die Nachfrage mit dem Verlust meiner Kundschaft kaputt.« Er lacht laut auf und zeigt auf ein paar Sicherheitswesten, die auf dem Boden liegen. »Trotzdem zieht jeder so eine Weste an.«

»Sicher ist sicher.« Norbert schnappt sich eine.

Ich möchte wetten, dass die Schwimmweste ihn, wenn es hart auf hart kommt, nicht trägt. Das behalte ich besser für mich. Sonst komme ich nie an mein Ziel! Vielleicht ergibt sich eine günstige Gelegenheit, bei der Norbert vom Floß herunterrutscht. Er kann nämlich nicht schwimmen. Ich glaube kaum, dass er es mittlerweile heimlich gelernt hat. Falls ja, hätte er kein Seepferdchen-, sondern das Walrossabzeichen erworben.

Egloff und Sabine sitzen mit ein paar anderen bereits auf dem Floß. Sie tragen alle die grellorangefarbenen Westen. Ich ziehe mir ebenfalls eine über, obwohl mir diese Farbe partout nicht steht.

»Sind wir jetzt komplett?«, fragt Werner in die Runde.

»Der verhinderte Fischerkönig ist ja eingetroffen.« Egloff klopft Norbert auf den Rücken. »Ich denke, es sind alle da. Du kannst die Leinen lösen.«

Am liebsten würde ich jetzt Egloff ins Wasser schubsen, seit mich seine Frau gestern Abend darüber aufgeklärt hat, wie sie beide beim Bachausfischen betrogen haben. Ich gehe davon aus, dass es eine abgesprochene Sache zwischen ihnen war.

»Der Norbert fängt immer schon große Fische, Egloff.« Ich lächle vielsagend.

»Deshalb hat er sich dich geangelt, was?« Egloff lacht selbst am lautesten über seinen Witz.

»Was willst du damit sagen? Wir führen eine gute Ehe!« Was erlaubt dieser Fremdgeher sich für Frechheiten? »Das kann man nicht von allen Anwesenden behaupten«, schiebe ich nach.

»Geh zu, Edelgard. Bist halt an dem Norbert kleben geblieben. So wie die Sabine an mir.«

»Jung gefreit hat nie gereut! Mich auf keinen Fall«, greift Norbert in den Dialog ein. »Ist das Fass schon angestochen? Ich hätte nichts gegen ein Bier einzuwenden, das man mir immerhin in Aussicht gestellt hat.«

»Wo ist eigentlich Karsten? Wir sind nicht komplett! Der war gestern Abend dabei.« Ich blicke zu Sabine. Innerlich bin ich ein wenig gerührt von Norberts Ansage.

Die senkt ihren Blick.

»Kommt der noch? Der musste heute früh schon wieder weg. Oder, Sabine? Du hast ihn gestern als Letzte gesehen. Wo wart ihr eigentlich noch so lange?« Egloff blickt fragend seine Frau an.

»Wir haben noch geredet.«

»Geredet. Interessant.«

»Du hast keinen Grund, jetzt so zu grinsen, Egloff. Bei allem, was du dir seit Jahren herausnimmst.«

»Hey, Leute, es geht los!« Werner hat die Leinen

gekappt. Er steht hinten und befördert das Floß mithilfe einer festen Stange in die Mitte der Iller.

Norberts Bier schwappt aus dem Krug über.

»Ist das alles, was du an Geschwindigkeit zu bieten hast?« Wolfgang lacht. Und zu meinem Mann gewandt: »Norbert, trinken, nicht verschütten! Dazu ist Werners Hopfengold viel zu wertvoll.«

In dem Moment werden wir von zwei Ruderern überholt.

»Zack, zack, Werner, leg mal zu!« Wolfgang geht zu Werner und versucht, ihm die Stange zu entwenden.

»Hör auf mit dem Blödsinn!« Werner windet sich und versucht ihn abzuwehren.

Wolfgang macht eine unbedachte Drehung und fällt ins Wasser.

»Idiot!«, brüllt er.

»Habe ich nicht gleich gesagt, ohne Schwimmweste kommt mir keiner an Bord?«

Egloff kauert am Rand des Floßes und reicht Wolfgang die Hand. »Komm her, ich zieh dich hoch.«

Das Floß schwankt, während Wolfgang hochklettert.

»Alle auf die andere Seite! Aber vorsichtig und mit Bedacht! Wenn er oben ist, alle zurück in die Mitte! Aber nicht ruckartig! Langsam!« Werner gibt seine Kommandos routiniert.

Norbert füllt seinen Krug erneut auf. »Immerhin ist das Fass nicht über Bord gegangen.«

Margot zieht aus einer Tasche eine Decke, die legt sie Wolfgang über. Aus einer Thermoskanne reicht sie ihm Tee. »Das passiert schon mal. Ist ja nichts dabei. Wie du siehst, sind wir für alles gerüstet.«

»Beim Bachausfischen springt ihr alle freiwillig ins Wasser. Da kann es euch nicht schnell genug gehen.« Sabine lacht. »Wolfgang, war das dein Übungssprung? Bist du heuer dabei?«

»Beim Forellenwiegen?«, frage ich.

Sabine zieht eine beschwichtigende Miene. »Geh zu, beim Fischen natürlich. Wer will sich denn schon an die Waage stellen?«

»Ist ja schon eine verantwortungsvolle Aufgabe, das Wiegen der Fische.«

Sabine rutscht neben mich und raunt mir zu. »Edelgard, das war nur, also ich habe dir das doch nur erzählt, weil ich zu viel Sekt hatte.«

»Verstehe, du warst nicht mehr ganz nüchtern.« Ich versuche Karstens Stimme nachzumachen. »Sabine, wie schön, dich alleine zu treffen. Ich bin nur wegen dir gekommen. Extra aus Hamburg. Die ganze Fahrt über habe ich gehofft, dich hier zu treffen.«

»Ja, und? Ich fand es ziemlich nett.«

Ich lache laut. »Sabine, das hat Karsten Klette keine fünf Minuten davor zu mir gesagt.«

»Das glaube ich dir nicht.«

»Hast du Tomaten auf den Ohren?«, frage ich spitz. Ich beuge mich zu ihr hinüber und flüstere ihr ins Ohr. »Der wäre gestern Abend mit jeder abgezogen. Mit jeder! So wie damals schon. Für den bist du absolut austauschbar. Du bedeutest ihm nichts. Rein gar nichts.«

Plötzlich platscht ein fetter Tropfen auf meinen Unterarm. Als ich zum Himmel hochblicke, sehe ich die graue Wolke direkt über uns.

»Ist nur Regen, kein Gewitter«, wiegelt Werner ab.

»Nass ist es trotzdem.« Sabine hat sich wieder neben Egloff gesetzt.

»Fürs Wetter kann ich nix!«

»Mir ist kalt«, mault Sabine.

»Wir sind eh gleich da. Wir werden mit dem Bus abgeholt. Direkt in unser Braustüberl.«

Immer mehr Tropfen prasseln auf uns herab. Die allgemeine Laune sinkt deutlich. Wer sitzt schon gern im Regen auf einem Floß? Es hätte so ein schöner Ausflug auf dem Wasser werden können. Bei Sonnenschein und guter Laune. Aber so? Norbert ins Wasser zu schubsen und ihn auf die Art loszuwerden, scheidet aus. Werner würde ihn bestimmt herausziehen, so, wie er es mit Wolfgang gemacht hat.

An der Anlegestelle wartet bereits ein kleiner Bus auf uns. Ich bitte die Fahrerin, uns am Haus meiner Mutter abzu setzen, und nenne ihr die Adresse. Mit dem Klassentreffen reicht es mir. Für mich ist es beendet. Erinnerungen lassen sich nicht aufwärmen. Man sollte sie meiner Meinung nach dort belassen, wo sie hingehören. In der Vergangenheit. Selbst Kaffee schmeckt aufgewärmt lau und hinterlässt einen schalen Geschmack. Sabines Beichte über den gemeinen Betrug an meinem Mann ärgert mich ziemlich. Ob ich Norbert davon erzählen soll? Keine Ahnung. Im Moment habe ich keine Lust dazu. Beweise dafür habe ich ohnehin keine. Nur Sabines Geständnis, das sie jederzeit abstreiten kann.

»Seid ihr beim nächsten Mal wieder dabei?«, fragt Werner, als wir aussteigen. Er drückt uns als Abschiedsgeschenk zwei Bügelflaschen in die Hand.

»Mal sehen«, antworte ich vage.

Sabine dreht ihren Kopf weg und blickt aus dem Fenster. Mir wäre es lieber, sie hätte mir ihre Perspektive und ihren Anteil nun nach all den Jahren verschwiegen. Manch alte Geschichten werden durch Aufwärmen und Umrühren nicht besser.

DIE ILLER

Der Gebirgsfluss entspringt bei Oberstdorf. Er ist etwa
150 Kilometer lang und mündet bei Ulm in die Donau. Das
Durchlaufgebiet der Iller ist landschaftlich sehr reizvoll.
Einer ihrer Zuläufe, die Breitach, kommt aus dem österreichischen Kleinwalsertal. Die Breitachklamm bietet ein
absolut sehenswertes hautnahes Naturerlebnis. Sie ist die
tiefste Felsenschlucht Mitteleuropas und ermöglicht zu
jeder Jahreszeit unterschiedliche Impressionen. Begeh-
bar ist sie von beiden Seiten. Entweder vom Kleinwalsertal oder vom Einstieg bei Oberstdorf aus. Gutes Schuhwerk mit rutschfesten Sohlen ist angeraten.

TATTOOS UND WOLKENKRATZER
(MAIN; FRANKFURT)

Es gießt in Strömen. Es gibt wirklich Komfortableres, als bei Dauerregen in einer Stadt anzukommen. Mit einem Regenschirm in der einen Hand, mit dem Koffer in der anderen stehe ich vorm Frankfurter Hauptbahnhof. Es gießt, als ob das Wasserreservoir der Großstadt für die nächsten Wochen aufgefüllt werden müsste. Wir haben den Vortag unserer Flussreise als Ankunftszeitpunkt gewählt, um abends gemütlich in einer traditionellen Äppelwoi-Kneipe in Sachsenhausen einkehren zu können. Unser Hotel liegt in unmittelbarer Nähe der Stelle, wo unser Schiff morgen anlegt.

»Soll das Wetter so bleiben?«, nölt mein Göttergatte.

»Keine Ahnung.«

»Du hörst doch ständig den Wetterbericht?«

»Meine Güte, das sind Prognosen! Verstehst du? Das muss nicht immer eintreffen.«

»Und was hat diese Prognose für heute gesagt?«

»Regen.«

»Ist es weit bis zum Hotel?«

»Wenn es dir zu feucht ist, nehmen wir eben ein Taxi.«

»Gute Idee.«

Ehe ich es mich versehe, hat Norbert eines der Taxis angesteuert, seinen bunt gepunkteten Schirm zusammengefaltet und sich prompt auf den Beifahrersitz gesetzt. Ich stehe mit unserem Koffer im Regen.

Der Fahrer bemerkt meine missliche Lage, steigt aus und packt den Koffer.

»Da haben Sie sich einen richtigen Gentleman geangelt, nicht wahr?«

Ich nicke. »Könnte man so sagen.«

»Haben Sie denn heute Abend Gelegenheit, sich abzuseilen?« Der leicht korpulente Mann mit Stirnglatze lächelt vielversprechend.

»Keine Chance«, entgegne ich und lasse offen, ob sich dies auf ein Sichwegstehlen oder auf ein Tête-à-Tête mit ihm bezieht.

»Hier sehen Sie die Alte Oper! Sehr empfehlenswert.« Der Fahrer weist mit der Hand auf ein Gebäude.

Oper? Der fährt an der Frankfurter Oper vorbei? Selbstverständlich habe ich mich im Vorfeld der Reise, über die ich wieder einen Bericht an Marja senden werde, informiert.

»Wussten Sie, dass Grzimek Direktor des Frankfurter Zoos gewesen ist? Der hatte sogar eine eigene Fernsehserie. Ein Platz für Tiere.«

Mit platzt gleich der Kragen! Wir haben den Herrn schließlich nicht für eine Rundfahrt gebucht!

»Der Schiffsanleger liegt am Zoo?«

»Natürlich nicht. Aber wegen der vielen Baustellen muss ich diese Route wählen. Ob es Ihnen gefällt oder nicht. Sie hätten ja zu Fuß gehen können.«

Ich honoriere die Rechnung mit keinem Trinkgeld. Immerhin kann ich Norbert dazu bewegen, den Koffer aus dem Taxi zu zerren.

»Meine Socken sind feucht«, nölt mein Göttergatte, als wir wenig später in unserem Hotelzimmer sind.

Auf dem Doppelbett sitzend hat er seine braunen Lederschuhe abgestreift und begutachtet nun seine waldmeistergrünen Socken, die Mutti regelmäßig für ihn strickt.

»Logisch! Wenn du bei Regen Schuhe mit Lochmuster trägst, muss dich das nicht wundern!«

»Jetzt hör schon auf. Du weißt ganz genau, dass dies meine Lieblingsschuhe sind und ich in denen am besten gehe. Die sind topp eingelaufen!«

»Das schon seit vielen Jahren.«

»Zweimal neu besohlt – das lohnt sich bei denen komplett. Die haben eine gute Qualität.«

»Und eine verdammt lange Lebensdauer.«

»Nachhaltig nennt man das, nicht wahr? Ich achte eben auf die Umwelt.«

»Warum isst du dann täglich Fleisch?« Das konnte ich mir nicht verkneifen. Wenn es Norbert wirklich um Nachhaltigkeit ginge, würde er endlich sein Essverhalten überdenken und eine Änderung in Erwägung ziehen.

»Edelgard! Doch nicht alles auf einmal! Außerdem, wenn du mir öfters Süßspeisen nach Muttis Rezepten zubereitetest, könnte ich mir durchaus vorstellen, das eine oder andere Mal auf Fleisch zu verzichten.«

»Süßspeisen? Welche denn?«

»Dampfnudeln zum Beispiel. Oder Kaiserschmarrn.«

Es hätte mir klar sein müssen, dass er Kalorienbomben, nach deren Genuss man selbst aufgeht wie ein Hefekloß, anführt. Aber weshalb sollte ich zu Beginn dieser Reise mit ihm streiten? Es könnte immerhin seine letzte Reise sein. Seine allerletzte. Da kann ich schon mal geflissentlich etwas überhören und nett zu ihm sein. *Meine* letzte Reise ist es gewiss nicht. Marja hat mehrfach beteuert, wie gut meine bisherigen Reiseartikel sind. Die Klickraten des

Blogs, auf dem sie hochgeladen werden, hätten sich vervielfacht, seit meine Texte dort zu lesen sind. Die Auftraggeber sind sehr zufrieden.

»Das lässt sich einrichten. Wenn wir wieder zu Hause sind, stellen wir gemeinsam einen Speiseplan für die kommende Woche auf.« Ich lächele honigsüß, da ich insgeheim hoffe, dass es dazu nicht mehr kommen wird.

»Du meinst, so wie in der Kantine im Finanzamt?«

»Warum nicht?«

»Edelgard, das ist eine großartige Idee. Davon muss ich unbedingt Mutti erzählen. Das findet sie bestimmt gut.«

»Willst du ernsthaft heute Abend mit den nassen Schuhen herumlaufen? Dabei trocknen die auf keinen Fall.«

Er blickt erneut auf seine feuchten Socken und die Schuhe neben seinen Füßen.

»Was schlägst du vor?«

»Wir könnten auf der Zeil ein Paar Schuhe für dich kaufen. Modische Sneaker zum Beispiel.« Frankfurts Einkaufsmeile ist ein Shoppingparadies. Ich hätte nichts dagegen, darüber zu bummeln.

»Wir wollten eigentlich gemütlich essen gehen.«

»Das ist in trockenen Schuhen für dich viel angenehmer. Gleich nachdem wir ein neues Paar gefunden haben, kehren wir ein.«

Grummelnd gibt er nach.

Es regnet immer noch. Trotzdem drängen sich auf der Zeil so viele Menschen, als wäre soeben ein Schlussverkauf eröffnet worden. Norbert steuert zielstrebig auf das erste Schuhgeschäft zu, welches vor uns liegt.

»Da ist schon ein Laden. Lass uns reingehen, Edelgard.« Und es hinter dich bringen, nicht wahr? Laut sage ich: »Schau nur, was hier Schuhe kosten. Das fängt bei 300 Euro an.«

Erschrocken tritt er einen Schritt zurück und rempelt dabei einen Herrn in gediegenem Anzug, weißem Hemd und Krawatte an.

»He!«

»Was stehen Sie direkt hinter mir? Habe ich hinten etwa Augen?«

Der Mann hat einen deutlich wahrnehmbaren nassen Fleck von Norberts Schirm auf der Brust. Er sagt zu seiner Begleitung irgendetwas von Touristenpöbel, der mal wieder die Zeil verstopfe.

Ich schnappe kurz nach Luft, packe dann Norbert am Arm und ziehe ihn weiter. Der Fremde hätte wirklich selbst besser aufpassen können. Uns als Pöbel zu bezeichnen, ist schlichtweg eine Unverschämtheit.

Nur wenige Häuserfronten weiter befindet sich der nächste Laden, der Schuhe anbietet. Kein Luxussegment, kein Billigheimer. Gediegenes mittleres Preissegment. Hier bugsiere ich meinen Mann hinein.

Was waren das für kundenfreundliche Zeiten, als man in so einem Laden noch auf Personal hoffen konnte, welches die Kundschaft nach Wünschen fragte und dann geflissentlich etwas vorschlug. Ich erinnere mich mit Wehmut an ein Geschäft meiner Kindheit, in dem die Verkäuferin nach einem kurzzeitigen Stöbern im Lager mit einem Stapel Kartons kam, die sie wie Wundertüten vor uns ausbreitete. Am Ende des Einkaufs bekamen meine Schwestern und ich immer Lutscher überreicht. Nun denn, den würde Norbert selbst heute vermutlich nicht ausschlagen.

»Norbert, du stehst bei der falschen Größe. Du musst zwei Regale weiter. Da kannst du gucken.«

»Sag das doch gleich.«

Vor dem Regal mit der richtigen Größe angekommen, zeigt er auf ein Paar. »Die da. Die sehen gut aus.«

»Dann probiere sie an.«

Während er mit den Schuhen zu einem Hocker geht, um sie anzuziehen, angele ich flink aus dem Regal ein weiteres Paar heraus. Eines, das *meinen* optischen Ansprüchen genügt. Wenn er schon mal am Probieren ist, lässt er sich vielleicht zu einem weiteren Paar überreden.

Nachdem er seine feuchten braunen Schuhe mit dem Lochmuster abgestreift hat, entdecke ich, dass er beim Wechseln der Socken im Hotelzimmer ein ungleiches Paar aus seinem Koffer gezogen hat.

»Was hast du denn da an?« Ich zeige auf seine Füße.

Schnell steckt er sie in die zu probierenden Schuhe. Wie nicht anders zu erwarten, ist seine Wahl auf braune gefallen.

»Passen!«, kräht er.

»Wunderbar!« Ich bestätige seine Entscheidung. Denn das wird ihn positiv für meinen Vorschlag stimmen.

»Dann schlüpf gleich noch in diese hier.« Ich stelle zwei sportliche Pendants in schwarz mit blauen Schrägsteifen vor ihn auf den Boden.

»Wozu denn? Ich nehme doch schon diese hier.« Er blinzelt verwundert.

»Papperlapapp. Wenn du jetzt doppelt zuschlägst, brauchst du nicht so bald wieder in einen Laden zu gehen.«

Das überzeugt ihn. Er lässt die bequemen Schuhe gleich an.

An der Kasse zückt er seine Kreditkarte. Auf dem Display des Lesegerätes erscheint die Meldung »falsche Nummer«.

Norbert tippt erneut. Aber es ist wieder nicht die richtige.

»Edelgard? Die Nummer stimmt nicht.«

»Welche hast du denn eingegeben?«

»Soll ich die durch den Laden plärren?«

»Lieber Himmel, du sollst sie ja lediglich mir sagen.«

Er raunt sie mir ins Ohr.

Hinter uns werden die Leute, die ebenfalls bezahlen wollen, ungeduldig.

»Geht es bald weiter? Wir möchten nicht den gesamten Abend hier verbringen!«

Die Kassiererin winkt ab. »Einen Moment noch.« Sie tippt auf ihrer Kasse herum. »So, geben Sie sie nochmals ein. Einen Versuch haben Sie ja noch offen.«

»Und dann wird sie eingezogen oder wie?«

Auf dem Nacken meines Mannes werden kleine Schweißperlen sichtbar.

»Nein, das kann das Gerät gar nicht. Sie stehen schließlich nicht an einem Geldautomaten. Aber vermutlich würden Sie gerne Ihre Schuhe mitnehmen.«

»Edelgard? Wie ist denn die richtige Nummer?«

Ich nehme die Karte an mich und schaue sie an.

»Norbert, du hast die Girokarte reingesteckt. Die Nummer, die du eingegeben hast, ist die von der Kreditkarte.«

»Und jetzt? Die Girokarte benutze ich so selten. Eigentlich nur, wenn ich einen Kontoauszug hole. Das funktioniert ohne Nummer.«

Der Mann hinter uns drängelt. »Haben Sie es dann bald? Oder wollen Sie jetzt noch erzählen, wie Ihre Großmutter hieß?«

»Beata.« Norbert ist sichtlich verwirrt. »Weshalb wollen Sie das wissen?«

Der Mann rollt genervt mit seinen Augen.

»Norbert, die beiden ersten Ziffern sind dein Geburtsjahr, die dritte Ziffer ist deine Examensnote und die letzte ist der Tag unserer Hochzeit.«

Während Norbert überlegt, bewegen sich seine Lippen stimmlos. Er tippt drei Zahlen ein, dann hält er inne. Hilflos sucht er meinen Blick. »Unser Hochzeitstag?«

»Der fünfte.«

Nachdem er die Zahl eingegeben hat, leuchtet auf dem Display das ersehnte »Zahlung erfolgt«.

»Weshalb sagst du das nicht gleich und lässt mich zweimal die falsche Nummer eingeben?«

Er verlässt hocherhobenen Hauptes das Geschäft. Mir bleibt nichts anderes übrig, als der Kassiererin höflich zuzunicken und die Tasche mit einem neuen und seinem alten Paar Schuhe entgegenzunehmen.

»Das hätten wir nun«, sagt er, als ich ihn auf der Zeil einhole. »Jetzt können wir essen gehen.«

Aber so schnell ist es für ihn nicht vorbei.

»Da vorne! Das rote Kleid in dem Schaufenster! Das wäre wunderbar für den Kapitänsempfang auf unserer Schiffsreise.«

»Hast du denn nichts dafür eingepackt?«

»Jetzt schau nur, wie toll das aussieht.« Ich drücke mir vor dem Schaufenster beinahe die Nase platt.

»Edelgard, dein Kleiderschrank quillt über.«

»Deiner ist zur Hälfte leer. Ich überlege sowieso gerade, ihn mitzunutzen.« Dass ich ihn bald ganz für mich alleine zur Verfügung haben werde, binde ich ihm nicht auf die Nase.

Bevor er weitermaulen kann, betrete ich den Laden und bin sogleich angetan von der edlen Ausstattung. Helles

Parkett, pastellfarbene Wände, wenige Möbel. Einige Ständer mit nach Farben sortierten Kleidern. Eine Dame im eleganten Outfit kommt auf mich zu.

»Guten Abend, kann ich Ihnen helfen?«

»Ich würde gerne das rote Kleid im Schaufenster probieren.«

Norbert, der mir nachgekommen ist, meint dazu süffisant: »Nimm lieber die Kabine zum Umziehen.«

Die Verkäuferin verzieht trotz dieses uralten Scherzes keine Miene und lächelt freundlich weiter. »Welche Größe brauchen Sie denn?«

»38.«

»Weil sie so wenig isst. Beinahe bräuchte sie eine Kindergröße.« Norbert fährt sich über den Bauch.

Ich beschließe, nicht weiter auf seine Kommentare zu achten. Kurz darauf kehrt die nette Verkäuferin zurück. »Ich habe es gleich in die Kabine gehängt. Hinten rechts, die erste.« Und an meinen Mann gewandt fügt sie hinzu: »Daneben stehen bequeme Sessel für die begleitenden Herren.«

Das Kleid ist ein Traum! Kaum bin ich hineingeschlüpft, beschließe ich, es zu kaufen. Ein Blick in den Spiegel bestätigt diese Entscheidung. Ich verzichte darauf, meinen Mann in seiner derzeitigen Stimmung nach seiner Meinung zu fragen.

Die Verkäuferin erkundigt sich durch den geschlossenen Vorhang, ob es mir passt.

Ich ziehe den Vorhang zur Seite und drehe mich langsam um meine eigene Achse.

»Vorzüglich. Das steht Ihnen wirklich ganz ausgezeichnet.«

»Mein armer Geldbeutel.« Diese unqualifizierte Bemerkung kommt natürlich von meinem Göttergatten.

Am liebsten würde ich ihm gegen das Schienbein treten. Ich verdiene schließlich seit vielen Jahren eigenes Geld, das durchaus mehr als ein sogenanntes »Taschengeld« ist. Müsste er für all das bezahlen, was ich in der Hausarbeit für uns beide leiste, wäre das ein schöner Posten für mich. Aber ich habe mich im Griff. Wenn er in den nächsten Tagen einen Unfall hat und die Polizei aus Routinegründen womöglich in unserem Umfeld ermittelt, soll die nette Verkäuferin denen schließlich ins Protokoll diktieren können, ich habe meinen Mann abgöttisch geliebt.

Deshalb lächele ich verschämt und überwinde mich, ohne jeglichen süffisanten Unterton in der Stimme zu sagen: »Großzügig wie immer, mein Schatz.«

Als Norbert wenig später auf die Zeil hinausrennt, stößt er mit einem sorgsam gekleideten Mann zusammen. Er wirkt ungefähr wie Mitte 30, sein braunes Haar ist akkurat geschnitten. Die Oberlippe ziert ein brauner Bartstreifen. In der Hand hält er eine Waffel mit Eis.

»Entschuldigen Sie, bitte!«

Norbert brummt irgendetwas von macht nichts oder so ähnlich.

»Jetzt haben Sie einen Sahnefleck auf dem Ärmel. Das tut mir furchtbar leid.«

»Der geht schon wieder raus«, mische ich mich ein. Eigentlich empfinde ich den Zusammenstoß als Anregung. »Norbert, da drüben, siehst du das? Das sportliche Hemd im Fenster?«

»Darf ich Sie auf einen Kaffee einladen? So zwischen dem Einkaufsbummel?«

Norbert scheint zu überlegen. Der Mann hakt nach. »Ein paar Schritte weiter kenne ich ein reizendes Café, die haben den besten Frankfurter Kranz der ganzen Stadt!«

Bingo, der Mann weiß, wie man Norbert herumkriegt.

Norbert wirkt zufrieden wie ein ausgeschlafenes Baby, als die Bedienung kurz darauf ein besonders großes Stück des Feingebäcks vor ihm abstellt. Ich habe für mich einen Milchkaffee geordert.

»Ich darf mich nochmals für das kleine Malheur entschuldigen.«

»So schlimm ist das auch wieder nicht.« Norberts Gabel versinkt im Kuchen.

»Sind Sie zu Besuch hier?«

Nun schalte ich mich ein. »Wir machen eine Flusskreuzfahrt, ab morgen. Wir sind einen Tag früher gekommen, um noch ein wenig durch Frankfurt zu bummeln.«

»Waren Sie schon am Museumsufer? Wenn Sie sich für Kunst interessieren …«

»Dafür reicht unsere Zeit nicht«, fällt ihm Norbert ins Wort.

»Verstehe. Aber irgendwie war es vorhin ein wenig Glück für Sie, mich zu treffen.«

Nun bin ich aber gespannt, weshalb uns ein Sahnefleck Glück bringen soll. Angeblich soll dies der Fall sein, wenn ein Vogel ausgerechnet über einem etwas fallen lässt. Den letzten Möwenschiss habe ich gut in Erinnerung. Der war ziemlich hartnäckig und ich benötigte einiges an Gallseife, um ihn wieder herauszukriegen.

Der Fremde zieht einen Prospekt aus der Innentasche seines cremefarbenen Sakkos. Im Übrigen trägt er, ebenso wie mein Mann, braune Lederschuhe. Allerdings ohne Lochmuster. Er legt die Hochglanzseiten auf den Tisch.

»Ich habe mich noch gar nicht vorgestellt. Winfried R. Herrmann. Ich vermarkte dieses Projekt.« Er tippt auf die Vorderseite des Heftes, auf der ein modernes Hochhaus abgebildet ist. »Direkt am Main. In wenigen Wochen wird mit dem Bau begonnen. Die meisten Einheiten sind schon weg. Einige sind noch zu haben, darunter ein besonderes Filetstück. Sehen Sie sich um in Frankfurt – die Stadt boomt. Jeden Monat ziehen neue Leute hierher, die müssen alle irgendwo unterkommen. Denken Sie alleine an all die Angestellten, die von London nach Frankfurt abgezogen werden, wegen dieser EU-Geschichte. Der Wohnungsmarkt ist am Limit.« Er blättert den Prospekt auf. »Die Innenausstattung ist selbstverständlich an die ästhetischen Bedürfnisse erfolgreicher Menschen angepasst. Und vielleicht haben Sie später, wenn Sie in Rente sind, selbst Interesse, in der Immobilie zu leben. Frankfurt bietet ein großartiges kulturelles Angebot.«

Norbert nimmt mit dem Finger einen Krümel seines Kuchens auf. »Wie viel Rendite?«

»Zwölf Prozent.«

Ich stoße meinen Mann unter dem Tisch mit der Spitze meines Schuhes an.

»Geben Sie mir den Prospekt mit?« Norbert leckt seinen Finger sauber.

»Sie sollten sich rasch entscheiden.«

»Wir legen morgen ab, um nach Bamberg zu fahren«, schalte ich mich ein.

Er tippt auf den Flyer. »Sämtliche Kontaktdaten finden Sie hier.«

»Wie lange haben wir Zeit, um zu überlegen?«, will Norbert wissen.

»Ich reserviere Ihnen dieses Sahnehäubchen mit Dachterrasse bis übermorgen.« Er winkt nach der Bedienung. »Die Rechnung geht auf mich!« Und zu uns gewandt: »Ich darf mich jetzt entschuldigen, die Geschäfte rufen mich,

Sie verstehen.« Er deutet auf Norberts Sahnefleck. »Vielleicht ist heute ihr Glückstag.«

In diesem Moment ertönt aus der Brusttasche seines Jacketts eine Melodie. »Sie entschuldigen«, er greift nach seinem Smartphone, blickt auf die Oberfläche und wischt mit dem Zeigefinger darüber.«

»Ja, was gibt's?«

…

»Hm, zögere das raus, ja?«

…

»Schwierig? Mach es.«

Er beendet das Gespräch. »So ein Mist. Meine Mitarbeiterin war das. Sie hat just für diese Wohnung ebenfalls einen Interessenten. Sie versucht, ihn ein, zwei Tage hinzuhalten.« Er seufzt. »Der hat schon zwei Wohnungen gekauft und will jetzt eine dritte. Missverstehen Sie mich bitte nicht, für mich ist das eine unangenehme Situation. Jetzt habe ich grade Ihnen ein Angebot gemacht, aber er ist immerhin ein ziemlich sicherer Käufer.« Er blickt auf sein Smartphone. »Ich mache Ihnen einen Vorschlag, der, so denke ich, für alle Beteiligten attraktiv ist. Sie machen eine Anzahlung. Ich gebe Ihnen eine Karte mit den Bankdaten. Selbstverständlich erhalten Sie Ihre Anzahlung umgehend zurück, wenn Sie sich doch dagegen entscheiden sollten. Wozu ich Ihnen wirklich nicht raten würde.« Er legt eine Karte mit Zahlen auf den Flyer. »20.000 Euro und ich reserviere das Objekt eine Woche lang exklusiv für Sie. Ich werde mir schon irgendetwas überlegen, wie ich unserem Käufer das erkläre.« Damit verabschiedet er sich.

»Zwölf Prozent, Norbert! So eine tolle Gelegenheit! Solche Renditen gibt es seit 30 Jahren nicht mehr. Das liegt ganz sicher an der Toplage. Finanzmetropole, direkt am Fluss.« Ich denke bereits darüber nach, diese Wohnung als repräsentablen Witwensitz zu nutzen. Denn Frankfurt hat kulturell wirklich viel zu bieten, nicht nur mit der Alten Oper oder der Schirn Kunsthalle.

»Stimmt. Wenn mein Vater damals Geld anlegte, dann war das immer ein Zinssatz um diesen Dreh herum.«

»Norbert, da müssen wir zugreifen. So eine Gelegenheit muss man wahrnehmen. Es war wirklich ein Glücksfall, dass dieser nette Mann mit dir zusammengestoßen ist.«

»Aber die Anzahlung?«

»Den Sahnefleck kriege ich schon raus. Du weißt, meine Gallseife schafft alle Flecken.«

»Ich habe etwas Geld geparkt für eine Anlage als Festgeld. Für den Kaufpreis müssten wir allerdings unser Haus mit einer Hypothek belasten.«

»Norbert, die Zinsen sind im Moment so niedrig. Die Differenz zwischen Hypothekenzins und dieser Traum-Rendite lohnt sich unbedingt!«

Ich habe mich innerlich bereits für diese Anlage entschieden. Ein Zwei-Zimmer-Appartement mit Dachterrasse und Südseite. Frankfurt verfügt außerdem über den größten deutschen Verkehrsflughafen. Egal, wo Julian dann irgendwo auf der Welt wohnen wird, ich bin jederzeit rasch bei ihm. Und bei den Enkelkindern, die ich dann haben werde. Ich hoffe, Julian gründet eine große Familie. Dann kann ich mich als Großmutter so richtig mit Fürsorge ausleben.

»Edelgard, lass uns bis morgen drüber nachdenken. 20.000 Euro sind immerhin kein Pappenstiel.«

»Aber die kriegen wir wieder, falls wir doch nicht kaufen sollten. Das hat der Mann doch gesagt.«

»Heute kann ich sowieso nichts mehr überweisen. Ich möchte bis morgen Abend darüber nachdenken.«

Am nächsten Tag gehen wir mittags an Bord. Der Housekeeper begrüßt uns. »Um 17 Uhr ist Kapitänsempfang. Unser Kapitän, Herr Leeg, wird Sie gemeinsam mit unserem Reiseleiter und mir zu einem Cocktail in die Bar einladen. Es besteht zudem die Möglichkeit, sich mit ihm fotografieren zu lassen, wenn Sie das möchten.«

»Wann legen wir ab?«, frage ich ihn.

»Nach dem Abendessen. Das wird ab 19 Uhr serviert.«

Norbert ist schon vorausgerannt in unsere Kabine.

»Ich liege auf der Fensterseite!«, kräht er, als ich nachkomme.

»Wann sind wir denn wieder zurück in Frankfurt?«

»In fünf Tagen, wir reisen bis Bamberg.«

In Gedanken versunken räume ich den Inhalt meines Koffers in den Schrank. Ich blättere in dem Flyer. Die Adresse des geplanten Wohnobjektes ist nicht angegeben. Dafür die Büroanschrift des Maklers in einem Frankfurter Stadtteil. Schlagartig habe ich eine Idee. Anstatt die Anzahlung zu leisten, über die Norbert immer noch nachdenkt, kann ich gleich den Vertrag unterzeichnen.

Als Norbert kurz darauf verkündet, sich etwas ausruhen zu wollen, packe ich die Gelegenheit beim Schopf und verlasse rasch das Schiff.

Ein Taxifahrer bringt mich zu der Adresse.

»Warten Sie auf mich, es dauert nicht lange.«

»Lassen Sie sich ruhig Zeit, mein Taxameter läuft.«

»Ich hole lediglich rasch etwas ab und bin sofort zurück.«

»Die Hausnummer, zu der Sie wollen, ist dort rechts. Das mittlere Gebäude.«

Ich blicke mich auf dem großen Platz um, den alte Fabrikgebäude umgeben. Junge Männer spielen neben einem schwarzen Bus Fußball. Ihre langen Haare tragen sie im Nacken zusammengebunden, nicht nach Hipster-Art auf dem Kopf zum Knödel geformt. Sie treten hart gegen den Ball und halten ihn flach. Zwei verbeulte Einkaufswägen markieren das Tor. Die schwarzen T-Shirts der Männer geben tätowierte Arme frei. Einige von ihnen haben sich zusätzlich den Nacken mit Tattoos verzieren lassen. Sie sind mit farbigen Mustern geschmückt bis zum Haaransatz. Es ist beruhigend für mich, den freundlichen Taxifahrer im Auto auf mich wartend zu wissen.

Neben der angerosteten Tür, die schief in den Angeln hängt, befinden sich mehrere Reihen mit Briefkästen. Ich suche die Schilder mit meinen Blicken ab. Da steht die Makler-Firma. Eindeutig. Ein Blick hoch zur bröckelnden Fassade lässt mich zweifeln. Sollen in dem Gebäude wirklich so viele Firmen ansässig sein, wie hier Briefkasten hängen? Die Büros hätten die Abmessung von Hasenställen.

Die Tür steht offen. Soll ich tatsächlich hineingehen? Einladend sieht anders aus. Ich blicke nach meinem Taxi. Jetzt, wo ich schon mal da bin, mache ich keinen Rückzieher. Ich atme tief ein, straffe meinen Rücken und begebe mich in den dunklen Flur. Er ist ringsum schwarz gestrichen. Nach einigen Metern endet er in einer großen Halle, deren Fußboden ebenfalls schwarz ist. Männer. Ich befinde mich mitten unter Männern. Nur wenige Worte fallen. Sie beachten mich, den Eindringling in ihre Welt, nicht. Am hinteren Ende schließt eine Bühne den Raum ab. Wenige Meter davor hängen an einem Gestänge schwere Scheinwerfer. Einige Roadies, die optisch den Ball spielenden

Männern draußen gleichen, bauen an der Bühne. Zwei der Typen haben feste Seile um eine der Trägersäulen geschlungen und stärken mit Übungen ihre Muskeln. Einer liegt am Boden und macht Sit-Ups.

Beim Hinausgehen bemerke ich ein Plakat: Hier findet heute Abend ein Heavy-Metal-Konzert statt. Jetzt verstehe ich die Szenerie: Die Jungs bauen für das Konzert auf! Beim ganz genauen Hinsehen erkenne ich eine zutapezierte Flurtür, die ebenfalls schwarz übermalt ist.

Draußen spielen noch immer einige von ihnen Fußball.

»Haben Sie gefunden, wonach Sie gesucht haben?«, begrüßt mich der Taxifahrer, als ich ins Auto zurückkehre.

»Hier soll eigentlich ein Makler-Büro sein.«

»Hier sind schon lange keine Büros mehr. Außer dem Klub, in dem Sie gerade waren, ist da nichts.«

»Aber die vielen Briefkästen?«

»Das ist wohl das Einzige, was man hier mieten kann. Die Gebäude stehen leer. Schon lange. Die sollen eigentlich seit Jahren abgerissen werden. Aus irgendeinem Grund verschiebt sich das immer wieder.«

»Warum haben Sie das nicht gleich gesagt?«

»Ich wusste ja nicht, wonach Sie suchen. Außerdem, den Klub gibt es ja noch. Kann ich wissen, was Sie von den Jungs wollen? Es hätte ja sein können, dass Ihr Sohn in der Band spielt. Was weiß denn ich, was Menschen dazu bewegt, sich von mir irgendwohin bringen zu lassen.«

»Fahren Sie zurück.« Meine gute Laune ist fort. Immerhin hat uns dieser Ausflug davor bewahrt, Geld in den Sand zu setzen. Wie sollen wir von einer Briefkastenfirma unsere Anzahlung zurückfordern?

Ich schaffe es, mich rechtzeitig vor dem Kapitänsempfang umzuziehen. Immerhin ist das neue Kleid wirklich ein Prunkstück. Es steht mir vortrefflich.

»Edelgard, wo warst du denn so lange? Ich dachte schon, ich muss alleine zu dem Empfang gehen.«

»Wo denkst du hin! Du darfst schließlich ein Foto von mir mit dem Kapitän schießen.«

»Ich habe nachgedacht, Edelgard, mit dieser Wohnung in Frankfurt. Für das gleiche Geld kriegt man auf dem Land ein ganzes Haus mit großem Garten. Und wenn Julian mal eine Familie hat ...«

»Das sehe ich ganz genauso.« Ich hole tief Luft. Puh, zum Glück muss ich mir keine Ausrede mehr einfallen lassen, weshalb ich diese Wohnung, die es, davon bin ich überzeugt, nur auf dem Hochglanzpapier gibt, nicht kaufen will. Und wenn ich diesen Winfried R. Herrmann jetzt vor mir hätte, würde ich ein Herrmännchen aus dem falten! Ganz ohne Origami-Anleitung.

DER MAIN

Bei Kulmbach fließen der weiße und der rote Main – aus dem Fichtelgebirge kommend der eine, von der fränkischen Alb der andere – zusammen. Der Main verbindet unter anderem die Städte Würzburg, Wertheim, Miltenberg, Aschaffenburg, Offenbach und Frankfurt – Ort der jährlichen Buchmesse. Die Region Rhein-Main ist eine der Metropolregionen Deutschlands mit über fünf Millionen Einwohnern.

Längs des Mains wird Wein angebaut und die Flussreise führt durch reizvolle Landschaften. Bei Landgängen sind besondere Sehenswürdigkeiten zu genießen, wie etwa die Residenz in Würzburg.

Bei Mainz fließt der Main in den Rhein, dessen längster rechtsseitiger Nebenfluss er mit über 500 Kilometern Länge ist.

DIE BEOBACHTERIN
(NECKAR; MANNHEIM, HEIDELBERG)

Sie kam mir gleich, als ich sie zum ersten Mal sah, eigenartig vor. Lauernd und irgendwie angespannt. Jedenfalls war sie mir sofort aufgefallen, als ich drei Stationen vor Heidelberg an Bord eines Flusskreuzfahrtschiffes ging. Jeden Abend eine Lesung. So steht es in meinem Vertrag. Ich habe als versierte Krimiautorin einen besonderen Blick für Stalker. Man bemerkt es an ihrer Körperhaltung, an der Mimik, wie sie einen beobachten. Diese an der Reling lehnende Frau will irgendetwas von mir. Was nur? Ich habe keine Ahnung. Aber meine Alarmglocken melden sich auf höchster Stufe. Diese Frau habe ich noch nie zuvor gesehen. Zumindest nicht bewusst wahrgenommen. Sosehr ich meinen Verstand bemühe, es fällt mir keine Begegnung mit ihr ein. Bei der Vielzahl meiner Lesungen, die ich bislang absolviert habe, ist es mir unmöglich, mich an einzelne Gäste zu erinnern.

Das Arrangement auf dem Schiff ist angenehm für mich. Meine Agentin hat es vereinbart. Keine Ahnung, wie sie es an Land gezogen hat. Dabei war es wirklich an der Zeit, dass sie endlich mal wieder für mich aktiv wird. Ich konnte mich eine Weile des Eindrucks nicht erwehren, die richtig fetten Happen in Form von gut dotierten Buchverträgen mit sagenhaften Vorschüssen gingen allesamt an die Kolleginnen und Kollegen statt an mich. Darauf angesprochen gab Inka das natürlich nicht zu. Inka Corales, der Name, der wie ein Pseudonym klingt, aber keines ist. Wer in ihre Literaturagentur aufgenommen und von ihr vertreten wird, hat es geschafft. Das bedeutet allerdings auch, 25 Prozent aller Einkünfte an sie abzudrücken. Immerhin besorgt sie einem welche. Für mich bleiben 75 Prozent von Viel. Das ist auf jeden Fall besser als 100 Prozent von Null. Jetzt hat sie endlich mir so einen fetten Traumvertrag besorgt. Der Beginn einer neuen Reihe, auf zehn Titel angelegt. Die Verfilmung ist anvisiert. Das Drehbuch schreibe selbstverständlich ich.

Die Kapitänin Emma Mayer persönlich lässt es sich nicht nehmen, mich unmittelbar nach meiner Ankunft zu begrüßen. Eigentlich hat sie außer beim Begrüßungsempfang mit den Gästen nicht viel zu tun, da sie für die Nautik zuständig ist. Darüber habe ich mich im Vorfeld informiert. Emma Mayer erwartet mich in ihrer Uniform. Ich muss neidvoll zugeben, die steht ihr richtig gut.

»Frau Bronwolf, herzlich willkommen an Bord. Es freut mich ganz außerordentlich, Sie hierzuhaben. Ich besitze ein Exemplar jedes ihrer Bücher. Darf ich Sie später bitten, sie zu signieren?« Ihr Händedruck ist fest.

»Selbstverständlich.« Ich bin sofort eingenommen von ihrer herzlichen, bestimmten Art. Man bemerkt sofort, die Frau hat Führungsqualitäten.

»Wir legen Wert darauf, dass die uns begleitenden Künstler sich wohlfühlen. Wenn Sie an Bord kommen, um hier zu arbeiten, dann sollen Sie einen angenehmen Rückzugsort haben. Manche Gäste meinen irrtümlich, unsere Künstler stünden den ganzen Tag über zu ihrer Verfügung. Wenn Sie ein wenig Abstand wollen, haben Sie mit Ihrer Kabine ein Refugium.«

Als ich mich umwende, ist die Beobachterin, so habe ich

sie für mich getauft, verschwunden. Dabei war mir noch eben so gewesen, als ob ich ihre Blicke in meinem Rücken regelrecht spüren könne. Ich komme einfach nicht darauf, woher ich diese Person kenne.

Emma Mayer winkt den Housekeeper heran.

»Jordan, übernehmen Sie Frau Bronwolfs Gepäck? Ihre Kabine hat die Nummer 107. Wenn Frau Bronwolf einen Wunsch hat, egal welcher Art, erfüllen Sie in ihr. Verstanden?«

»Klar, Ma'am.« Er schlägt übertrieben die Hacken zusammen, wobei er lächelt. Dann reicht er mir die Hand. »Frau Bronwolf, lassen Sie es mich wissen, was ich für Sie tun darf.« Er gibt mir meine Schlüsselkarte. »Sie sind ja zeitig angekommen. Wenn Sie noch mal von Bord wollen, können Sie das gerne machen. Wir legen um 19 Uhr ab. Seien Sie bitte bis 18 Uhr zurück.«

Meine Kabine mit dem französischen Balkon lässt keine Wünsche offen. Die im Empirestil gehaltene Ausstattung ist ein Traum. Jordan zeigt mir eine Klingel, mit der ich ihn rufen kann. Da es sich um eine Einzelkabine handelt, ist das Bett so ausgerichtet, dass während des Liegens der Blick nach draußen möglich ist. Da öfters Schriftsteller mit diesem Schiff mitreisen, fällt der Schreibtisch größer aus als in den anderen Kabinen, so wurde mir gesagt. Fantastisch. Hier werde ich richtig arbeiten können! Der WLAN-Zugang ist für mich kostenlos, das wurde mir vertraglich zugesichert. Den benötige ich unbedingt, wenn ich im Netz etwas recherchieren will. Meine erste Lesung wird heute Abend stattfinden, wenn die Gäste nach ihrem Landgang das Abendessen eingenommen haben. Sie sind bereits seit zwei Tagen an Bord.

Das Leben ist manchmal wie ein Traum, nicht wahr?

So zumindest erscheint es mir im Moment. Ich habe mich kürzlich von meinem Freund getrennt und kann ein wenig Aufmerksamkeit in Form von Annehmlichkeiten durchaus gebrauchen. Sogar einen großen Strauß frischer Schnittblumen haben sie mir in die Kabine gestellt. In Rottönen – meiner Lieblingsfarbe. Labsal für die Seele. Ich nehme meine Kleider aus dem Koffer und räume sie in den Schrank. Der Boden ist mit einem dicken Teppich belegt. So einer, in dessen Flor man die nackten Zehen bohren und dann darin herumwühlen kann. Meinen Laptop lege ich auf den Schreibtisch. Er ist mit Blick auf das Wasser ausgerichtet. Während meiner Zeit auf dem Schiff werde ich mit der Arbeit an dem Piloten der Reihe beginnen. Der Plot für diesen Roman steht bereits, die Hauptfiguren sind entwickelt. Ich habe derartige Lust darauf, ihn zu schreiben! An Bord ist der richtige Rahmen dafür. Bestimmt fließt etwas aus den Begegnungen, die sich in den nächsten Tagen ergeben werden, mit ein. Die Art, wie jemand geht oder spricht, sich beim Essen verhält und Ähnliches. Diese Freude beim Beginn eines neuen Projektes, das Kribbeln und gleichzeitig schon sachliche Sortieren nimmt jedes Mal Besitz von mir und zieht mich in einen Sog des Schaffens, an dessen Ende ein fertiges Manuskript steht. Der Plot ist bereits mit Inka abgesprochen. Sie denkt, dass mir damit endlich der ganz große Durchbruch gelingt, an dem mein Ex gezweifelt hat. Und ich selbst? Ich bin ebenfalls überzeugt davon, das Buch wird ein Bestseller! Dieses Wissen manifestiert sich immer mehr in mir. Mein Ex, ein Banker, hat keine Ahnung vom Buchgeschäft! Man sollte nicht über Sachen mitzureden versuchen, von denen man absolut nichts versteht. Schließlich habe ich während des Schreibens einiger Bücher meine

Kunst vertiefen und verfeinern können. Ich bin bereit für den Wurf meines Lebens!

Auf der anderen Rheinseite liegt die Parkinsel. Sie gehört zu Ludwigshafen und liegt in der Pfalz. Die Grenze zu Baden-Württemberg verläuft durch den Fluss. Mannheim, die Stadt der Quadrate, ist mir von früheren Lesungen bekannt. Bei meinem letzten Besuch blieb ich einen Tag länger und besuchte die Kunsthalle. Mit diesem Neubau kam großstädtisches Flair in die Stadt, das muss ich wirklich sagen. Heute Nachmittag haben die Gäste die Möglichkeit, selbst die Quadratestadt zu erkunden. Dieser Beiname ergibt sich aus der Durchnummerierung der Straßen in der Innenstadt, die ähnlich wie ein Schachbrett gestaltet ist. Anstelle von Straßennamen gibt es Bezeichnungen wie etwa L6, wo das Polizeipräsidium liegt. Welches man als Krimiautorin selbstverständlich kennt.

Längst hat Mannheim das Image als Industriestadt abgelegt. Ein Erbe dieser Zeit ist einer der größten Binnenhäfen Europas. Dabei hatte die Stadt ihre kulturellen Glanzzeiten, als Kurfürst Karl Theodor hier in dem großen Barockschloss residierte und die Künste förderte. Sogar Mozart war zu Gast und es existierten Literarische Salons. An diesen hätte ich liebend gerne teilgenommen, ebenso wie an der Uraufführung von Schillers »Die Räuber« im Jahr 1782 am Mannheimer Nationaltheater. Da hatte der Kurfürst allerdings bereits seine Residenz von Mannheim nach München verlegt.

Ich vertreibe mir die Zeit bis zum Ablegen, indem ich durch den Park, der früher zum Garten des imposanten Barockschlosses gehörte, spaziere. Ein Stück weiter rheinaufwärts gelange ich zu der kleinen weißen Statue, die an Stéphanie Napoleon erinnert. Das Leben der Adoptivtochter des kleinen Franzosen klingt wie ein Roman mit tragischen Komponenten. Während ich die Figur betrachte, fällt mir ein, dass nur die Töchter der ins Badische verheirateten Großherzogin überlebten. Ihre beiden Söhne, die aus dynastischen Gründen wichtig waren, überlebten die Kindheit nicht. Das gab bereits zu Lebzeiten von Stéphanie Anlass zu heftigen Gerüchten und Spekulationen, denen heute immer noch nachgegangen wird. Vier Jahrzehnte lang war das Mannheimer Schloss der Witwensitz von Stéphanie. Lange Jahre, in denen sie sich die Wertschätzung der Mannheimerinnen und Mannheimer erwarb. Ich seufze. Sich romanhafte und schicksalhafte Lebensläufe am Schreibtisch auszudenken, ist weitaus angenehmer, als sie in der Realität Tag für Tag durchstehen zu müssen.

In einem Lokal direkt am Rhein suche ich einen von Bäumen beschatteten Platz und bestelle für mich eine Kaffeespezialität. Die laue Luft und das schöne Ambiente mit Blick auf den Fluss verleiten mich beinahe dazu, ein Glas Weißwein zu ordern. Da ich heute aber noch arbeiten darf, verbietet sich der Genuss von Alkohol. Schließlich will ich einen klaren Kopf behalten.

Später, als ich wieder an Bord bin, will ich bis zum Beginn der Lesung in meiner Kabine allein sein. Ein Klopfen reißt mich aus meinen Gedanken.

Auf mein »Ja!« wird die Tür geöffnet.

»Frau Bronwolf, ich bringe Ihnen ein Abendessen.« Eine freundliche Stewardess hält ein Tablett in der Hand. Ihr Namensschild verrät, dass sie Rita heißt.

Als ich etwas erwidern will, drängt sich die Beobachterin an ihr vorbei und erheischt einen Blick in meine Kabine.

Um die unangenehme Situation zu beenden, bitte ich die Serviererin rasch herein und schließe hinter ihr die Tür.

»Das ist sehr nett von Ihnen, aber eigentlich nehme ich vor Lesungen nichts zu mir.«

»Verstehe. Voller Bauch schafft nicht gern, sagt man da, wo ich herkomme. Unsere Köchin hat jedoch extra für Sie eine ganz leichte Mahlzeit vorbereitet.«

Mein Blick fällt auf cremefarbenen Spargel, gekrönt von einem leichten Häubchen Soße und winzig kleinen Kartoffelpuffern, denen der Duft nach Rosmarin entströmt.

»Vielen Dank, sehr aufmerksam. Stellen Sie es bitte ab. Was denken Sie denn, wie viele Leute nachher kommen?«

»Machen Sie sich keine Sorgen. Das wird bestimmt voll. Unser Unterhaltungsprogramm wird immer sehr gut angenommen. Unsere Gäste freuen sich über Zerstreuungsmöglichkeiten am Abend. Übrigens wird morgen während des Landgangs unseren Gästen ein geführter Ausflug aufs Heidelberger Schloss angeboten. Kommen Sie mit?«

»Das ist nett. Wissen Sie, ich war schon so oft im Schloss, ich könnte dort schon beinahe selbst Führungen anbieten.«

Sie lacht. »Eine Krimiführung durchs Schloss. Weshalb nicht?«

Nachdem sie meine Kabine verlassen hat, kann ich trotz meines Vorsatzes nicht widerstehen. Was auf dem Teller liegt, riecht so lecker. Entgegen meiner sonstigen Gepflogenheiten esse ich etwas vor der Veranstaltung. Die letzte Spargelstange schmeckt einen Hauch bitter, wohingegen die ersten buttrig waren. Ich lasse den Rest von ihr auf dem Teller liegen.

Ein kaum wahrnehmbares Beben erfasst den gesamten Schiffskörper. Kurz darauf gleiten wir bereits auf dem

Wasser dahin. Der Neckar fließt bei Mannheim absolut unspektakulär in den Rhein. Welch schöne Uferwege haben hingegen andere Städte an Zusammenflüssen wichtiger Wasseradern! Promenaden, an denen glückliche Menschen in Straßencafés sitzen und sich am Lebenselixier Wasser erfreuen.

Ab der Maulbeerinsel fahren wir auf dem Neckar-Kanal. Die Insel heißt nach den auf ihr wachsenden Bäumen, die einst Seidenraupen als Nahrung dienten. Nachdem wir zwei Schleusen passiert haben, erreichen wir Heidelberg. Vorbei am Neuenheimer Feld, wo das Klinikgelände ein riesiges Areal einnimmt. Unser Schiff ankert mit Blick auf die herrlichen Villen, die rechtsseitig am Neckar und auf den Hängen darüber stehen. Die Lesung heute wird zusätzlich für Gäste offen sein, die nicht auf dem Schiff eingecheckt haben. Heidelberg ist Unesco City of Literature, es freut mich als Schriftstellerin sehr, genau hier eine Lesung anzubieten. Eine örtliche Buchhandlung hat den Kartenverkauf übernommen. Ich nehme mir vor, dort morgen während meines Landgangs vorbeizuschauen und mich für die Unterstützung zu bedanken. Im Anschluss werde ich ein wenig durch die Seitengassen, die von der Hauptstraße abzweigen, bummeln. Dort habe ich bei früheren Besuchen einige kleine Lädchen entdeckt, in die ich immer wieder gerne gehe. Das ist ein guter Plan. Mit dem Schreiben an meinem neuen Roman kann ich übermorgen beginnen.

Als ich den Salon betrete, stelle ich fest, dass dieser wirklich voll besetzt ist, genauso, wie Rita es vorhergesagt hatte. Bereits als ich nach vorne gehe, nehme ich die Beobachterin wahr, ausgerechnet mittig in der ersten Reihe. Sobald ich sitze und den Blick hebe, blicke ich ihr direkt ins Gesicht.

Ihre Augen sind kalt. Ich fühle mich an meine Schulzeit zurückerinnert, wenn ich vor der Klasse das Periodensystem herunterrattern sollte und dabei jämmerlich versagte. Damals gab es eine Mitschülerin, die mich aus einem mir unerklärlichen Grund nicht leiden konnte. Die sah mich mit genau diesem Blick an, wenn ich vor der Klasse stand.

Ich werde von der Kreuzfahrtleiterin vorgestellt. Die hat durchaus Qualitäten als Entertainerin. Die ersten Lacher im Publikum gehen jedenfalls auf ihr Konto. Meine Handflächen werden feucht. Das ist neu für mich, denn Lesungen sind für mich Routine. Da ist nichts, was mich nach Hunderten von Auftritten noch aufzuregen vermag. Alle Malheurs, die dabei passieren könnten, sind mir zur Genüge bekannt. Mikrofone, die nicht funktionieren. Gäste, deren Batterien in den Hörgeräten just an diesem Abend den Dienst versagen und die ungehalten verlangen, ich solle lauter sprechen. Anhaltende Hustenanfälle in der letzten Reihe. Klingelnde Mobiltelefone haben mich noch nie aus der Fassung gebracht. Ein kurzes Hochblicken mit Lächeln bewirkt immer ein hastiges Ausschalten. Heute jedoch ist alles anders. Diese Frau in der Mitte der ersten Reihe fixiert mich wie einen Laborgegenstand. Obwohl ich versuche, an ihr vorbeizuschauen, treffen sich immer wieder unsere Blicke. Kalt und beobachtend, als ob ich ein Objekt wäre. Was mich wirklich erschreckt, ist die Ähnlichkeit zu mir, die ich plötzlich erkenne. Oder liegt es an der Art, wie sie sich kleidet? Sogar ihr hellblondes Haar trägt sie heute Abend genauso frisiert wie ich. Ich beschließe, morgen in Heidelberg einen Friseur aufzusuchen.

Auf der dritten Seite passiert es. Ich verhaspele mich bei einem Wort, das mir sonst immer leicht über die Lippen geht. Lacher im Publikum. Die ersten an diesem Abend. Sie beobachtet mich weiterhin lauernd, sitzt da wie auf dem Sprung. Auf meinem Rücken kullern kleine Perlen aus Schweiß, versickern im weichen Bund meines Rockes. Zwischendurch beschleicht mich eine leichte Übelkeit. Ich hätte vorhin besser nichts gegessen! Wo ich eigentlich genau weiß, dass mir das vor meinen Auftritten nicht bekommt. Mit vollem Bauch zu lesen, ist unangenehm. Es erschwert außerdem das tiefe Atmen in den Bauchraum, was für den vollen Klang meiner Stimme unabdingbar ist. Auch auf meiner Oberlippe sind leichte Schweißperlen zu spüren. Soll ich mich während der Lesung nach meiner Tasche bücken, nach einem Taschentuch kramen und sie wegtupfen? Sähe das nicht total bescheuert aus? Aber mit glänzender Oberlippe weiterlesen? Ich quäle mich durch die Lesung. Dabei hatte ich mich so auf diese Lesereise auf dem Flusskreuzfahrtschiff gefreut!

Als ich geendet habe und mich erheben will, merke ich, dass meine Knie wackelig sind. Ich stütze mich mit beiden Händen am Tisch auf. Ausgerechnet die Beobachterin kommt zu mir her und greift mir unter den Arm.

»Ich helfe Ihnen.«

Ich versuche vergeblich, ihrem festen Griff zu entkommen.

»Ihnen ist nicht gut. Das merkt man.« Ins Publikum gerichtet fügt sie hinzu: »Silke Bronwolf wird morgen signieren. Sie sind ja morgen alle noch an Bord.«

Lacher im Publikum. Im Hinausgehen nickt die Beobachterin Jordan zu, der auf dem Sprung ist, mir zu helfen. »Ich kümmere mich um Frau Bronwolf.«

Ich will widersprechen, aber sie hat ihren Arm um meine Hüfte gelegt und schiebt mich rigoros weiter.

In meiner Kabine setze ich mich auf mein Bett. Ich fühle mich ziemlich erschöpft. »Wer zum Teufel sind Sie?«

»Du erinnerst dich wirklich nicht mehr an mich?«

»Keine Ahnung. Wir haben uns schon mal gesehen?«

»Du trinkst jetzt erst mal ein Glas Wasser. Du wirst sehen, dann geht es dir besser.«

Sie wendet mir den Rücken zu, während sie aus der Karaffe, die auf dem schmalen Schreibtisch steht, ein Glas befüllt.

Mein Schlund ist völlig trocken. Sie hat recht, ich brauche dringend Wasser. Ich trinke das Glas rasch mit großen Schlucken leer.

Sie setzt sich neben mich. »Wir waren vor etlichen Jahren im selben Volkshochschulkurs. Kreatives Schreiben.«

»Da bin ich lediglich aus Langeweile hingegangen.« Ich werde nicht gerne an die Anfänge meines Schreibens erinnert. Vor allem nicht an die Gedichte, die ich zum Glück nie veröffentlicht habe.

»Ich beobachte dich seit Jahren.«

»Ich arbeite hart.«

»Du hast einfach nur Glück. Verdammt viel Glück.«

»Nur wer viel arbeitet, bei dem kommt irgendwann der Erfolg.« Mein Magen sendet Signale. Mir ist übel.

Sie drückt mit beiden Händen gegen meine Schultern. »Leg dich hin. Ruhe dich aus.«

»Ich muss …«

Wie selbstverständlich setzt sie sich an den Schreibtisch und klappt meinen Laptop hoch, den ich vorhin nicht ausgeschaltet habe.

»Mal sehen, woran du gerade schreibst. Man munkelt, es gäbe einen neuen Vertrag?«

»Wo …?« Meine Zunge klebt plötzlich am Gaumen.

Das Sprechen fällt mir schwer. Mir wird schummrig vor den Augen.

»Ah, was haben wir denn da?« Sie tippt mit dem Finger auf den Touchscreen. »Das hier sieht vielversprechend aus. Das öffnen wir gleich mal.«

Sie ist an der Datei mit dem aktuellen Plot. Ich kann es nicht leiden, wenn jemand meine unfertigen Texte liest, und möchte am liebsten aufstehen, die unverschämte Person packen und sie aus meiner Kabine werfen. Aber mir fehlt die Kraft dazu. Mein Körper weigert sich, den Befehlen meines Gehirns zu folgen.

»Da ist dir was Tolles eingefallen. Respekt! Da lässt sich was draus machen.« Sie beginnt zu tippen.

Dieses Weib schreibt an meinem Text! Ich möchte mich erheben, aber es geht nicht. Ich möchte schreien, aber aus meinem Mund kommt kein Laut. Vor dem Fenster lässt die untergehende Sonne den Fluss schwarz erscheinen.

Über ihre Schulter gewandt spricht sie zu mir. »Keine Sorge. Du wist keine Schmerzen haben. Meine Kabine liegt gleich nebenan, da bringe ich dich gleich rüber. Die Künstler sind immer in derselben Kabine untergebracht. Es war leicht, das herauszufinden. Beim Auschecken wird man merken, dass ich nicht von Bord gehe. Und dann nach mir gucken. Meinen Abschiedsbrief habe ich bereits vorbereitet. Meinem Arzt gaukle ich seit Wochen eine Depression vor. Niemand wird also bei diesem Suizid ermitteln. Geschweige denn eine DNA-Probe untersuchen, wenn alles derart glasklar auf der Hand liegt. Die Polizei hat genügend echte Fälle, bei denen sie ihre knappen Ressourcen einsetzen müssen. Außerdem wird es noch nicht einmal einen Anfangsverdacht geben. Vertraue mir.«

Wie durch dicke Watte hindurch höre ich immer schwächer werdend das Tippen ihrer Finger auf meinem Laptop. Ich bin nicht mehr die Herrin meines Körpers. Es fühlt sich an, als wären wir getrennt, er und ich. Mein Puls verlangsamt sich, der gesamte Organismus fährt runter. Ich sehe vor meinem schwindenden geistigen Auge das Cover meines neuen Romans schaufenstergroß in einer Buchhandlung aufflackern. Mit einem Gesicht, das verteufelt ähnlich aussieht wie meines. Die Haare so frisiert, wie ich sie seit Langem trage. Dann wird es dunkel um mich herum. Schlafen. Ich will nur noch schlafen. Völlig schwach nehme ich wahr, von zwei Händen fest gepackt zu werden. Da bin ich bereits völlig willenlos.

»Sind Sie ebenfalls mit der Abendkarte an Bord gekommen? Wir haben unsere in der Buchhandlung Schmitt & Hahn in der Hauptstraße gekauft. Die sind sogar Deutschlands ältester Bahnhofsbuchhändler, soweit ich informiert bin.«

»Genau, die gibt es schon seit 1841. Und wenn Silke Bronwolf in Heidelberg liest, komme ich selbstverständlich. Ich habe alle ihre Bücher! Aber ich war schon öfters bei ihren Lesungen. Ich wohne ganz in der Nähe und bin oft in Heidelberg. Es soll ja bald einen neuen Roman von ihr geben. Mal sehen, ob sie heute darüber erzählt.«

»Mein Mann, der Norbert, ist ihr Fan. Der wollte sie schon immer mal live erleben.«

Der etwas füllige Mann neben ihr nickt eifrig. »Ich habe drei Bücher dabei, die ich mir nachher signieren lasse.«

»War nur schwierig mit dem Parken hier.«

»Die Parkplatzsuche habe ich mir heute nicht gegeben. Ich bin mit der Straßenbahn gefahren.«

»Wir sind von außerhalb extra hierhergekommen und haben vorhin noch eben unsere reservierten Karten bei Schmitt & Hahn abgeholt. Wir kennen die Stadt von früheren Besuchen. Es ist wirklich toll hier, wir kommen immer wieder gerne. So viele Lesungen finden hier statt, es ist immer was geboten. Die Stadt ist sogar Unesco City of Literature. Ah, da ist sie ja! Was sie wieder für ein schönes Kleid trägt! Ich bewundere sie für ihr stilsicheres Auftreten.«

»Ich schreibe übrigens einen Artikel über die heutige Veranstaltung.«

»Das ist ja interessant! Wo kann ich den lesen?«

Die Frau sucht in ihrer Handtasche nach einer Visitenkarte. »Schauen Sie da mal rein. Mein Blog.« Sie tippt auf die Karte. »Carmen Vicari, das bin ich.«

»Buchmann, ich heiße Buchmann. Mit Vornamen Edelgard. Ich schreibe auch Blog-Artikel, aber für einen Reiseanbieter. Ich beschreibe darin meine Erlebnisse bei Kreuzfahrten. Oh, ich glaube, jetzt geht es los.«

»Werte Gäste, wir freuen uns sehr, Ihnen heute Abend Silke Bronwolf präsentieren zu können. Die Reederei ist glücklich, dass es zu dieser Veranstaltungsreihe gekommen ist. Ich wünsche Ihnen einen vergnüglichen, bereichernden Abend.« Die Frau in Kapitänsuniform strahlt und deutet eine kleine Verbeugung an.

Eine blonde Frau setzt sich an den Lesetisch. Ihr Blick gleitet zufrieden über das Publikum, so, als ob sie die Gäste zählen würde. Sie legt das mitgebrachte Buch und ein paar Seiten Ausdrucke auf den Tisch. »Heute beginnt ein neues Kapitel in meinem Leben. Und Sie nehmen daran teil. Letzte Nacht habe ich damit begonnen, einen neuen Roman zu schreiben. Ich trage ein paar Sätze daraus vor, bevor ich«, sie hält ihr aktuelles Buch in die Höhe, »hieraus lese. Der neue Roman wird absolut authentisch. Eine neue Silke Bronwolf, wie Sie sie noch nie gelesen haben. Seien Sie gespannt!«

Sie hält, was sie verspricht. Der neue Text hat Verve und verfügt über eine Leichtigkeit, die das Publikum spontan in seinen Bann zieht. Als sie endet, klatschen alle begeistert. Rasch bildet sich eine Schlange aus Gästen vor dem Signiertisch. Sie bemüht sich, auf jeden der Wünsche genau einzugehen, lässt sich ungewöhnliche Namen buchstabieren. Als Carmen an der Reihe ist, bemerkt sie, dass Silke heute ein anderes Schreibutensil als sonst benutzt. »Wo ist denn Ihr Stift? Haben Sie den heute nicht dabei?«

»Stift?«

»Der, mit dem Sie sonst immer signieren?«

Sie zögert nur den Bruchteil einer Sekunde. »Der ist neulich kaputtgegangen. Runtergefallen.«

»Wie schade. An dem hingen Sie doch, weil er von Ihrer Mutter war. Die hatte Ihnen den zur Veröffentlichung Ihres ersten Buches geschenkt.«

»Dass Sie sich das gemerkt haben?« Sie setzt mit Schwung ihre Unterschrift. Das S war so schön gerundet, wie man es von ihr kannte. »Der ist in Reparatur. Bei der nächsten Signierstunde habe ich ihn wieder dabei.«

DER NECKAR

Die Lebensader Baden-Württembergs bringt es auf nicht ganz 400 Kilometer Länge. Sein Quellgebiet liegt im Schwarzwald, in der Nähe von Villingen-Schwenningen. Malerische Städte liegen an dem Fluss, so wie Tübingen, wo der Dichter Friedrich Hölderlin von 1807 bis zu seinem Tod im Jahr 1843 in einem (nach ihm benannten) Turm direkt am Fluss lebte. Der 1770 im Herzogtum Württemberg in Lauffen Geborene zählt zu den bedeutendsten Dichtern seiner Zeit.

Untrennbar mit dem Studierendenleben in Tübingen sind die Stocherkähne verbunden: Zillen auf dem Neckar, die vom Stocherer mithilfe einer langen Stange vorangetrieben werden.

Der Neckar durchfließt auch die Landeshauptstadt Stuttgart. Seine Reise führt ihn weiter nach Heilbronn, wo 2019 die Bundesgartenschau stattfand, zu der Manfred Bomm den BUGA-Krimi »Blumenrausch« im Gmeiner Verlag veröffentlichte. Ein Interview mit dem Autor ist auf kriminetz.de zu lesen.

Vor der Unesco City of Literature Heidelberg verlässt der Neckar den Odenwald und tritt, nachdem er in der romantischen Stadt eine einzigartige Kulisse erhält, die letzte Etappe seiner Reise an. Vorbei an Ladenburg, der ältesten rechtsrheinischen Stadt Deutschlands, nach Mannheim. Wo er sich absolut unspektakulär mit dem Rhein vereint.

DER RUNDE GEBURTSTAG
(HAVEL; BERLIN)

»Tante Edelgard wird 100 Jahre alt!«

»Mir scheint, der Herrgott hat die vergessen?«

»Wie sprichst du von meiner Tante?«

»Edelgard, du solltest dich selbst reden hören. Du bist es doch sonst immer, die sich über sie aufregt.«

»Sei es drum. Wir *müssen* sie besuchen. Sie ist immerhin die Schwester meiner verstorbenen Großmutter.«

»Weil du immer noch denkst, du beerbst sie eines Tages? Mach dir keine falschen Hoffnungen. Die wird noch quietschfidel an unseren Trauerfeiern teilnehmen.«

Die Spitze meines Zeigefingers fährt über die Granatsteine meiner schweren silbernen Kette. Sie ist das einzige Stück aus dem Erbe meiner Großmutter. Genauer betrachtet ist Tante Edelgard nämlich meine Großtante, da sie die Schwester meiner längst verblichenen Großmutter ist.

»Außer dieser Kette rückt diese Frau nichts raus. Die sitzt auf ihrem Geld wie mit Klebstoff verhaftet.«

»Meine Güte, Norbert, schließlich bin ich mit ihr verwandt. Mama kommt ebenfalls.«

»Deine Mutter?!« Auf Norberts Hals zeichnen sich hektische rote Flecken ab. »Ich soll einen Urlaub gemeinsam mit ihr verbringen? Aber wir haben sie erst kürzlich besucht!«

»Wäre es dir lieber, Hilde würde uns begleiten?« Eins zu Null für mich. Norbert kann meine Schwester nicht ausstehen. Sie ist Ernährungsberaterin. Bei gemeinsamen Familienfeiern flieht er regelrecht vor ihren Vorträgen über eine ausgewogene, kalorienarme Ernährung. Die hält sie mit Vorliebe speziell für ihn. Vergeblich hat sie mehrfach versucht, ihn zu einer Kontrolle seiner Cholesterinwerte zu überreden. Sie ist der festen Überzeugung, sein »schlechtes Cholesterin« wäre zu hoch. Da beißt sie sich an ihrem Schwager jedoch jedes Mal die Zähne aus. Norbert denkt nicht im Traum daran, sein Essverhalten zu ändern.

Meine Mutter als Urlaubsbegleitung hinzunehmen, ist im Vergleich dazu regelrecht eine akzeptable Kleinigkeit für ihn. Allein schon der Gedanke, womöglich mit seiner ungeliebten Schwägerin auf einem schwimmenden Alterssitz festzuhängen, bereitet ihm sichtlich Unbehagen.

Ich nutze sein Schweigen für weitere Erläuterungen. »Wir treffen Mama in Berlin.«

»Wieso Berlin? Das ist ja ganz neu. Ich dachte, deine Namensvetterin sei in einem Altersheim woanders untergebracht. Ist die jetzt in ihrem Alter nochmals umgezogen? Davon weiß ich gar nichts.«

»Habe ich dir das nicht erzählt? Sie lebt jetzt in einer schwimmenden Residenz. Der letzte Schrei auf dem betuchten Seniorenmarkt.«

»Hä?«

»Tante Edelgard hat sich vor einer Weile auf einem Schiff eingemietet. In der Seniorenresidenz, wo sie 20 Jahre lang wohnte, war es ihr zu langweilig. Sie wollte einen Tapetenwechsel, so hat sie gesagt. Das habe ich bestimmt erwähnt. Vermutlich hast du mir mal wieder nicht zugehört.«

»Die Frau hat den Bogen raus, wie man Geld durchbringt.«

»Das ist gar nicht teurer als ein Heim an Land. Und natürlich viel unterhaltsamer. Irgendwo müssen die alten Leute ja schließlich leben.«

»Werden die mit ihren Rollatoren zu Ausflügen gekarrt?«

»Keine Ahnung. Jedenfalls sehen die Senioren von ihren Balkonen aus schöne Panoramen.«

»Dafür könnte man auch große Fernseher aufstellen.«

»Egal, was immer du dazu sagst, wir besuchen sie an ihrem Geburtstag. Du bist nämlich ausdrücklich mit eingeladen.«

Norbert antwortet nicht mehr. Er hebt sein Bierglas, das noch zur Hälfte gefüllt ist. »Na dann, Prost!« Nachdem er es in einem Zug geleert hat, hält er es mir entgegen. »Bringst du mir noch eines? Und einen Kurzen dazu! Oder am besten gleich zwei.«

Die Anreise nach Berlin erweist sich als weniger dramatisch, als ich im Vorfeld befürchtet hatte. Zu meiner Überraschung klappt das zweimalige Umsteigen mit der Bahn problemlos, da unsere Züge keine Verspätungen haben. Wir steigen jeweils auf demselben Bahnsteig am gegenüberliegenden Gleis um in unsere Anschlusszüge. Für das letzte Stück unserer Fahrt sitzen wir sogar in einem eigens gekennzeichneten Ruhebereich, in welchem nicht telefoniert werden darf.

Die Frau in Rot auf dem Sitzplatz schräg gegenüber guckt mich sehr böse an, als es in meiner Tasche klingelt.

Mit fieberhafter Schnelligkeit öffne ich die Tasche und krame in ihren unermesslichen Tiefen nach dem Störfaktor.

Der Gesichtsausdruck meines Gegenübers spricht Bände. Wenn man hier die Fenster öffnen könnte, flöge jetzt gerade mein Smartphone in hohem Bogen hinaus. Ich umklammere es und laufe auf den Flur vor die Toiletten. Dort blicke ich auf das Display. Er zeigt mir den eingehenden Anruf unseres Sohnes an.

»Julian! Mein Lieber! Wie geht es dir?«

»Mom, seid ihr schon in Berlin?«

»Nein, in einer halben Stunde. Wir sind grade noch im Zug.«

»Und Oma?«

»Treffen wir dort.«

»Paps freut sich bestimmt.« Er kichert.

»Ach was, der kann seine Freude bloß nicht so zeigen.«

»Ich halte mich aus der Nummer raus, Mom. Wie alt wird Tante Edelgard eigentlich?«

»100.«

»Denkst du, wir haben ebenfalls ihre Gene?«

»Keine Ahnung. Vielleicht ist es bei ihr die Schonung. Sie hat keinen einzigen Tag in ihrem Leben gearbeitet.«

Aus dem Lautsprecher meines Smartphones erklingt lautes Aufstöhnen. »Was macht die bloß den ganzen Tag? Und das schon derart unendlich lange? So ein inhaltsfreies Leben klingt entsetzlich langweilig. Die strickt bestimmt Socken, oder?«

»Sie häkelt. Und klöppelt. Mit einer Lupe. Aber das erst seit zehn Jahren.«

»Mom, ich muss Schluss machen. Ich will euch bloß eine schöne Reise wünschen. Gib auf Paps acht, dass er nicht von Bord fällt.«

Ich atme tief durch. Wenn Julian wüsste, wie oft ich schon daran gedacht habe. Beschwingt eile ich auf meinen

Platz zurück. Die Dame in Rot würdigt mich demonstrativ keines Blickes.

Norbert hingegen will wissen, mit wem ich gesprochen habe. Wir unterhalten uns flüsternd.

»Mit Julian. Er lässt dir Grüße ausrichten.«

»Wo ist er denn grade?«

»Das weißt du doch! Für ein halbes Jahr in Schweden.«

»Klar weiß ich, in welchem Land er ist. Aber in welcher Stadt ist er derzeit?«

»Er war vier Wochen in Linköping und nun ist er in der zweiten Woche in Stockholm.«

Norbert nickt. »Dachte ich mir.«

»Es tut ihm sicher gut, die Arbeitsstelle gewechselt zu haben. Aber dass die ihn gleich für ein paar Monate nach Skandinavien entsenden …«

»Ach, Edelgard, du telefonierst dauernd mit ihm. Dabei ist es letztendlich egal, ob er in Hamburg arbeitet oder in Stockholm.«

»Weshalb gehen wir gleich heute an Bord? Wir hätten noch ein paar Tage in der Stadt bleiben können.«

»Wir waren schon so oft in Berlin! Allein in der Glaskuppel des Reichstages schon zweimal! Einmal sogar bei Vollmond. Weißt du noch? Das war bei unserem ersten Besuch, wenige Jahre nach der Wende. Als Deutschland endlich wieder vereinigt war.«

»Klar erinnere ich mich daran. Da waren wir bei den Letzten, die sie in den Aufzug ließen, mit dem man hochfährt. Ums Haar wären wir zu spät gekommen.«

Wir hatten einige schöne Momente gemeinsam, das ist schon wahr. Meine Erinnerungen gehen ja nicht verloren, bloß weil Norbert demnächst nicht mehr bei mir sein wird.

»Bei der East Side Gallery hat jemand versucht, dir einen falschen Zwanziger anzudrehen.«

»Er brauchte angeblich Münzgeld für irgendeinen Automaten. Dabei waren gar keine in der Nähe.«

»Der hat sich wirklich sehr blöde angestellt. Als ob wir beide auf so einen billigen Trick hereinfallen würden!«

Vor dem Hauptbahnhof winken wir ein Taxi heran.

»Zum Tegeler Hafen.«

Norbert hat natürlich mal wieder bereits Platz genommen, während ich noch mit dem Koffer neben dem hellen Auto stehe.

Missmutig wuchtet sich ein circa zwei Meter großer und drei Zentner schwerer Mann heraus.

Ich lächele ihn entschuldigend an. »Heben Sie bitte unseren Koffer in das Auto? Mein Mann hat es im Kreuz, wissen Sie.« Das ist prompt gelogen, aber das zählt jetzt nicht. Wenn der Mann nämlich sauer auf uns ist, fährt er uns womöglich über einen teuren Umweg an unser Ziel. So wie der in Frankfurt, der uns irgendetwas von Baustellen erzählte. Als ob ich Lügen nicht zwei Meter gegen den Wind riechen würde!

»Norbert, das Schiff sieht reizend aus!«

»Edelgard, hast du bezahlt?«

»Klar.«

Ehe ich es mich versehe, begibt Norbert sich auf den Steg.

»Unser Koffer!«

»Was hast du gesagt, Edelgard?«

Ich eile ihm ein Stück weit hinterher. »Norbert, du denkst nicht ernsthaft, dass ich den schweren Koffer an Bord wuchte. Da sind auch deine Sachen drin!«

»Sag bloß, du hast ihn einfach stehen gelassen.« Die Entrüstung ist ihm ins Gesicht geschrieben. »Wo ist er? Der Fahrer hat ihn abgestellt. Ich sehe ihn nirgendwo!«

Meine Blicke suchen den Ort ab, wo grade eben noch unser Koffer stand. »Norbert …«

»Was?«

»Da ist kein Koffer mehr.«

»Der kann sich nicht einfach in Luft aufgelöst haben!«

»Guck mal, der blaue Lieferwagen. War der eben auch schon hier? Oder ist der grade erst gekommen? Jedenfalls fährt er jetzt weg.«

»Um Himmels willen! Edelgard! Notier dir sofort das Kennzeichen!«

»Wie denn? Das ist komplett verdreckt. Da ist nichts zu lesen.«

»Mein Gott, Edelgard. Da ist mein bester Anzug drin! Für die Geburtstagsfeier. Du hast selbst darauf bestanden, ihn einzupacken.«

Ich haste den Steg längs und stehe nun dort, wo sich bis vor Kurzem unser Koffer befunden hat. Der Lieferwagen ist weg.

»Hallo, Sie da! Haben Sie eben gesehen, wie jemand den Koffer, der hier stand, eingepackt hat?«, frage ich aufgewühlt den Mann, der einen Dackel an der Leine führt.

»Nix verstehn! Was du wolle?«

»Koffer! Weg!«

»Ah. Koffer weg. Nix gut.« Er zieht an der Leine und geht weiter.

»Haben Sie was gesehen?«, rufe ich ihm hinterher.

Er spricht mit seinem Dackel und beachtet mich nicht weiter.

»Und jetzt, Edelgard? Diesen Koffer haben wir seit 20 Jahren! Denk mal, wie viele Reisen wir mit dem unternommen haben. Mach doch irgendwas, Edelgard!«

»Keine Ahnung, Norbert, was wir jetzt tun sollen. Lass uns auf das Schiff gehen. Vielleicht hilft uns dort jemand weiter.«

»Das fängt ja gut an. Ich hatte gleich so ein mulmiges Gefühl, diese Reise überhaupt anzutreten. Hätte ich bloß darauf gehört! Der schöne Koffer! Der war noch pfenniggut! Beinahe wie neu!«

»Wenn du *einmal* meine Familie besuchen sollst! Wie viele Weihnachtsfeste habe ich schon bei Mutti verbracht?«

»Das kannst du überhaupt nicht vergleichen! Bei Mutti ist es immer schön.«

Dazu sage ich in diesem Moment besser nichts.

Eine Frau mittleren Alters im blauen Kostüm und flachen Schuhen kommt uns auf dem Steg entgegen. Ihr braunes Haar trägt sie in der Mitte gescheitelt und streng nach hinten gebunden. »Beruhigen Sie sich, bitte! Wollen Sie aufs Schiff? Sind Sie angemeldet? Ich bin die Hausdame, Beatrix von Hempel.«

»Unser Koffer ist weg!«

»Schon wieder ein Koffer! Unerhört! Das passiert hier ständig. Kommen Sie erst mal herein. Dann rufe ich die Polizei, damit die den Diebstahl aufnimmt.«

Ich überschlage in Gedanken, was sich alles in dem Koffer befindet. Mein gutes Sonntagskleid für die Geburtstagsfeier. Soll ich an sämtlichen Tagen an Bord ein und dieselbe Kleidung tragen? Was wird Tante Edelgard an ihrem Geburtstag zu meinem Aufzug sagen? Die alte Dame legt viel Wert auf Etikette. Meine Hand fährt an meinen Hals. Meine Kette mit den Granatsteinen trage ich zum Glück.

Nicht auszumalen, wenn die jetzt weg wäre! Tantchen würde toben. Und was würde meine Mutter dazu sagen? Es ist immerhin das einzige Schmuckstück aus dem Familienerbe, das Tante Edelgard bislang herausgerückt hat. Unser Kulturbeutel ist ebenfalls weg. So ein Mist. Und natürlich die Unterwäsche zum Wechseln.

Wir stehen vor einem Tresen. Frau von Hempel tippt auf der Tastatur ihres Computers. »Sie beide sind Frau und Herr Buchmann, nicht wahr? Sie sind für drei Tage an Bord angemeldet. Ich habe eine der Gastkabinen für sie herrichten lassen. Dahin bringe ich Sie nun, dort können Sie auf die Polizei warten, die ich gleich informieren werde. Das ist in dieser Woche bereits der dritte Koffer, der abhandengekommen ist.«

»Tauchen die wieder auf?«, frage ich.

Sie schüttelt den Kopf. »Leider nicht. Bislang jedenfalls. Aber ich kann Ihnen ein wenig aushelfen. Wir haben ein Ausstattungspaket für unsere Senioren, welches diese einmal pro Woche erhalten. Das stelle ich Ihnen selbstverständlich zur Verfügung.« Sie dreht sich um und öffnet einen Schrank. Daraus entnimmt sie zwei große Plastiktaschen und drückt sie uns in die Hand. »Wenn Sie weiter etwas brauchen, geben Sie mir Bescheid.«

»Meine Mutter will heute ebenfalls anreisen. Ist sie schon da?«

»Außer Ihnen hat heute noch niemand eingecheckt.«

»Tante Edelgard! Ich muss sie begrüßen.«

»Ihre Tante erwartet Sie um 16 Uhr zum Tee in unserer Bar. Sehen Sie die violetten Pfeile auf dem Boden? Die weisen Ihnen die Richtung.«

Immerhin ist unsere Kabine hübsch ausgestattet. Zwei Einzelbetten an den Seiten, zwei Klubsessel und ein kleiner Tisch, der sich an die Wand klappen lässt. Wir haben sogar einen französischen Balkon. Gleich nachdem Frau von Hempel weg ist, schütte ich den Inhalt des ausgehändigten Plastikbeutels für eine Inspektion auf mein Bett.

»Was wird da schon drin sein?«, mault Norbert. »Gebissreiniger und Inkontinenzeinlagen. Was erwartest du denn?«

»Wenigstens haben wir jetzt Zahnbürsten, einen Kamm, Duschmittel und Seife.«

»Du isst deine Praline bestimmt nicht?« Norbert greift nach dem Schokostückchen auf meinem Kopfkissen.

»Hatte ich nicht vor.«

Norbert kippt den Inhalt seines Beutels ebenfalls aus. Er nimmt ein Teil und hält es hoch. »Ein Einwegrasierer. Schade, ich wollte mich ein paar Tage vor dem Rasieren drücken.«

»Bart steht dir nicht, das weißt du ganz genau. Damit siehst du aus wie eine ungegossene Pflanze.«

»Sogar Unterwäsche ist drin.« Ich halte einen Feinripp-Slip in Universalgröße hoch. »Zwei links, zwei rechts.«

»Das ist total hygienisch. Die kann man nämlich auskochen, sagt Mutti.«

Ausgekochte Unterhosen. Viel lieber wäre es mir, ich könnte meine schwarzen Baumwollpants in den schmalen Schrank räumen. »Die reichen mir bis über die Brust!«

»Mein Buch war im Koffer! Edelgard, wie soll ich mir jetzt die Zeit an Bord vertreiben? Umgeben von Alten auf der Havel schippern.«

Stelle deine Ohren einfach auf Durchzug, so wie ich es seit Jahren während der Besuche bei Mutti mache, denke ich bei mir. »Vielleicht gibt es eine Bibliothek an Bord? Das ist üblich. Die haben sicherlich eine Menge, um ihre Gäste zu zerstreuen.«

»Du meinst die Insassen. Seltsame Idee, alte Leute auf ein Schiff zu verfrachten und sie auf einem Fluss auf und ab schippern zu lassen. Die können gar nicht mehr alleine von Bord! Oder? Klingt irgendwie wie Knast auf dem Wasser.«

»Meine Güte, Norbert, sei nicht derart negativ! Alle wollen alt werden. Alt sein will niemand. Ich finde diese Art der Unterbringung ganz entzückend, wirklich. Das ist mal etwas ganz anderes.« Ich greife in meine geräumige Handtasche. »Willst du mein Tablet benutzen? Da sind mehrere E-Books drauf.«

Während Norbert auf seinem Bett liegt und liest, sitze ich vor unserem raumhohen Fenster und halte Ausschau nach meiner Mutter. Die hat mir zwar am Telefon die Uhrzeit genannt, zu der sie anreisen will. Aber ich weiß nicht mehr genau, sagte sie 15 oder 17 Uhr? Im ersteren Fall wäre sie längst hier. Meine Mutter ist immer sehr pünktlich. Es sei denn, ihr kommt etwas dazwischen. Aber dann gäbe sie mir doch Bescheid?

Kurz vor 16 Uhr ruft Norbert. »Edelgard! Es ist Tea-Time. Hoffentlich gibt es neben Haferbrei richtigen Kuchen zu essen.«

»Wieso? Sahnetorte ist schließlich auch weich!«

»Sahnetorte? Echt? Dann lass uns mal gucken, was die ihren Senioren kredenzen. Wenn es um 16 Uhr Tee gibt, wann servieren die dann das Abendessen? Um 20 Uhr?«

»Wäre es dir lieber, es würde wie in einer Klinik Abendbrot um 16.30 Uhr geben?«

»Für mich wäre das nichts, ganz ehrlich. Hier hat man gar keine Einkaufsmöglichkeiten. Was ist denn zum Beispiel, wenn es den Insassen nicht schmeckt? Oder man einen kleinen Mitternachtssnack zu sich nehmen möchte?«

Das kommt ausgerechnet von meinem Mann, der eher

der Spezies Gourmand als Gourmet zuzuordnen ist. »Die werden schon einen guten Koch haben«, wende ich ein. »Außerdem solltest du dir den Ausdruck ›Insasse‹ lieber abgewöhnen, bevor er dir vor fremden Ohren herausrutscht.«

»Schon gut, Frau Sprachpolizistin. Lass uns jetzt endlich gehen. Den violetten Pfeilen folgen, nicht wahr?«

»Oh, meine Güte! Mir fällt etwas ein.«

»Was ist denn, Edelgard?«

»Ich habe kein Geburtstagsgeschenk für Tante Edelgard. Das war in dem Koffer.«

»Tja, da musst du jetzt durch.«

»Vielleicht kann ich kurz von Bord gehen und irgendwo etwas kaufen.«

»Bestell dir etwas im Internet.«

Der Humor meines Mannes ist mal wieder unschlagbar.

Wir folgen den violetten Pfeilen, die auf dem weichen senffarbenen Teppichboden aufgedruckt sind. Am Ende des Flures, auf dessen Seiten sich jeweils etwa 20 Kabinen befinden, gehen wir durch eine breite Tür in die Bar. Es ist der mit Glas überdachte Teil des Hecks. Hübsche Rokokostühle sind um mehrere weiße Tische gruppiert. Auf jedem Tisch steht ein bunter Blumenstrauß. Erwartungsvoll blicken sämtliche der hier Anwesenden zu uns. Es scheint die komplette Belegung des Altersheimes zu sein. Die überwiegend vorherrschende Haarfarbe ist weiß.

»Edelgard!«

Eine Stimme scheint die Luft im Raum zu zerteilen. Selbst die flirrenden winzigen Staubteilchen in den Strahlenbündeln der Sonne, die durch das Glas scheinen, halten für einen Moment inne. Die geballte Aufmerksamkeit aller Anwesenden richtet sich auf uns. Es fühlt sich an, wie unfreiwillig auf einer Bühne zu stehen.

»Da bist du ja. Komm her und lass dich ansehen.«

Wenn man die Frau lediglich hört, würde man sie auf höchstens 60 Jahre schätzen. Ihre Stimme altert nicht.

»Tantchen!« Ich eile zu der aufrecht sitzenden Frau in dem roséfarbenen Seidenkleid. Ihr volles weißes Haar trägt sie sorgsam frisiert. Das Gesicht ist eine Landschaft aus Falten und Plissee. »Wie schön, dich zu sehen.« Ich deute zwei Küsse auf die gepuderten Wangen an, die sie nicht erwidert.

»Habt ihr gut hergefunden?«

»Natürlich. Wir sind mit dem Zug nach Berlin gekommen und zum Schiff haben wir ein Taxi genommen.«

»Deinen Mann hast du also mitgebracht.«

»Selbstverständlich, Tantchen, zu deinem Ehrentag kommen wir natürlich alle. Komm, Norbert, setz dich neben uns. Mutter kommt auch bald.«

»Was ist mit eurem Sohn?«

»Tantchen, das ist schwierig.«

»Wenn man will, kann man alles einrichten.«

»Er ist in Schweden.«

»Bei den Wikingern? Lernt er Schiffsbau?«

»Seine Firma hat ihn hingeschickt. Er arbeitet in einer der dortigen Niederlassungen.«

»Nun denn, ihr seid ja wenigstens da. Kann man ja erwarten, dass die Familie zumindest zum Geburtstag kommt. Wenn ihr euch sonst schon derart rarmacht.«

Mit ihr am Tisch sitzen ein Herr und zwei Damen, die ebenfalls auf ein langes Leben zurückblicken können. Auf ein sehr langes.

Der Mann greift nach seinen Gehstock, der an seinem

Stuhl lehnt, und tippt damit auf Norberts Brust. »Haben Sie gedient, junger Mann?«

Norbert packt den Stock und schiebt ihn energisch zur Seite.

Der Alte fährt unbeirrt fort. »Früher, da wusste die Jugend noch, was sich gehört! Respekt vor dem Alter! Wir, ja wir! Wir haben dieses Land nach dem Krieg wiederaufgebaut. Das haben wir. Haben wir. Jawoll.«

»Waren Sie im Krieg?«

»Das Vaterland hat gerufen! Diesem Ruf hatte man Folge zu leisten. Da wurde nicht lange gefackelt! Jawoll.«

Ich überschlage in Gedanken, wie alt der Mann sein muss. Wenn er im Zweiten Weltkrieg eingezogen worden war, dann ist er in Tante Edelgards Alter oder lediglich marginal jünger.

»Und wie war es Ihrer Meinung nach dort?« Wenn ich das Gespräch von Norbert abwende, gelingt es mir im nächsten Schritt hoffentlich, auf ein anderes Thema zu schwenken.

»Eine eigene Meinung! Pah! Weshalb sollte es schlecht sein, was andere kluge Köpfe sich ausgedacht haben? Wozu sollte eine eigene Meinung gut sein? Interessiert die irgendjemanden? Ist die von Belang? Das ist es, was heutzutage jeder glaubt! Dass seine Meinung von Bedeutung für die anderen wäre. So ein Unsinn! Das hat es früher nicht gegeben. Und wir sind gut damit gefahren. Aber heute, da geht alles den Bach runter. Ganz furchtbare Zeiten sind das. Jawoll.«

Entsetzlich, der Mann ist mit seinem Monolog geistig in der Zeit vor seiner Jugend stecken geblieben. Falls er überhaupt je jung gewesen ist. Es gibt Menschen, die kommen mental alt auf die Welt und verschließen sich lebenslang allen günstigen Einflüssen. Es ist wirklich endgültig Zeit für einen Themenwechsel!

»Tantchen, wie sieht denn das Programm für morgen aus?«

»Wir feiern einen Gottesdienst.«

»Hier?«

»Jawohl. Die Frau Pfarrerin kommt zu uns an Bord.«

»Eine Frau als Pfarrer. Bei meinem Geburtstag predigt ein echter Kerl! Jawoll.« Der alte Mann umklammert mit beiden Händen seinen Stock. »Weit haben wir es gebracht, wirklich weit.«

»Albert, lass mal gut sein. Das ist schließlich mein Geburtstag. Den feiere ich so, wie ich will!« Tante Edelgard hebt mahnend ihren Zeigefinger und weist ihn zurecht.

Der so Angesprochene grummelt etwas Unverständliches. Es ist lediglich das Wort »Weiber« herauszuhören. Immerhin ist sein Monolog nun beendet.

»Das heißt Nachmittagstee? Holt man sich den selbst?« Norbert sieht sich um.

»Die Stewardess wird gleich kommen. Sie serviert uns den Tee. In der Küche wird selbst gebacken. Ganz ausgezeichnet sogar.«

Um mich vom Wiedersehen mit Tante Edelgard zu erholen, beschließe ich, als wir zurück in unserer Kabine sind, an einem Artikel für den Blog zu schreiben. Diese Reise ist zwar mit keinem Auftrag verbunden, da sie sozusagen privat ist. Aber weshalb nicht trotzdem darüber schreiben? Als Bonbon für meinen Auftraggeber. Ich schnappe mir mein Tablet, auf dem Norbert vorhin gelesen hat, öffne eine neue Datei und beginne zu tippen. »Haben Sie schon mal darüber nachgedacht, Ihren Ruhestand auf eine ganz besondere Art zu verbringen? Nicht an einem abgelegenen Ort, an dem noch nicht einmal ein Bus hält, sondern in einem mobilen Zuhause, welches Sie auf überaus bequeme Weise zu Sehenswürdigkeiten bringt? …« Ich tauche ab in meine Welt des Schreibens und vergesse für eine Weile meine nervige Verwandte.

*

»Blaues Wunder.« Caren starrt auf den Bildschirm ihres Smartphones. Wenn ihre Nachbarin etwas in dem sozialen Netzwerk postet, in dem sie ihre »Followerin« ist, gibt das Gerät ein zartes »Ping« von sich und sie kann sofort nachschauen, was Eve geschrieben hat. Unter dem Text prangt das Foto von einem besonders prächtig blühenden Rittersporn. Aber der sieht nicht blau aus, sondern auf dem Bild eindeutig violett. Außerdem blüht so einer gar nicht in deren Garten. Das weiß Caren ganz genau, weil sie vom ersten Stock aus, wenn sie sich ein klein wenig seitlich über den Balkon beugt, den gesamten Garten einsehen kann. Bis auf den kleinen Bereich, der unmittelbar hinter der Hecke liegt. Aber so eine Riesenblume wie der Rittersporn ist kaum zu übersehen! Sie gibt sofort den Namen in eine Suchmaschine ein. »Hochtoxisch.« Da geht etwas vor sich, das ist so was von klar. Dass es nichts Gutes ist, ebenso. Diese Eve ist ein ausgebufftes Luder und sie, Caren, würde sie überführen! Sie hat seit ihrem Einzug in die Souterrainwohnung einen besonders guten Blick zu der Wohnung der Nachbarin von gegenüber, die mit ihren Ende 30 etwas jünger ist als sie selbst.

Blaues Wunder. Caren grübelt. Gestern war es eine weiße Rose gewesen. Ihrer Überzeugung nach werden mit den Postings verschlüsselte Botschaften in die Welt gesetzt. Zwar nicht an sie selbst, denn sie kennt den Entschlüsselungscode nicht und ist deshalb nicht in der Lage, den wahren Sinn zu erfassen. Irgendwo in der Welt da draußen gibt es einen Empfänger dieser codierten Texte. Sie wird schon noch die Bedeutung des Ganzen durchschauen. Schließlich lautet ihr zweiter Vorname »Hartnäckig«.

Gleich wenn Caren von ihrer Arbeit nach Hause eilt, begibt sie sich auf ihren Beobachterposten und hält Ausschau nach der Nachbarin. Caren sitzt seit der Beendigung ihrer Ausbildung täglich vor dem PC im Büro einer Versicherungsgesellschaft. Zu ihrem Leidwesen teilt sie sich den Raum mit Egon. Sie hegt seit Längerem schon den Verdacht, der sei zuckerkrank. Wer täglich zwei Liter Cola in sich hineinkippt, muss schließlich über kurz oder lang Diabetes bekommen. Mit Egon wechselt sie kaum ein Wort. Morgens nicken sie sich zu und wenn sie kurz nach 16 Uhr nach Hause gehen, ebenso. Caren war schon mehrmals beim Betriebsrat, um ein Einzelbüro durchzusetzen. Aber das steht ihr in ihrer Gehaltsgruppe zu ihrem Bedauern nicht zu. Sie wird aber dranbleiben und ihre Forderung nicht aufgeben.

Am nächsten Morgen, während sich die Kaffeemaschine aufheizt, huscht sie im Nachthemd zu ihrem Briefkasten an der Gartenpforte, um die Tageszeitung hereinzuholen. Sie ist sich sicher, von niemandem gesehen zu werden, da sie sich vorher umgeguckt hat, ob sie auch wirklich alleine draußen ist.

»Guten Morgen, Caren!«

Caren springt vor Schreck beinahe in den großen Hibiskusstrauch, um sich zu verbergen.

Aber dazu ist es ohnehin zu spät, denn Eve hat bereits ihr kurzes, mit Rüschen besetztes, rosarotes Nachthemd gesehen. »Ah, sehr schick. Hast du Besuch?« Ohne die Antwort abzuwarten, eilt Eve kichernd weiter.

Caren bekommt rote Flecken am Hals und hofft, die mögen wieder verschwinden. »Frühschicht heute, was?«, kräht sie der Nachbarin hinterher und holt die Zeitung aus der dafür vorgesehenen Rolle unterhalb des Briefkastens. Eve trägt ein Kleid, von dem Caren genau weiß, dass die sich das mit ihrem Gehalt nicht leisten kann. Überhaupt, weshalb geht sie derart herausgeputzt zur Arbeit? Sie ist doch bloß Köchin in einem schwimmenden Altersheim, das auf der Havel liegt. Da zieht sie zur Arbeit sowieso eine Schürze über und es ist völlig egal, was sie darunter trägt.

Drinnen füllt Caren sich eine Tasse Kaffee auf und legt die Zeitung auf den Tisch. Sie mag diesen Geruch von Druckerschwärze, der sich nun mit dem Duft des Kaffees vermischt, und schnuppert. Mit dem Wohlgeruch ist es für sie vorbei, als sie die Schlagzeile auf der Titelseite sieht. Genau das ist es. Plötzlich erhalten die verschlüsselten Botschaften, die Eve auf ihrem Profil in die Welt setzt, einen Sinn. »Heimtückischer Mord in Altersheim«, so steht es da. Caren überfliegt den Artikel. Eine Frau hat in einer Stadt, die 200 Kilometer weit entfernt liegt, eine von ihr betreute Person mit einem Kissen erstickt. Die hatte sie kurz zuvor testamentarisch bedacht. Dem Arzt, der den Totenschein ausstellte, waren jedoch winzig kleine Einblutungen in den Augenlidern aufgefallen.

Das ist sicher auch in ihrem Fall um Eve die Lösung. Mit ihren Postings gibt die Nachbarin Signale an jemanden da draußen. Es liegt doch auf der Hand, dass Eve sich was dazuverdient. Ihr Lebensstil hat sich in letzter

Zeit ziemlich verändert, das kann man gar nicht übersehen. Caren fragt sich schon seit einer Weile, woher die das Geld dafür nimmt. Da geht irgendetwas nicht mit rechten Dingen zu. Ein Verbrechen traute sie dieser Person ohne Einschränkung zu!

Die Farbe der Blumen ist ganz bestimmt ein Zeichen. Blau bedeutet womöglich, dass sie einen Vorrat an Eisenhut zur Verfügung hat. Vielleicht steckt sie mit den Verwandten der betreuten Senioren unter einer Decke und die beteiligen sie anschließend am Erbe, wenn die Alten mit ihrem Essen vergiftet worden sind?

»Der muss jemand auf die Finger schauen«, murmelt sie vor sich hin. Hier ist Zivilcourage gefragt, und zwar ihre. Aber wie kommt sie selbst ins Altersheim, um dort nach dem Rechten zu sehen? Sie wird jemanden erfinden, für den sie einen Platz sucht. Das muss die Köchin ja nicht mitbekommen.

Denn sie muss unbedingt herausfinden, weshalb Eve plötzlich ihren finanziellen Rahmen sprengt. Es heißt schließlich immer, man soll wachsam sein in der Nachbarschaft! Sie selbst hat an ihrer Haustür einen Aufkleber »Wachsame Nachbarn« angebracht. Den gab es mal bei der Polizei und der soll Einbrecher abschrecken. Aber bei dem, was Caren bei Eve vermutet, geht es gar nicht um Diebstahl. Das erscheint ihr beinahe wie ein Bagatellvergehen, gemessen an dem, was die Nachbarin treibt!

Abends, als sie vorm Fernseher sitzt, kommt ihr die zündende Idee. Die Deutschen lesen weniger als früher, sagt eine ältere Frau in der Talkshow. Lesen, das ist ihr Stichwort. Sie weiß, dass es eine Runde von Ehrenamtlichen gibt, die zum Vorlesen an Bord des schwimmenden Altersheims gehen. Denen wird sie sich anschließen.

So bekommt sie problemlos Zugang zu den Seniorinnen und Senioren und muss keine Lüge auftischen, dass sie für eine Verwandte ein Zimmer sucht. Lügen haben nämlich kurze Beine, das weiß schließlich jeder. Und sie, Caren, ist natürlich nicht auf den Kopf gefallen. Ihr Plan muss gut durchdacht sein, wenn sie Eve überführen will. Sie muss unbedingt schlagkräftige Beweise finden.

Gleich am nächsten Tag, einem Samstag, begibt sie sich auf den Weg zur Anlegestelle. Das Schiff liegt oft im Hafen. Wenn es unterwegs ist, bleibt die Nachbarin mehrere Tage auf dem Schiff, um nur an ihren freien Tagen nach Hause zu kommen.

Eve hat heute frei, das weiß sie, weil sie vorhin mit ihrem neuen Auto in die entgegengesetzte Richtung fuhr als sonst. Am Empfang sitzt eine Dame, die sie aufmerksam anblickt.

»Guten Morgen, entschuldigen Sie bitte, wenn ich hier einfach so hereinplatze, gell.« Vor Aufregung klingt ihre Stimme hoch.

»Aber dafür bin ich ja hier. Wie kann ich Ihnen helfen?« Wie auf Knopfdruck erhellt ein Lächeln das Gesicht der Hausdame. »Suchen Sie einen Platz für einen Angehörigen?«

Caren hat sich gut vorbereitet und trägt nun ihr Anliegen vor. »Ich tät halt gerne jemandem vorlesen, wissen Sie. Es gibt doch hier bestimmt alte Herrschaften, die wo keinen Besuch mehr kriegen. Und da könnte ich zu denen kommen und denen aus einem Buch vorlesen.«

Die Frau betrachtet sie genauer. »Dafür haben wir einen Kreis von Ehrenamtlichen.« Sie greift nach einer Visitenkarte und hält sie ihr entgegen. »Paula Breitstrom koordiniert das. Hier ist ihre Telefonnummer.«

Während Caren die Karte einsteckt, zeigt die Frau mit einem Finger hinter sie. »Ah, da kommt sie grade. Frau Breitstrom, schauen Sie mal? Hier ist eine neue Aspirantin für Sie!«

»Wunderbar, mir ist grade jemand wegen Krankheit abgesprungen. Sie wollen bei uns mitmachen? Zauberhaft! Da können Sie viel Gutes tun.« Paula Breitstrom, eine Frau in den frühen 60ern, fasst Caren mit herzlicher Geste am Arm, nimmt sie mit sich den Flur entlang und öffnet eine der Türen. »Wir haben quasi eine Einsatzzentrale vor Ort, das hier ist unsere Kabine. Erschrecken Sie bitte nicht, die Kabinen der Klienten sind selbstverständlich größer. Hier können wir unsere Sachen ablegen und da stehen die Bücher, aus denen wir vorlesen. Was hatten Sie sich denn vorgestellt, wie oft Sie sich hier einbringen? Wohnen Sie weit weg?«

Caren räuspert sich. »Nein, nein, ganz in der Nähe. Eigentlich hatte ich an die Wochenenden gedacht, weil ich ja arbeite, wissen Sie. Aber am Wochenende, da könnte ich Gutes tun.«

Paula Breitstrom lächelt. »Da haben Sie hier Möglichkeiten ohne Ende! Einige der Senioren bekommen selten Besuch, wenn die Glück haben, gerade mal an ihrem Geburtstag. Sie ahnen ja nicht, wie beschäftigt heutzutage alle sind! Dann auch noch nach den lieben Verwandten zu sehen, das überfordert schon viele. Ein Trauerspiel ist das, sage ich Ihnen, ein Trauerspiel! Dabei haben wir es hier an Bord so richtig schön. Wenn wir nicht im Hafen liegen, fahren wir die Havel längs und genießen die zauberhafte Landschaft. An jeder unserer Liegestellen ist es möglich, an Bord zu kommen. An jeder!«

Caren nickt. »Ja, das stimmt schon, das ist traurig, dass die Menschen heutzutage derart wenig Zeit füreinander haben. Sehr sogar. Dabei wissen die gar nicht, wie lange sie ihre Angehörigen noch besuchen können, nicht wahr. Es kann ja jeden Tag vorbei sein.« Ihr Blick schweift über die Bücher in dem dunklen Holzregal. »Kann ich vielleicht eigene Bücher mitbringen? Die kenne ich schon, da fällt es mir leichter, aus ihnen vorzulesen.«

»Aber natürlich, meine Liebe. Sie müssen sich nur absprechen. Einen Krimiliebhaber werden Sie schwerlich mit einem Liebesroman überzeugen.«

Caren zuckt kaum merklich zusammen. Sind es doch hauptsächlich Liebesromane, die sich bei ihr zu Hause stapeln. Romane über einsame Frauen, zu denen am Ende nach einigen Wirrungen und Verwicklungen immer Traumprinzen kamen und sie in ein Leben voller Abenteuer entführten. Nur bei ihr selbst war er ausgeblieben, der Eine, für den sie alles getan hätte und der sie aus ihrem eintönigen Leben hätte befreien sollen. Sie umklammert die Bügel ihrer Handtasche fester. »Es müssen ja nicht gleich Krimis sein, gell, es gibt ja so schöne Unterhaltungsromane. Also Bücher, wo niemand darin umgebracht wird.«

Paula Breitstrom lacht. »Meine Liebe, da wird sich etwas finden, seien Sie unbesorgt. Die meisten sind so froh über Besuch, die wollen sich einfach mal unterhalten. Sie müssen lediglich zuhören. Das wird schon klappen. Sie brauchen nur etwas mitzubringen, das gar nichts kostet, nämlich Zeit. Wissen Sie was? Ich führe sie gleich zu Frau Rettendorfer. Die hatte schon ewig keinen Besuch mehr.«

»Jetzt gleich?«

»Warum nicht? Kommen Sie mit. Sie müssen einfach nur dasitzen.«

Caren folgt der Frau über den blitzsauberen Flur. Währenddessen überkommen sie Zweifel. Kann sie das überhaupt? Sich mit einem älteren Menschen unterhalten? Sie kennt die Dame gar nicht! Soll sie ihr von sich selbst erzählen? Was soll sie ihr antworten, wenn sie fragt, weshalb sie kommt?

Paula Breitstrom öffnet nach kurzem Klopfen eine Tür auf der rechten Seite des Flurs.

»Frau Rettendorfer! Hören Sie mich?«

Auf einem Bett, dessen hinteres Teil schräg gestellt ist, liegt jemand, der sehr klein ist. Kaum größer als ein Teenager. Die fehlende Körpergröße wird durch den Leibesumfang mehr als wettgemacht.

»Haben Sie Ihre Hörgeräte wieder herausgenommen?« Paula Breitstrom schaut tadelnd auf den kleinen Tisch neben dem Bett und reicht der Frau etwas Filigranes, das sie von dort aufnimmt.

Zu Caren gewandt fügt sie hinzu: »Die legt sie andauernd ab. Dabei könnte sie die Möwen hören.« Mit einem geübten Griff hält sie den Oberkörper der Liegenden und greift nach dem Kissen. Nachdem sie es kräftig durchgeschüttelt hat, schiebt sie es wieder auf seinen Platz zurück.

»Sie haben Besuch, Frau Rettendorfer. Besuch!«

Ehe es sich Caren versieht, ist sie mit der alten Frau alleine. Zögernd nimmt sie auf dem Stuhl Platz, der am Ende des Bettes steht. Viele Möbel befinden sich nicht in dem Raum. Ein Kleiderschrank mit zwei Türen, ein Tischchen am Fenster mit einem Stuhl davor und ein Flachbildschirm an der Wand.

»Eine Schande ist es, eine Schande.« Vom Bett her kommt ein Seufzen.

»Wie meinen Sie das?« Caren beugt sich angespannt vor, damit ihr keine Silbe entgeht. Was hat die Frau ihr zu erzählen? Ist sie bereits jetzt einer Fährte auf der Spur? Das ging flotter, als sie sich zu erhoffen wagte! »Ist mit dem Essen hier etwas nicht in Ordnung?«

»Essen? Wovon reden Sie denn! Man hält mich davon ab, zu tanzen.«

»Tanzen?«

»Hat man es Ihnen nicht gesagt?«

»Was gesagt?«

»Ich bin Isadora Duncan.«

Caren sitzt plötzlich aufrecht. Man hatte versäumt, ihr zu sagen, dass die Frau irre ist. Sie presst hervor: »Die amerikanische Tänzerin ist seit bald 100 Jahren tot.«

Die Frau schwingt mit einer Energie, die man ihr kaum zutraut, ihre kurzen Beine auf den Boden. Ihr Nachthemd trägt sie verkehrt herum, mit der Knopfleiste auf dem Rücken. Darüber baumelt ein hüftlanger dünner grauer Zopf.

Sie schrammt ungelenk über den Boden. Ihre fülligen Arme hält sie mit Mühe über den Kopf. Triumphierend meint sie: »Und, habe ich zu viel versprochen? Ich bin die Meisterin des Ausdruckstanzes!«

»Aber …«

»Papperlapapp, kein Aber! Ich *bin* Isadora Duncan!«

Während Caren versucht, ihre Fassung zu bewahren, wird die Tür geöffnet.

Eine in etwa 50-jährige Frau in weißer Hose und ebensolchem T-Shirt nimmt Frau Rettendorfer resolut am Arm und führt sie zurück zu ihrem Bett.

»Pah, was soll das? Mein Besuch will mich tanzen sehen!«

»Jetzt haben Sie ja getanzt, nun legen Sie sich bitte wieder hin. Oder setzen Sie sich wenigstens auf Ihr Bett.« Und zu Caren gewandt fügt sie hinzu: »Alles in Ordnung mit Ihnen? Sie müssen nicht erschrecken. Frau Rettendorfer hält sich für die Wiedergeburt von Isadora Duncan. Aber sie ist völlig harmlos. Gell, Frau Rettendorfer?«

Während die Pflegerin weiter beruhigend auf die Frau einredet, schleicht Caren schnell aus dem Zimmer. Draußen lehnt sie sich an die Wand und atmet tief ein. Dieser Frau wird sie ganz bestimmt nichts vorlesen oder ihr eine Sekunde länger zuhören. Vielleicht überfordert diese Recherche sie doch ein wenig, denkt sie bei sich. Aber soll sie wirklich bereits jetzt aufgeben? Bevor sie überhaupt irgendwas herausgefunden hat?

»Alles gut mit Ihnen?« Eine junge Frau, wie die Pflegerin ebenfalls ganz in Weiß gekleidet, spricht sie an.

»Kann ich hier irgendwo ein Glas Wasser bekommen?«

»Aber selbstverständlich. Folgen Sie mir nach unten. Sie waren bei unserer Isadora?«

»Weshalb hält sie sich nicht für die Wiedergeburt von Lieschen Müller? Warum muss es jemand Berühmtes sein?«

»Ich habe mich gar nicht vorgestellt. Schwester Sylvie.« Sie geht voraus zur Treppe. »Na ja, wenn man schon wiedergeboren wird, dann als ein Star. Das ist bedeutend aufregender als Lieschen Müller zu sein. Damit kann man nicht punkten. Es muss unbedingt etwas sein, das cool klingt.« Sie lacht.

»Sie ist anstrengend.«

»Finden Sie? Man gewöhnt sich mit der Zeit daran. Bei den Männern hatten wir eine ganze Weile einen, der sich für Karl Valentin hielt. Der war ganz schön lustig.«

»Na, dann könnte sich Frau Rettendorfer doch für Liesl Karlstadt halten.«

»Nein, nein, das geht gar nicht. Die Damenabteilung sucht sich immer jemanden mit Glamour aus. Kaiserin Sissi zum Beispiel. Die hatten wir auch schon hier. Die Dame wollte immerzu eine Vorzugsbehandlung. Sie ging durch keine Tür, die man nicht mit Knicks für sie aufhielt.«

»Der hätte ich was gepustet.«

»Ach was, das sorgt für ein wenig Abwechslung. So schlimm war das gar nicht.«

Unten angekommen, im Bauch des Schiffes, nachdem sie eine Tür passiert haben, auf der steht »Staff only«, öffnet Schwester Sylvie eine weitere Tür. »Hier ist unsere Teeküche, die für das Personal, kommen Sie mit rein. Im Kühlschrank steht Wasser. Ich gebe Ihnen ein Glas.«

Küche ist das Stichwort. Deswegen ist Caren eigentlich hier. Sie druckst herum. »Wie ist denn hier das Essen so?«

»Das Essen? Sind Sie an einem Platz interessiert?«

»Ich?«

»Natürlich für jemand anderen. Sie selbst sind viel zu jung, um bei uns zu wohnen. Eine Verwandte vielleicht?«

»Nein, nein. Ich habe …« Caren überlegt. Was gingen diese Frau ihre Familienverhältnisse an? Ihre eigenen Eltern sind vor etlichen Jahren verstorben, zu ihrer Schwester ist ihr der Kontakt längst verloren gegangen. Ihre Beziehung ist wie von Wind verweht, sie weiß nicht einmal genau, wann sie sich zum letzten Mal gesehen haben. Sind es zehn Jahre? Sie ist nicht in der Lage, es genau zu bestimmen. Es ist nicht so, dass es eine Auseinandersetzung zwischen ihnen gegeben hätte. Fakt ist, die beiden haben sich absolut nichts zu sagen. Das gegenseitige Interesse für das Leben der anderen ist erloschen, bevor es überhaupt erwachen konnte. Sie hatten schon, als sie noch Kinder waren, wenig gemeinsam. Caren ist nicht einmal in der Lage zu sagen, wo ihre Schwester wohnt. Hat sie einen Mann? Es ist ihr gleichgültig.

Sie wechselt das Thema. »Ich dachte … es geht mir darum, wenn ich hier an Samstagen vorlese, also, es muss nicht unbedingt Frau Rettendorfer sein, nicht wahr, weil die ist ja schon etwas besonders, wenn Sie wissen, was ich meine, nicht wahr. Sie haben ja vielleicht jemanden, der gerne vorgelesen bekommt, das würde dann schon eher passen, nicht wahr. Wissen Sie, vielleicht jemanden, der nicht wiedergeboren ist. Jemanden, der nicht«, sie klopft an ihre Stirn, »Sie wissen schon, was ich meine.« Sie greift nach dem Glas Wasser, das Sylvie für sie eingeschenkt hat. »Danke. Es muss doch hier ein paar Leute geben, die noch ganz normal sind.«

Schwester Sylvie lächelt. »Normal? Was ist denn schon normal?«

»Normal eben. Dass man sich nicht für etwas Besonderes hält, zum Beispiel. So wie die Frau gerade.«

»Wären wir denn nicht selbst gerne etwas Besonderes? Etwas Einzigartiges?«

Was meint Schwester Sylvie damit? Und warum grinst die so? Beinahe hinterhältig? Plötzlich wird es Caren zu eng in der Teekabine.

Sie dreht sich um, tritt auf den Gang und schließt die Tür hinter sich. Das schafft ihr einen räumlichen Abstand zu der jungen Frau.

*

»Polizei? Hier bei uns auf dem Schiff? Das ist ja wirklich die Höhe!« Tante Edelgards Augenbrauen heben sich. Empört richtet sie sich auf. »Erklären Sie mir sofort, was Sie hier wollen!«

Eine der beiden Uniformierten beantwortet die Frage. »Es geht um den Kofferdiebstahl.«

»Diebstahl? Mit so etwas haben wir hier nichts zu tun! Unerhört. So etwas passiert hier nicht.«

»Unser Koffer ist gestohlen worden.« Ich mische mich ein.

»Aber doch nicht hier! So etwas macht hier keiner.«

»Nicht an Bord, Tante Edelgard. Bevor wir an Bord gingen.«

»Weil du ihn einfach stehen ließest. Hättest du ihn im Auge behalten, wäre das nicht passiert!« Norbert schaltet sich ein.

»Können wir das Ganze irgendwo in Ruhe besprechen?«, fragt die Frau in Uniform.

Ich ziehe meinen Mann am Arm. »Du entschuldigst uns, Tante Edelgard. Wir gehen mit den beiden in unsere Kabine.«

»Polizei! Hier bei uns an Bord. Wo es nur anständige Leute gibt! Das ist ja allerhand. Da kriegt man endlich mal Besuch von der Familie, und da bringen sie einem die Polizei mit. Das hätte ich wirklich nicht gebraucht!« Tante Edelgard schimpft lautstark vor sich hin, während wir den Salon durchqueren.

»Nun erzählen Sie bitte den Vorgang.« In unserer Kabine holt eine der beiden Beamtinnen ein Notizbuch hervor. »Wir haben das öfter hier. Vielleicht können wir ein Muster erkennen.«

»Ja, das war so: Ich drehe mich für einen Moment um, und dann war der Koffer weg, unmittelbar, bevor wir an Bord gehen wollten.«

»Wir sind mit dem Taxi gekommen«, wirft Norbert ein.

»Das ging alles so schnell … Ich sah einen blauen Lieferwagen, der wegfuhr. Das Kennzeichen war total verdreckt, so, als ob der Wagen durch Schlamm gefahren ist. Der Rest vom Auto war aber total sauber. Das kam mir seltsam vor.«

»Haben Sie eine Reiseversicherung abgeschlossen?«

»Wir sind mit dem Zug nach Berlin gekommen und haben hier direkt eingecheckt. Wofür hätten wir da eine Versicherung abschließen sollen? Es rechnet schließlich niemand damit, dass der Koffer geklaut wird, wenn er die gesamte Zeit über neben einem steht.«

»Was befindet sich in Ihrem Koffer?«

»Kleidung. Unser Kulturbeutel. Und mein Buch, das ich gerade zu lesen begonnen hatte.«

»Also keine Wertgegenstände.«

Norberts Kleidung ist womöglich ein gewisser historischer Wert beizumessen, so lange, wie er sie schon trägt. Laut sage ich: »Mein Tablet und das Smartphone trage ich immer in der Handtasche.«

»Sie wissen ja, Zwei-Zimmer-Küche-Bad, in so einer Damen-Handtasche ist eine Menge Platz.« Norbert grinst über seinen Witz.

Die beiden Beamtinnen gehen nicht darauf ein. »Geben Sie uns Ihre Heimatadresse. Leider können wir Ihnen nicht viel Hoffnung machen, Ihren Koffer zu finden.«

Als die beiden weg sind, gehe ich in gedrückter Stimmung zurück in den Salon. Norbert bleibt in unserer Kabine.

»Da bist du ja.« Tante Edelgard hat auf mich gewartet. »Jetzt erklärst du mir auf der Stelle, weshalb du uns die Polizei an Bord holst. Was sollen denn die Leute denken, die an unserem Schiff vorbeigehen? Dass hier Mord und Totschlag passieren? Damit haben wir hier nichts zu tun. Wir sind ein ehrenwertes Haus!«

»Schiff.«

»Wie bitte?«

»Tante Edelgard, du lebst auf einem Schiff.« Allmählich reicht es mir mit ihren Vorwürfen. »Kann ich etwas dafür, bestohlen worden zu sein? Ich bin das Opfer!«

»Hättest du besser auf deine Sachen aufgepasst. Das weiß schließlich jedes Kind, dass man die nicht unbeaufsichtigt lässt. Meine Güte!«

»Einen Tee, die Dame?« Die Stewardess kommt mit einer bauchigen Kanne an den Tisch. »Darf ich Ihnen ein Stück Kuchen anbieten? Oder Torte? Wir haben heute eine Sanddorntorte. Die kann ich Ihnen sehr empfehlen.«

»Eine Sanddorntorte, bitte. Darf ich die mit in die Kabine nehmen? Mein Mann ruht sich gerade etwas aus.«

»Selbstverständlich.«

Fantastisch. Alle Anwesenden bekommen mit, wie rührend ich um das Wohl meines Ehegatten besorgt bin. So werden Legenden geschaffen, die seinen plötzlichen Tod überdauern werden.

»Du gedenkst also, so wie du jetzt bist, morgen an der Feier zu meinem Geburtstag teilzunehmen?« Tante Edelgard rümpft ihre Nase, während sie mein bequemes Reiseoutfit mustert.

»Was anderes habe ich nicht bei mir.«

»Wir können später meine Kleider durchgehen. Ich kann dir etwas borgen. Du kannst es mir, nachdem es in der Reinigung war, zurückgeben.«

»Ich glaube, unsere Geschmäcker unterscheiden sich ein klein wenig«, werfe ich vorsichtig ein. Immerhin ist Tante Edelgard mehr als doppelt so alt wie ich.

»Es wird dir gut zu Gesichte stehen, etwas Elegantes zu tragen. Glaube mir. Ein wenig Stil hat noch keiner Frau geschadet.«

Lieber Himmel! Soll ich wirklich etwas hochgeschlossenes pastellfarbenes Plissiertes tragen? Das nach Tante Edelgards Veilchenparfüm duftet? Ich blicke mich um. Wer von den Anwesenden ist womöglich in einem sozialen Netzwerk unterwegs und postet nach der Feier Fotos, auf denen ich als meine eigene Urgroßmutter verkleidet zu sehen bin? Nicht auszudenken, wenn die in unserer Gemeinde, wo ich als Pfarramtssekretärin arbeite, die Runde machen. Die engagieren mich prompt für das Theaterstück, das die Kirchengemeinde einmal jährlich aufführt. Ich ziehe es allerdings vor, dort weiterhin als Gast zu sitzen und nicht als Akteurin in der Rolle der Komischen auf der Bühne.

»Tante Edelgard, du entschuldigst mich, ich bringe meinem Mann ein Stück Torte in die Kabine.«

»Wo bleibt deine Mutter überhaupt so lange? Die wollte schon längst hier sein. Wurde ihr Koffer auch gestohlen?«

»Ich weiß es nicht und wundere mich selbst. Normalerweise ist sie sehr pünktlich.«

»Nun ja, Menschen ändern sich. Nicht immer zu ihrem Vorteil!«

Mit einem leichten Nicken ihres Kopfes bin ich entlassen. Ich stöhne innerlich. Schade, dass Mutter noch nicht hier ist. Dann würde Tante Edelgard sich auf sie fokussieren und ich hätte meine Ruhe.

Auf dem Weg zu unserer Kabine erheischt eine Frau meine Aufmerksamkeit. Ihre Hand umschließt einen der Türgriffe. So wie sie aussieht, ist sie auf keinen Fall eine Bewohnerin hier auf dem Schiff, denn sie ist sogar jünger als ich selbst. Das Personal an Bord trägt Dienstkleidung, sie jedoch eine grüne Hose mit gelber Bluse. Die Frau gehört nicht hierher, das merke ich an der Art, wie sie sich umblickt. Wagen sich die Diebe jetzt sogar dreist bis an Bord? Reicht es nicht, dass die Koffer der Ankommenden geklaut werden?

Rasch eile ich zu ihr, um ihr Handeln zu stoppen. »Kann ich Ihnen helfen?«

Sie zuckt zusammen, grade so, als ob ich sie bei irgendetwas ertappt hätte.

»Haben Sie mich erschreckt!«

Da habe ich schon intelligentere Ausreden gehört. »Suchen Sie jemanden?«

»Na ja …« Sie druckst herum.

Wenn jetzt nicht sofort etwas Glaubwürdiges kommt, nehme ich sie mit zur Rezeption. Überhaupt, wie hat sie sich an der vorbeigeschlichen? Bevor ich sie danach fragen kann, kommt Frau von Hempel auf uns zu.

»Hier sind Sie! Gott sei Dank treffe ich Sie. Frau Breitstrom hat mir von dem Malheur bei Frau Rettendorfer berichtet. Entschuldigen Sie bitte! Das tut mir wirklich ganz außerordentlich leid. Ich dachte, Frau Rettendorfer hat heute einen guten Tag. Und sie hatte schon so lange keinen Besuch mehr! Ich hoffe, wir haben Sie nun nicht abgeschreckt?«

»Nein, nein, wo denken Sie hin. Aber vielleicht haben Sie jemand anderen, der besser passt? Es war irgendwie so …«

»Wir haben hier ein paar Ehrenamtliche, die unseren Bewohnern vorlesen.« Frau von Hempel wendet sich direkt an mich. »Nur Ihre Tante verweigert sich diesem Dienst, der von den anderen so gerne angenommen wird. Wir sind so froh über unsere Ehrenamtlichen, die uns bei unserer Arbeit unterstützen.«

Das kann ich mir gut vorstellen. Tante Edelgard las in meiner Jugend gerne mit dem Rotstift in Romanen, auf der Suche nach Tippfehlern. Wenn sie keine fand, sank ihre Laune. Wurde sie fündig, tippte sie freudig einen Brief an den Verlag und beschwerte sich ausführlich.

»Meine Tante liest bestimmt immer noch selbst?«

»Sie ist die eifrigste Nutzerin unseres Bücherregals«, bestätigt Frau von Hempel. »Und sie schreibt Rezensionen.«

»Sie schreibt was?«

»Na ja, nicht selbst. Sie diktiert der Enkelin ihrer besten Freundin, die regelmäßig zu Besuch kommt, den Text mit ihrer Meinung zum Buch, und die lädt ihn in einem bekannten Onlineportal hoch.«

»Kommen Sie bitte mit«, Frau von Hempel wendet sich an die Fremde. »Ich schaue mal, wer sich heute wirklich über Besuch freuen würde.«

Verblüfft bleibe ich zurück. In der Hand halte ich immer noch den Teller mit der Sanddorntorte für Norbert.

*

Das nennt man wohl Glück, denkt sich Caren. Ums Haar hätte sie diese Olle mit ihrer sahnigen Torte in der Hand dabei erwischt, wie sie eine der Kabinen filzen wollte. Wer war diese Person überhaupt? Ein Gast, so hatte Frau von Hempel gemeint. Ihre Tante lebe auf dem Schiff. Ist diese Person etwa selbst angereist, um beim Ableben ihrer Tante nachzuhelfen?

Sie muss unbedingt vorsichtiger sein! Frau von Hempel hat sie zwar aus der brenzligen Situation gerettet, dafür hat sie sie jetzt an der Backe. Andererseits kann es nicht schaden, noch zu bleiben. Obwohl es ihr eigentlich mit ungewöhnlichen Erlebnissen für heute reicht. Wer weiß, was sie heute noch herausfindet? Vielleicht trifft sie noch auf eine Bewohnerin, der etwas im Zusammenhang mit der Köchin aufgefallen ist. Dass die ihr hier kein Managergehalt wie in einer Autobaufirma bezahlen, liegt auf der Hand. Die meint wohl, Caren merke es nicht, wie sich ihr Lebensstil in letzter Zeit verändert hat. Da täuscht die sich, weil sie so einiges mitkriegt! Es ist nur eine Frage der Zeit, bis sie aufdeckt, was hinter Eves plötzlichem Wohlstand steckt.

Frau von Hempel durchsucht ihren Computer.

»Da habe ich Frau Norpe. Die hat schon lange keinen Besuch mehr gehabt.«

»Wunderbar. Welche Kabine?«

Frau von Hempel blickt auf ihre Armbanduhr. »Jetzt habe ich gar nicht bedacht, dass das Abendessen bald eingenommen wird. Könnten Sie es einrichten, am morgigen Sonntag nochmals zu kommen?«

»Selbstverständlich«, beeilt sich Caren zu sagen. Während sie dies ausspricht, hofft sie, Eve habe morgen wieder frei und halte sich nicht auf dem schwimmenden Seniorenheim auf.

＊

»Wie? Du kommst nicht?«

…

»Du lässt mich mit Tante Edelgard alleine?«

…

»Hilde ist bei dir? Gut.«

…

»Ja, mache ich. Alles Liebe. Tschüss.«

»Was ist los? Kann deine Mutter nicht kommen?« Hoffnung blitzt in Norberts Gesicht auf.

»Sie hat sich den Fuß übel verstaucht.«

»Aha.« Er sticht einen weiteren Bissen von der Sanddorntorte ab und führt ihn zum Mund.

»Auf dem Bahngleis ist es passiert, als sie abfahren wollte. Sie kann nicht auftreten. Hilde hat sie abgeholt.«

Norbert zuckt bei der Erwähnung des Namens seiner Schwägerin merklich zusammen

»Sie bringt sie aber nicht her?«

»Wo denkst du hin, Mutter kann nicht gehen. Sie liegt mit bandagiertem Fuß zu Hause.«

Norbert verkneift sich ein Lächeln. Das bemerke ich ganz genau!

»Meiner Mutter geht es nicht gut!«, fahre ich ihn empört an.

»Sie hat Hilde bei sich. Die kümmert sich bestimmt rührend um sie.«

Er wirkt ziemlich erleichtert, als er sich den letzten Bissen seines Tortenstückes mit Genuss einverleibt.

*

Caren atmet tief durch. Der Tag auf dem Seniorenschiff ist ziemlich anstrengend gewesen. Gebracht hat er ihr bezüglich ihrer anvisierten Ermittlung rein gar nichts. Aber das wird sich noch ergeben, da ist sie sich sicher. Auf jeden Fall bleibt sie am Ball! Ausdauer ist das Gebot der Stunde.

Sie checkt ihr Smartphone. Kein einziger entgangener Anruf. Sie überlegt. Wann wurde sie das letzte Mal von jemandem angerufen? Sosehr sie ihre Gehirnwindungen auch bemüht, es fällt ihr nicht ein. Noch nicht einmal verwählt hatte sich jemand in den letzten Monaten. Ein Tippen mit dem Zeigefinger, ein Streichen über den Bildschirm, schon ist der neueste Eintrag ihrer Nachbarin in dem sozialen Netzwerk sichtbar.

»Weiß wie die Unschuld.«

Caren wird es beinahe übel. Unter dieser abgedroschenen Phrase prangt ein Bild mit weißem Fingerhut. Erschrocken schlägt sie ihre Hand vor den Mund. Es ist wirklich allerhöchste Zeit, endlich herauszufinden, was diese Frau treibt. Fingerhut ist giftig, ach was, hochgiftig sogar. Das weiß jeder! Alle Teile der Pflanze, die Blüten, die Blätter und sogar die Stängel. Und dieser blöde Spruch dazu? Caren schüttelt ihren Kopf. Geschmacklos. Also wirklich!

Ob die Nachbarin morgen wieder frei hat? Sie wird es daran erkennen, wann diese ihr Haus verlässt.

Der Sonntag beginnt tatsächlich glücklich für Caren, denn Eve stöckelt auf verwegen hohen Absätzen zu ihrem Auto und fährt, wie gestern schon, in die andere Richtung.

Beschwingt kleidet sich Caren an. Heute muss sie etwas herausfinden, denn am morgigen Montag hat Eve bestimmt wieder Dienst auf der schwimmenden Seniorenresidenz. Dann steht sie dort wieder in der Küche und bereitet womöglich eine besondere Portion zu. Eine ganz spezielle! Es eilt. Caren braucht heute einen Erfolg, weil ihr selbst ab morgen wieder die Arbeit im ungeliebten Büro bevorsteht. Während fünf langer Tage muss sie dann dort wieder ausharren und sich auf Buchungen konzentrieren, die ihr eigentlich völlig egal sind. Aber von irgendetwas muss sie ja schließlich leben, nicht wahr? Es sind diese verdammten Sachzwänge, die so derart einengen.

Sie wählt aus ihrem Kleiderschrank ein schlichtes hellbraunes Kleid. Die Farbe braun schmeichele ihrer Trägerin und mache sie sympathisch. Das hat sie irgendwo mal in einem Ratgeberartikel in einer Frauenzeitschrift gelesen, wo, das ist ihr entfallen. In einer ihrer Schubladen findet sie ein senfgelbes Tuch. Als sie vor dem Spiegel steht, beschließt sie überzeugt, das richtige Outfit für ihr heutiges Vorhaben ausgesucht zu haben. Sie schlüpft in helle Ballerinas und verlässt ihre Wohnung. Dabei bemerkt sie in den Fenstern gegenüber neue Vorhänge.

Frau von Hempel empfängt sie erneut mit großer Freude. Ihr sind sämtliche Ehrenamtliche willkommen, die den Senioren zusätzlich zum Bord-Programm etwas Zerstreuung in die langen Tage bringen.

»Frau Norpe wartet auf Sie. Wir haben ihr nach dem Frühstück gesagt, dass heute Besuch für sie kommt. Sie ist ein wenig aufgeregt.«

Caren tritt einen Schritt zurück. »Aufgeregt?«

»Keine Sorge. Aufgeregt im Sinne von Vorfreude. Sie können ganz beruhigt sein. Ich glaube, sie hat sogar ein kleines Geschenk für Sie.«

Caren lächelt. Das ist eine verlockende Aussicht. Vielleicht bekommt sie heute eine kleine Brosche oder einen Ring überreicht? Wenn diese Frau Norpe schon so ewig niemand mehr besucht hat, ist sie gewiss sehr dankbar.

»Ich bringe Sie zu ihrer Kabine. Folgen Sie mir bitte.« Frau von Hempel nickt ihr zu.

In der Kabine, die Platz für zwei Bewohner bietet, sitzt eine stämmige Frau, gänzlich in Pastell gehüllt, auf einem vornehmen Sessel. Der scheint einem Museum zu entstammen. Die gesamte Kabine sieht nach reichlich Geld aus, das in die Ausstattung gesteckt wurde. Das Alter der Frau ist schwer zu schätzen. Irgendwas über 90.

»Setzen Sie sich. Ich habe ein paar Plätzchen bereitstellen lassen.« Frau Norpe weist auf einen Porzellanteller.

»Ich geh dann mal wieder.« Mit diesen Worten schlüpft Frau von Hempel zur Tür hinaus.

Nun ist Caren allein mit der alten Dame, die sie eingehend mustert. »Sie interessieren sich also dafür, wie es damals war.«

»Sind Sie mit dem Essen hier zufrieden?« Caren spricht ohne Umschweife den Gegenstand ihrer Recherche an. »Gab es in letzter Zeit Todesfälle auf dem Schiff? Ist jemand plötzlich verstorben?«

»Wovon reden Sie denn? Das klingt wie Mord und Totschlag! Damit haben wir nichts zu tun! Hier sind alle anständig!« Die Dame klopft mit den Knöcheln ihrer rechten Hand energisch auf den Tisch. »Sind Sie von der Polizei?«

Caren erschrickt. Für eine Ermittlerin will sie keineswegs gehalten werden. Sie muss sich vorsichtiger ausdrücken. »Nein, nein, natürlich nicht. Ich interessiere mich nur. Ich suche einen Platz für jemanden. Und da fragt man doch am besten die Menschen, die bereits hier wohnen. Die wissen am ehesten, ob sie das Seniorenheim empfehlen können, nicht wahr.«

»Nun ja, hin und wieder stirbt hier schon jemand. Das kommt vor. Liegt aber am Alter.«

»Hier auf dem Schiff?«

»Wo denken Sie hin. Auf dem Schiff stirbt niemand. Wenn jemand erkrankt, bringt man ihn an Land. Ins Krankenhaus oder ins Hospiz. Hier an Bord, warten Sie mal …« Sie schien zu überlegen.

Caren rutscht ungeduldig nach vorne auf die Stuhlkante. »Ja?« Sie gräbt voller Konzentration ihre Fingernägel in die Handballen. Was bekommt sie gleich zu hören?

Aber Frau Norpe schüttelt den Kopf. »Da gab es keinen Todesfall. Nein. Ich erinnere mich an keinen. Aber ich erinnere mich an meine Kindheit. Es war die schönste Kindheit, die ein kleines Mädchen sich nur wünschen kann. Meine Eltern haben mir alles gegeben, wozu sie in der Lage waren.«

Für Caren beginnen ab jetzt die langweiligsten zwei Stunden ihres Lebens. Frau Norpe ergießt sich ausführlich in Nichtigkeiten, beschreibt mit verzücktem Gesichtsausdruck ihre Spielsachen, bis ins Detail das Aussehen der Kleider, welche von Schneiderinnen extra für sie angefertigt wurden, und wie ihr die Mutter vom Kindermädchen das Haar frisieren ließ. Sie vergisst nicht, die Farbe der Schleifen zu erwähnen, die dabei Verwendung fanden.

Caren versucht mehrfach, sich zu verabschieden und zu gehen, aber die alte Dame lässt sie mit ihrem schier unerschöpflichen Redefluss nicht zu Wort kommen. Es ist schrecklich für Caren, die nicht unhöflich sein möchte und einfach aufzustehen und wortlos zu gehen daher nicht in Erwägung zieht. Die wertvolle Zeit verrinnt, sie sitzt in der Kabine fest und lässt diese nicht enden wollende Wortdiarrhoe über sich ergehen. Sie greift nach ihrer Handtasche und nimmt sie auf den Schoß. Jetzt reicht es ihr endgültig. Sie wird jetzt einfach aufstehen und gehen, Unhöflichkeit hin oder her.

»So bleiben Sie doch! Ich habe noch gar nicht von meinem Hündchen erzählt.«

Was geschieht, wenn Frau Norpe ihr unhöfliches Verhalten bei Frau von Hempel verpetzt und diese sie des

Schiffes verweist? Da kommt ihr die rettende Idee. »Ist nicht bald Mittagszeit?«

»Wie aufmerksam, dass Sie daran denken. Aber ich nehme es in der Kabine zu mir und lade Sie dazu ein.«

Caren erhebt sich. »Das kann ich nicht annehmen.«

»Ich habe auch ein schönes Geschenk für Sie.« Die Alte lächelt listig. »Das will ich Ihnen nach dem Dessert überreichen.«

Das Essen zieht sich schier endlos in die Länge, da die alte Dame jeden Bissen zigmal kaut. Nur die Neugierde auf das Präsent hält Caren mit Mühe auf ihrem Sitz. Als Frau Norpe endlich fertig ist, erhebt sie sich schwerfällig und geht an ihren Schrank.

Die Spannung steigt bei Caren. Übergibt ihr die Frau gleich einen schönen Ring? Sie hätte keine Hemmungen, ihn anzunehmen. Er wäre sozusagen das Schmerzensgeld dafür, dass ihr die Frau gerade stundenlang das Ohr abgequatscht hat.

»Mögen Sie Pralinen mit Kirschen?«

Süßigkeiten nimmt sie obendrein. »Ja, gerne.«

»Dann habe ich hier etwas ganz Besonderes für Sie!« Feierlich überreicht Frau Norpe ihr eine rote Schachtel, bei der die umhüllende Plastikfolie fehlt. »Sie gestatten, ich mache jetzt mein Nickerchen. Kommen Sie gerne wieder! So interessante Zeitzeugen wie mich finden Sie nicht oft!«

Auf dem Flur lupft Caren den Deckel der Packung. Sie entnimmt ihr eine der Pralinen, die sich als merkwürdig leicht erweist. Sie dreht sie um. Auf der Rückseite findet sie ein kleines Loch, wie von spitzen Zähnen gebissen. Die Alte hat den Likör aus der Praline gesogen. Hastig dreht sie alle um. Sie sind sämtlich ohne Flüssigkeit. Beim Rüt-

teln ist ganz fein die herumrollende eingelegte Schrum-
pelkirsche zu hören. Caren lehnt sich an die Wand. Die
hat sie ganz schön hereingelegt! Mit einem Kopfschütteln
entsorgt sie die Packung in einen der Mülleimer.

Am besten geht sie jetzt in die Bar. Nach der Schwa-
felsalve und dieser Enttäuschung kann sie einen starken
Kaffee gebrauchen. Einen sehr starken.

Dort sieht es nach Feierlichkeiten aus. Eine Frau, die trotz
unzähliger Falten im Gesicht kerzengerade sitzt, hält Hof.
Neben ihr hockt diese Person, die sie gestern davon abge-
halten hat, eine der Kabinen zu betreten. Sie wirkt in ihrem
blasslila plissierten, viel zu großen Kleid bei Weitem nicht
so selbstbewusst wie gestern. Der Mann daneben trägt ein
weitaus weniger elegantes Outfit. Ob ihn deshalb die alte
Dame, der Caren aufgrund ihrer Ausstrahlung insgeheim
sofort den Spitznamen »kalte Gräfin« verpasst, so missmutig mustert?

Sie setzt sich an einen sonnigen Fensterplatz. Bevor sie
weitere Recherchen anstellt, muss sie den Kopf frei bekommen. Koffein ist dabei sicherlich eine Hilfe.

*

Grauenvoll. Als ich Tante Edelgard gestern Abend die
Nachricht von Mutters kleinem Unfall überbrachte, hat
sie sich derart über ihre Abwesenheit aufgeregt, dass ich,
um sie zu beschwichtigen, nachgegeben habe. Nun stecke
ich in einem ihrer monströsen Kleider. Es riecht aufdring-
lich nach Mottenkugeln und Veilchen. Bestimmt falle ich
bald in Ohnmacht. Außerdem kratzt der plissierte Kragen am Hals. Ich wollte sie jedoch nicht noch mehr aufre-

gen. Wie sieht das denn aus, wenn sie während meiner und Norberts Anwesenheit auf dem Schiff einen Schlaganfall erleidet? Wenn es schon einen Todesfall in meiner Nähe gibt, dann hoffentlich mit Norbert! Wenn Tante Edelgard über die Regenbogenbrücke schreitet, muss ich wirklich nicht in ihrer unmittelbaren Nähe sein. Ich will schließlich keine unnötige Aufmerksamkeit erwecken. Ist erst einmal Misstrauen gesät, wird es schwer sein, das Ableben meines Gatten wie einen Unfall aussehen zu lassen.

Schade, dass Mutter nicht kommen konnte. Irgendwie hege ich den Verdacht, sie hat sich gar nichts verstaucht. Sie drückt sich einfach vor der Geburtstagsfeier. Ich habe meine Mutter schon des Öfteren beim Mogeln ertappt. Nun ja, so rüstig wie das Tantchen ist, wird Mutter noch viele Gelegenheiten haben, sie an ihrem Ehrentag zu besuchen. Der Gottesdienst vorhin jedenfalls war sehr schön. Die Pfarrerin erinnerte mich an meine Chefin, bei der ich seit einigen Jahren das Sekretariat übernommen habe. Es ist ein schöner Job. Dabei bin ich mitten im Gemeindeleben und bekomme allerhand davon mit, was sich bei uns abspielt. In der Regel bin ich immer über alles sehr gut informiert.

»Edelgard!«

Wie üblich zucke ich leicht zusammen, wenn Tante Edelgard meinen Namen ausspricht. Sie ist die einzige Frau in meinem Umfeld, die genauso heißt wie ich. Dass sie im Alter meiner – Gott hab sie selig – Großmutter ist, macht diesen Umstand nicht besser. Zu diesem entsetzlichen Namen existiert keine Koseform. Alle sprechen ihn ungeschminkt aus. Außer meiner Mutter, die Edi zu mir sagt. Ob das wirklich eine Koseform ist, darüber lässt sich verschiedener Ansicht sein.

»Richte deiner Mutter aus ...«

Wie ich ihren Befehlston hasse! Ich fühle mich wie eine entmündigte Person, der wegen weit fortgeschrittener Demenz ein Betreuer zur Seite gestellt wurde. »Was soll ich ihr bestellen?«

»Dass es wirklich an der Zeit gewesen wäre, mich mal wieder zu besuchen.«

Sofort solidarisiere ich mich mit meiner Mutter.

»Sie kann doch aber nichts dafür. Wo sie schließlich einen Unfall hatte! Erst letzte Woche sagte sie mir noch am Telefon, wie sehr sie sich auf den Besuch und auf deine Feier freut.«

»Ich hoffe sehr, sie holt das bald nach.«

»Bestimmt.« Ich nicke und hoffe, es sieht irgendwie glaubwürdig aus.

Dort am Fenster zieht ein Vorfall meine Aufmerksamkeit auf sich. Eine Frau ist in Ohnmacht gefallen. Frau von Hempel hält ihren Kopf in der Hand und benetzt die Stirn mit Mineralwasser, das auf dem Tisch steht.

»Schnell! Bringt mir ein paar Eiswürfel!«, ruft sie der Stewardess zu.

»Was ist denn passiert?«

Tante Edelgard will immer über alles informiert sein, was in ihrem Umfeld geschieht. Das ist so, seit ich mich an sie erinnern kann.

»Kein Grund zur Aufregung!«, ruft Frau von Hempel in die Runde.

Ich schiebe meinen Stuhl zurück.

»Norbert, das ist die Frau, von der ich dir gestern Abend erzählt habe. Die ich dabei erwischt habe, wie sie in eine der Kabinen gehen wollte.«

»Was du dir wieder zusammenreimst, Edelgard. Die wird jemanden besuchen, genauso wie wir selbst.«

»Nein, das glaube ich nicht. Da steckt etwas anderes dahinter.«

»Meine Güte! Kannst du es nicht ein einziges Mal bleiben lassen, Miss Marple zu spielen?« Er greift nach seiner Serviette und tupft sich den Mund ab.

»Entschuldigen Sie?« Ich wende mich direkt an Frau von Hempel, die nun mit einem der flugs herbeigeschafften Eiswürfel die Stirn dieser Person reibt.

»Ah, sie kommt zu sich.«

»Was ist denn passiert?«, frage ich.

»Es ist eigenartig. Sie hat sich nach unserer Köchin erkundigt, als ich ihr eben einen Kaffee brachte. Als kleinen Dank, weil sie seit gestern hier Besuchsdienste bei unseren Senioren übernimmt. Und als ich ihr sagte, dass Eve im Lotto gewonnen und deshalb ihre Stelle bei uns aufgegeben hat, hat sie das fürchterlich aufgeregt. Keine Ahnung, weshalb.«

»Aber ... die Blumen?«, stammelt die Frau, während sie noch immer von Frau von Hempel gestützt wird.

»Welche Blumen?«

»Sie postet irgendetwas mit Blumen. Immer sind sie giftig.«

»Ah, Pflanzen. Die waren schon immer das Hobby unserer Eve. Wie sagte sie immer so treffend: Es liegt ganz alleine an der Dosis. Minimal eingesetzt, kann eine Giftpflanze heilend sein.« Frau von Hempel setzt sich auf den Stuhl neben der Frau. »Aus Digitalis zum Beispiel wird ein Herzmittel hergestellt.« Sie wischt nicht vorhandene Krümel vom Tisch. »Kennen Sie unsere Eve? Ich gönne ihr übrigens den Lotto-Gewinn von ganzem Herzen. Eve ist so eine fröhliche, optimistische Person. Sie meinte, dass sie vielleicht in zwei, drei Jahren, wenn sie das Nichtstun

satthat, wieder bei uns anheuert. Wir würden uns jeden-
falls sehr darüber freuen und sie sofort wieder einstellen.
Ihre Gerichte sind äußerst beliebt bei unseren Senioren.
Eve ist eine fabelhafte Köchin!«

Ich verstehe nicht, weshalb diese Frau, die immer noch
kalkweiß im Gesicht ist, ohne ein weiteres Wort aufsteht
und langsam, während sie sich im Vorübergehen an den
Stuhllehnen aufstützt, den Salon verlässt. Es gibt Menschen, die tragen ein Geheimnis mit sich herum. Zu diesen gehört diese Dame ganz sicher. Irgendwie wirkt sie auf
mich plötzlich wie von einer tragischen Aura umgeben.

Morgen legen wir übrigens ab. Wir fahren auf der Havel
an Potsdam vorbei. Über den Verbleib unseres Koffers
haben wir keine Nachricht erhalten. Aber wer braucht
schon einen Koffer, wenn er sich an Tante Edelgards Kleiderschrank bedienen darf?

SPREE UND HAVEL

»Berlin liegt an der Spree«, so heißt es in einem alten Schlager. Die drei Quellen des Flusses liegen im Lausitzer Bergland. Er ist in etwa 400 Kilometer lang, davon ist beinahe die Hälfte schiffbar. Der Kulturlandschaft »Spreewald« mit ihren vielen Kanälen gibt der Fluss seinen Namen. Das beliebte Reisegebiet, in dem viele Krimis spielen, wird von den Sorben geprägt. Zu deren Traditionen gehören neben eigenen Trachten und Sagen viele besondere Bräuche.

Bei Berlin-Spandau fließt die Spree in die Havel. Die wiederum entspringt in der landschaftlich sehr reizvollen Mecklenburger Seenplatte, wo die Autorin einen schönen Urlaub verbrachte.

Die Havel durchfließt mehrere Seen und ist beinahe auf ihrer gesamten Länge von etwas über 300 Kilometern schiffbar. Kurz nach der Hansestadt Havelberg mündet sie in die Elbe.

ALS NORBERT FÜR DEN FILM
ENTDECKT WIRD
(RHEIN; RÜDESHEIM)

»Und bitte!«

»Ich muss da durch! Sofort!«

»Aus! Aus! Verdammt! Wo sind die Blocker?! Die sollen doch keinen durchlassen!«

Ein eigenartiger Dialog. Lautstark ausgetragen, währenddessen ich eigentlich den Blick auf das Panorama einer der ältesten Weinkulturlandschaften Europas genießen will. Norbert hält sich im Bad auf. Gleich nach dem Frühstück wollen wir einen Ausflug nach Rüdesheim unternehmen. Das Klappern von harten Rädern scheppert auf dem Pflaster. Neugierig versuche ich, einen Blick auf die Szenerie zu erhaschen. Eine kleine Gruppe Menschen mit viel Equipment hastet aufgeregt herum. Hinter einem Plastikband stehen in ein paar Metern Entfernung Schaulustige.

»Ich muss da durch!« Ein Rütteln an ihrem Rollator, dessen Räder lautstark auf dem Pflaster klacken, unterstreicht das Ansinnen der alten Frau. »Sofort! Lassen Sie mich durch!« Ein sehr starker Wille scheint der schmächtigen Frau zu eigen zu sein. Mit knochigem Finger zeigt sie auf eine junge Frau in orangefarbener Warnjacke, die vergeblich versucht, sie zu beschwichtigen. »Das ist mir völlig egal, was *Sie* hier machen. *Ich* will hier durch, und zwar jetzt gleich. Oder soll ich die Polizei rufen? Machen Sie auf der Stelle den Weg frei!«

Während die junge Frau kopfschüttelnd zur Seite geht, schlurft die Aufmüpfige mitten durch eine aufgebaute Szenerie. »Unerhört. Hat es so was schon mal gegeben? Ich gehe da, wo ich will. Wäre ja noch schöner, wenn ich nicht mehr machen kann, was ich will. So weit kommt das noch. Nicht mit mir!« Als sie eine Frau mit Megafon erreicht, fährt sie der mit einem der Räder ihres Rollators über den Fuß. »Aus dem Weg! Was machen Sie hier eigentlich am helllichten Tag? Haben Sie nichts Richtiges zu arbeiten? Was sind das bloß für Zeiten.« Vor sich hin schimpfend setzt sie ihren Weg fort.

Die andere hält das Megafon zur Seite und spricht auf die junge Mitarbeiterin in der Warnweste ein. So belämmert, wie sie dreinschaut, kann das nur ein Anpfiff sein, den sie grade einzustecken hat.

Aufgeregt zeigt sie auf das Absperrband. Dann nimmt sie ihren Stimmverstärker hoch. »Muss noch jemand durch? Sofort und auf der Stelle, weil sonst die Welt untergeht? Nein? Dann würde ich gerne weitermachen. Wir drehen heute drei Bilder. Leute, das ist verdammt viel. Ihr braucht nicht darauf zu spekulieren, heute früher vom Set wegzukommen.«

Norbert tritt zu mir auf den Balkon. Er duftet nach Zedernholz, seine frisch rasierten Wangen glänzen feucht. »Was ist denn dort los?« Verständnislos blickt er zu der ungewohnten Szenerie. Ein Mann sitzt auf einem Hocker, der auf einer ungefähr sieben Meter langen Schiene von zwei Helfern hin und her geschoben wird. Auf seiner Schulter ruht eine riesengroße Kamera. Die Frau mit dem Megafon springt zu einer fülligen Dame, die vor einem kleinen Bildschirm sitzt. Die hat ihre bunte Sonnenbrille ins dichte lockige Haar geschoben und wirkt genervt. Der Mann im hellen Anzug trägt einen Koffer. An der Absperrung vorbei kommt eine weitere Mitarbeiterin mit einer großen Bauchtasche. Daraus lugen jede Menge Pinsel hervor. Sie holt eine Puderquaste heraus und betupft der Schauspielerin im roten, weißgetupften Kleid die Nase. Am Rande steht eine weitere Frau mit einer großen schwarzen Klappe, wie man sie, das weiß ich aus dem Fernsehen, bei Dreharbeiten verwendet.

»Es sieht so aus, als ob die einen Film drehen.«

»Hotel Rüdesheim, oder was?«

»Woher soll ich das denn wissen?«

»Du guckst doch immer ›Hotel Heidelberg‹, wenn das gesendet wird!«

»Wegen der Kulisse! Die Stadt ist eindeutig der Star des Films. Überhaupt, wir waren schon eine Weile nicht mehr in Heidelberg. Weißt du noch, als wir die Bergstraße bereisten? Von Darmstadt bis nach Wiesloch?«

»Hör mir bloß auf mit Heidelberg. Da war doch dieser Mann, der uns Anteile an einem Schiff verkaufen wollte. An einem Schiff, das gar nicht existierte!«

»Lieber Himmel, du tust ja so, als hätten wir ihm bereits Geld gegeben.«

»Du warst kurz davor. Ums Haar wärst du einem Betrüger aufgesessen.«

Warum frischt mein Mann diese Erinnerung wieder auf? Es stimmt schon, ich hatte vor, mit dem Geld aus seiner Lebensversicherung, das mir nach seinem Ableben zusteht, groß in dieses Projekt einzusteigen. Das kann er unmöglich wissen! Außerdem ist es mir immer noch nicht gelungen, meinen Ehemann loszuwerden. Ich muss ihn während der nächsten Tage zu einem Ausflug hoch zum Loreley-Felsen überreden. Auf den Fotos im Ausflugsprospekt, den wir beim Einchecken auf diesem Schiff bekamen, ragt der Fels steil in die Höhe. Ein perfekter Ort, meinen Plan endlich in die Tat umzusetzen!

»Lass uns endlich zum Frühstücken gehen.«

»Danach schauen wir uns Rüdesheim an. Ich will unbedingt in die Asbach-Gasse. Die soll architektonisch sehr schön sein.«

»Wohnt da der Geist des Weines?«

Wie immer, wenn Norbert einen seiner pointenlosen Witze versucht, lächle ich nachsichtig. Das habe ich mir in den langen Jahren unserer Ehe angewöhnt.

»Gegen einen Cognac nach einem guten Essen habe ich eigentlich nichts einzuwenden.«

»Ich erinnere mich, dass es bei meiner Oma zum Kaffeeklatsch mit Likör gefüllte Pralinen gab. Weil es als unschicklich galt, wenn Damen in der Öffentlichkeit Alkohol tranken.«

Norbert kichert. »Das ist eine ähnliche Mogelpackung wie Maultäschle. Wo die Mönche angeblich während der Fastenzeit das Fleisch in den Teig steckten, damit der Herrgott es nicht sieht.«

»Lass uns endlich in den Salon gehen. Ich möchte meinen Morgenkaffee trinken.«

Wir platzen mitten in eine Ansprache der Kreuzfahrtleiterin. »Frau und Herr Buchmann, einen wunderschönen guten Morgen. Nehmen Sie bitte Platz.« Während Norbert ans Büfett schleicht und ich mich setze, fährt sie fort. »Wir haben heute etwas ganz Besonderes. Und zwar finden

Dreharbeiten statt. Im Moment noch draußen, aber sobald sie alle von Bord gegangen sind, um an unserem heutigen Ausflug teilzunehmen, wird auf dem Schiff direkt gedreht. Und zwar auf unserem Sonnendeck. Ich darf also diejenigen, die nicht am Ausflug durch Rüdesheim teilnehmen wollen, herzlich bitten, die Dreharbeiten nicht zu stören. Vielen Dank für Ihr Entgegenkommen.«

Allgemeines Stimmengewirr ist die Folge. Einige unserer Mitpassagiere feixen, ob sie nun eine Rolle bekommen. Ein Mann am Nebentisch ereifert sich. »Die hätten uns ja vorher fragen können, ob wir mitmachen. Das ist unbedingt was für dich, Charlie«, er wendet sich an seine Frau, »du im Fernsehen! Das gäbe Einschaltquoten!« Er ruft nach vorne. »Wie ist es denn, wenn man da mitmachen will, bei diesem Film? Meine Frau, die könnte das gut!«

Die soeben als Charlie Angesprochene lächelt gnädig und fährt sich mit beiden Händen durch ihr blondiertes Haar. Sie wirkt mindestens 20 Jahre jünger als ihr Mann.

»Es gibt eine Agentur, die für die Besetzung des Films zuständig ist. Soweit ich informiert bin, sind alle Komparsenrollen bereits vergeben.«

»Ich werde die Leute vom Film persönlich fragen. Charlie, du ziehst gleich dein neues Kleid an. Das rote. Die werden wir schon überzeugen, dass du da eine Rolle kriegst! Von wegen Komparsin! Die sollen dir eine richtige Rolle geben. Nebenrollen sind nichts für dich! Du bist immerhin die Ehefrau eines Bauunternehmers.«

Während ich in Gedanken überschlage, die Wievielte in der Reihe von Ehefrauen des Bauunterunternehmers diese Charlie womöglich ist, lädt Norbert seinen Teller bereits zum zweiten Mal voll. »Spiegelei mit Speck. Köstlich! Edelgard, nimmst du gar nichts zu dir? Es gibt auch Kuchen.«

Die Vorstellung, mir bereits am Morgen Kuchen einzuverleiben, veranlasst meinen Magen, sich unangenehm zusammenzuziehen. »Ich nehme noch einen Tee. Die haben so hervorragende englische Sorten.«

Als wir von Bord zu unserem Ausflug aufbrechen, sehen wir Charlies Ehemann, wie er auf die Frau mit der Sonnenbrille einspricht. Seine Ehefrau steht in einem weit ausgeschnittenen Kleid, das ihre Kurven betont, hinter ihm. Mir ist schleierhaft, wie sie sich auf ihren hochhackigen Schuhen auf dem Pflaster der Altstadt zu bewegen gedenkt. Geht die sonst nie zu Fuß? Wird sie immer gefahren? Von ihrem Haus direkt ins Fitnessstudio? Das wäre zumindest eine Erklärung für ihr deplatziertes Schuhwerk. Vielleicht wird sie aber auch von ihrem Mann immerzu auf Händen getragen.

Auf einen Wink hin eilen zwei kräftig wirkende Männer in Warnwesten herbei. Der eine spricht den überzeugten Fan direkt an. »Gehen Sie bitte weiter!«

»Aber hören Sie! Meine Frau kann bei Ihnen mitspielen! Charlie ist eine begnadete Schauspielerin! Nun ja, sie hat keine Ausbildung. Aber die braucht man für so was gar nicht. Glauben Sie mir, sie hat es im Blut! Sie ist ein Naturtalent! Charlie, sag mal was auf. Damit die sehen, was du drauf hast.« Er stupst seine Frau am Arm. »Los, sag was.«

»Melden Sie sich bitte bei einer der zahlreichen Agenturen, die Schauspielerinnen und Schauspieler vermitteln. Für diesen Film hier sind alle Rollen vergeben. Tut uns leid. Füllen Sie eine Sedcard aus und bewerben Sie sich.«

»Darauf können Sie sich verlassen! Sie hören noch von uns! Aber die Gage legen wir dann fest!«

Diese Charlie hat immerhin *einen* überzeugten Fan, denke ich bei mir, während ich den beiden nachblicke. Der Mann hat seiner Frau galant den Arm gereicht.

Die Schauspieler, an denen wir vorbeigehen, sind maskenhaft geschminkt. Das sieht man erst aus der Nähe. Vermutlich muss das so sein, damit sie dann im Fernsehen gut aussehen. Die Haare der Frau im gepunkteten Kleid bewegen sich noch nicht einmal, wenn sie den Kopf schüttelt. So wie eben, als sie dem sich entfernenden Paar belustigt nachblickt.

Aber da vorne, ist das nicht der Mann, der mir in Passau sagte, ich solle nicht an Bord gehen? Mein Herz schlägt schneller. Der sieht von hinten genauso aus! Er trägt sogar ähnliche Kleidung wie damals. Wie soll ich ihn jetzt ansprechen, wo doch Norbert neben mir geht? Vor Aufregung gehe ich schneller. Ich werde ihn überholen und ihm ein Zeichen geben. Als ich jedoch an ihm vorbei bin, beruhigt sich mein rascher schlagendes Herz wieder und Enttäuschung breitet sich in mir aus. Von vorne sieht der Mann nämlich ganz anders aus.

Während ich noch in Gedanken bin, eilt uns die Frau mit dem Megafon hinterher. »Entschuldigen Sie bitte. Ich bin die Regieassistentin, Ulla ist mein Name. Sie …«, sie lächelt Norbert an, »sind uns soeben aufgefallen. Haben Sie Interesse an einer kleinen Rolle? Wir würden Sie spontan einbauen. Unsere Regisseurin fand Sie auf Anhieb toll. Die hat einen total guten Blick für so was.«

Wir gucken beide völlig verblüfft.

»Sie haben so etwas Ungewöhnliches an sich.«

»Bitte?«

Sie wedelt mit ihrer Hand und verbessert sich rasch. »So authentisch. Sie kommen völlig unverstellt rüber.«

»Ich …«

»Natürlich gegen Gage. Wissen Sie was? Sie kriegen von uns eine Kleindarstellerrolle. Ich sorge persönlich dafür, dass Ihr Name im Abspann auftaucht. Die Regisseurin will Sie unbedingt einbauen.«

»Edelgard, was meinst du dazu?«

»Wie hoch ist denn die Gage?« In Geschäftsdingen bin ich weitaus praktischer veranlagt als mein Mann.

»500 Euro. Für drei Stunden.«

Es gibt Argumente, denen kann man ganz schlecht etwas entgegensetzen.

»Sie können natürlich Rüdesheim besichtigen«, sagt sie zu mir. »Und dabei ein Glas Rheingauer Wein in einer Vinothek genießen.«

»Wo denken Sie hin? Ich schaue natürlich zu.« Auf ihren skeptischen Blick hin schiebe ich nach: »Ich bin ganz still. Sie werden gar nicht bemerken, dass ich irgendwo sitze und mir das Ganze anschaue. Wenn mein Mann schon mal beim Film ist! Das hat man schließlich nicht alle Tage.« Insgeheim male ich mir aus, wie ich den Film mit unserem Namen im Abspann mit ganz vielen Gästen in unserem schönen Gemeindehaus anschaue. Das wird eine schöne Erinnerung an meinen Mann werden. Gleichzeit fällt von dem Glanz ein wenig auf mich ab. »Norbert Buchmann. Wie das Buch und der Mann.« Nicht auszudenken, wenn der falsch geschrieben ist. Dann bringt es mir doch gar nichts!

»Dann sind Sie also dabei? Fantastisch. Mit dem Bild hier sind wir durch. Wir nehmen nur noch einmal den Umgebungston ab. Die nächste Einstellung wird auf dem Sonnendeck sein. Können Sie da schon mal hingehen? In etwa einer Viertelstunde kommen wir nach.«

Bevor wir etwas erwidern können, eilt sie zu der fülligen Frau. Die zieht ihre Sonnenbrille aus ihrer Haarpracht hervor und schiebt sie sich vor die Augen, während sie zuhört.

»Was denkst du, Edelgard, sollen wir das machen?« Norbert ist immer noch verdutzt.

»500 Euro für drei Stunden? Das legen wir in unsere Reisekasse.«

»Ruhe, bitte! Wir nehmen den Ton ab. Keiner spricht!« Ullas Stimme durchschneidet die Luft über der Szenerie. In einem früheren Leben hat sie gewiss ein Bataillon kommandiert.

Wir entfernen uns ganz leise und gehen auf unser Schiff zurück. Auf dem Sonnendeck sitzt ein junger Mann in einer Weste, wie sie von Förstern und Rentnern getragen wird. Einziger Unterschied ist die Farbe. Seine ist nämlich nicht altherrenbeige, sondern schwarz. Die vielen Taschen sind ausgebeult. Eine Plastikkordel lugt aus dem Kragen seines Poloshirts hervor und führt direkt zu seinem Ohr. Er nickt und spricht in seinen Kragen. »Verstehe!«

»Gut, dass Sie hier sind. Sie nehmen hier an diesem Tisch Platz. Ich bringe Ihnen gleich Getränke. Die dürfen Sie aber um Himmels willen nicht trinken. Sonst haben wir tatütata einen Anschlussfehler. Und das wollen wir ja nicht, nicht wahr?«

»Tatütata?« Ich frage mich, was der junge Mann uns eigentlich mitteilen will.

»Stellen Sie sich das so vor: Wir drehen eine Menge Material. Daraus wird der fertige Film geschnitten. Das ist nicht immer chronologisch. Also, es kann sein, dass eine Szene vorgezogen wird. Und dann haben Sie erst ein fast leeres Glas und dann wieder plötzlich tatütata ein volles Glas vor sich stehen. Das geht natürlich nicht. Übrigens, ich bin Dirk. Ich mache hier ein Praktikum neben dem Studium. Ich kümmere mich während des Bildes, das wir hier oben drehen, um Sie. Wenn Sie also der Schuh irgendwo drückt, sagen Sie es einfach. Ich bin quasi hier der Junge für alles. Ach ja, und hier«, er greift an eine seiner unzähligen Taschen, »das Wichtigste für Sie.« Er grinst breit. »Der Abrechnungsbogen. Den füllen Sie aus. Das Original geben wir an die Abrechnungsfirma, eine Kopie behalten Sie. Ich hole schon mal die Getränke, die während des Drehs vor Ihnen stehen. Aber, Sie wissen ja! Tatütata! Nicht trinken.«

Mein Blick schweift über die herrliche Landschaft des Rheintals. Die Sonne verwöhnt die terrassierten Hügel, auf denen seit Jahrhunderten Wein angebaut wird. Wellen schlagen an unser Schiff, als ein anderes vorbeifährt. Auf dem Deck dort drüben sitzen viele Leute, die fröhlich winken. Musikfetzen schwappen herüber. Ich winke selbstverständlich zurück.

»Norbert, kannst du nicht ebenfalls winken?«

»Wozu soll das gut sein?«, brummelt er.

Ich seufze. In den malerischen Gassen Rüdesheims tummeln sich unsere Mitreisenden, während wir hier auf dem Sonnendeck sitzen und auf Getränke warten, die wir nicht trinken dürfen. Die uns ein Mann bringt, der in jeden zweiten Satz »tatütata« hineinflicht. Manches Mal beschleicht mich der Gedanke, die Welt sei ein klein wenig irre.

»Weißt du unsere Postleitzahl?«

Norberts Stimme reißt mich aus meinen philosophisch-tiefgründigen Überlegungen. Er beugt sich über den Abrechnungszettel, den ihm dieser Dirk ausgehändigt hat.

»Ja, klar.« Ich tippe auf das Feld darunter, nachdem ich sie ihm genannt habe. »Aber deine Steuernummer?«

»Die weiß ich natürlich auswendig.«

Es ist erstaunlich, dass es mein Mann nach derart vielen Ehejahren immer wieder schafft, mich zu überraschen.

»Da ist noch ein Feld. Sozialversicherungsnummer.«

»Lieber Himmel, Edelgard, so etwas weiß man einfach.«

»Und die Postleitzahl nicht?« Ich bin kurz davor, meinen Mann den Rheinfischen als Futter zu übergeben. Aber zuvor muss er noch Komparse in dem Film sein. Unser Familienname im Abspann macht uns so etwas wie unsterblich. Ich sehe es vor meinem inneren Auge bereits vor mir.

»Die Postleitzahl kann sich ändern, wenn man umzieht.«

Ich unterdrücke ein Grinsen. Norberts Postleitzahl wird sich nicht mehr ändern. In dem Friedwald, wo ich nach seinem Ableben einen Ruheort unter einem Baum für die Familie erwerben werde, spielt sie keine Rolle. Niemand wird ihm einen Brief dorthin senden.

Noch bevor Dirk mit den Getränken zurück ist, strömt die Film-Crew auf das Sonnendeck. Ich hätte nicht vermutet, dass die aus derart vielen Leuten besteht. Es müssen mindestens um die 20 sein. Sie schleppen fürchterlich viel Zeug an. Ganze Kabelrollen und große silberne Matten, schwarze Kästen und Kameras. Ulla hat sofort alles im Griff. Alle springen nach ihren Anweisungen.

Die Regisseurin hat sich hingesetzt. Eine gute Gelegenheit für mich, Sie zu fragen, was das denn eigentlich für ein Film ist, der da unter Mithilfe meines Mannes gedreht wird. Kaum habe ich mich erhoben, fegt Ulla herbei.

»Gut, dass Sie aufstehen. Hier können Sie natürlich nicht sitzen bleiben. Da wären Sie ja im Bild. Ich hatte Dirk klar gesagt, dass wir nur Ihren Mann brauchen. Dort hinten an der Reling, da können Sie sich hinsetzen. Und keinen Mucks will ich von Ihnen hören!«

Aus einigen Metern Entfernung beobachte ich, wie das Kamerateam und die Tonleute ihr Equipment aufbauen. Dirk hat Norbert das Getränk gebracht, mir ebenso. Im Gegensatz zu ihm darf ich meines trinken, denn es wird – genauso wie ich – im Film nicht zu sehen sein.

Während die Schauspielerin im roten Kleid schon wieder abgetupft wird, gibt die Regisseurin flüsternd ihre Anweisungen an ihre Assistentin weiter. Die scheint die Schnittstelle zwischen ihrer Chefin und der Crew zu sein, denn außer ihr spricht keiner mit der.

»Tom, hast du deinen Text parat?«, herrscht Ulla den Schauspieler an.

Der grinst. »Klar.«

»So wie gestern, ja? Ich fände es angemessen, wenn du dich auf deine Arbeit vorbereiten würdest. Du weißt ganz genau, wir haben nur 21 Drehtage. Ausfälle sind da nicht drin. Es gibt keinen Nachdreh. Das steht fest.«

Der mit Tom Angesprochene verneigt sich spöttisch. »Zu Befehl.«

»Wie ihr alle wisst, ist das Zeitfenster für das Bild, das wir hier oben drehen, ziemlich knapp. Also, reißt euch alle zusammen.«

Eine Frau fixiert auf Anweisung Ullas hin mit Klebeband zwei Punkte auf dem blanken Boden. Dorthin begibt sich das Schauspielerpaar.

»Also, Tom. Du hast den Text parat, ja?«

Tom nickt konzentriert.

Während das Paar einen Dialog spricht, fliegt eine Möwe laut kreischend darüber. Sie lässt etwas auf die rechte Schulter der Frau fallen.

»Aus! Aus! Möwenkacke. Wie blöd ist das denn! Konntest du dich nicht wegducken, Hanna?«, kreischt Ulla.

Geflissentlich eilt eine Frau aus dem Team herbei und beginnt, mit einem Lappen den Fleck zu entfernen.

»Das passt Ulla jetzt aber ziemlich gut in den Kram.«

Von mir unbemerkt hat sich Dirk neben mich gesetzt und flüstert.

»Aber wieso denn? Das kriegen die doch gar nicht raus.«

»Die pinselt der irgendwas drüber, und dann sieht man das nicht mehr. Kein Ding.«

»Aber weshalb sollte der Regieassistentin das recht sein?«

»Tom ist ihr Kerl. Und Hanna ...« Er schweigt bedeutungsvoll.

»... hat eine Affäre mit ihm?«

»Affäre trifft es nicht ganz. Tom hat die Scheidung eingereicht.«

»Woher wissen Sie das?«

»Am Set bleibt nichts geheim. Schon gar nicht, wer abends in welchen Wohnwagen schleicht.« Er lacht.

»Und bitte!«

Die Klappe knallt. Alle Anwesenden konzentrieren sich auf Hanna und Tom. Die beiden spielen, als ob die vielen Menschen um sie herum gar nicht da wären. Einer bedient die Kamera, während ein anderer unterstützend neben ihm steht. Der Tonmensch hält über seinem Kopf eine meterlange Stange, an deren Ende ein Püschelmikrofon befestigt ist.

»Danke! Kamera baut um.« Ulla nickt in die Runde. »Pause für fünf Minuten.«

Ich eile zu Norbert.

»Edelgard, ist das langweilig. Und zu trinken habe ich auch nichts. Immerhin hocke ich in der prallen Sonne.«

»Ich frage Dirk, ob er dir ein zweites Glas bringen kann, das du unter den Tisch stellst, wenn gedreht wird.«

Aber Dirk kommt schon, aufmerksam wie er ist, mit einer Wasserflasche. »Passen Sie bloß auf, dass die nicht im Bild ist.«

Als ich wieder auf meinem Platz sitze, wird die Szene zwischen Tom und Hanna von einem anderen Punkt aus gefilmt. Die beiden spielen exakt dasselbe noch mal.

Als der Standort der Kamera erneut verändert wird, gehe ich nach unten, um mir einen Kaffee zu holen. Auf dem Weg dorthin gehe ich in die Toilettenanlage. Während ich in der Kabine bin, höre ich die Tür klappen. Zwei Frauen kommen herein. Eine der beiden Stimmen gehört Ulla.

»Der Typ im Hintergrund macht sich gut, oder? Pass auf. Ich lass den nachher noch einen Satz sagen, das kommt im Film sicher gut. Den müssen wir dem aber aufschreiben. Allzu helle ist der nicht, zumindest macht er auf mich diesen Eindruck. Womöglich verhaspelt der sich gleich beim ersten Wort.«

Beide Frauen lachen.

»Aber ein Original ist er wirklich. Damit hast du recht. Alleine schon, wie er angezogen ist. So was sieht man wirklich selten.«

Ich wollte eigentlich gerade spülen, beschließe nun aber, weiter in der Kabine zu bleiben. Die beiden Frauen sprechen schließlich über meinen Mann! Die zweite muss die Regisseurin sein.

»Lass ihn irgendetwas Ulkiges sagen. Etwas, wobei das Publikum sich auf die Schenkel klopft vor Lachen. Am besten einen Scherz, den er selbst nicht versteht. Ich will unbedingt diesen unnachahmlichen Gesichtsausdruck von dem Kerl für die Kamera.«

»Mir fällt schon was ein, keine Sorge.« Sie lacht. »Das nächste Bild ist dann schon das mit dem Dolch, nicht wahr?«

»Hanna sticht auf Tom ein, weil sie durch ein Telefonat erfahren hat, dass er der Drahtzieher im Hintergrund ist, der ihren Vater in den finanziellen Ruin getrieben hat. Tom hat das Weingut daraufhin über einen Strohmann günstig übernommen.«

»Diese Winzertöchter sollte man nicht unterschätzen.«

»Was meinst du damit?«

»Ich denke, Ulla, du solltest Privates außen vor lassen. Du musst das vom Beruflichen trennen! Unbedingt. Vorhin hast du Tom ziemlich angeblafft.«

Ich habe genug gehört. Nachdem die beiden Damen ihre Türen verriegelt haben, verlasse ich meine Kabine. Die zweite ist die Regisseurin, dessen bin ich mir sicher. Ich schäume vor Wut. Die wollen Norbert als Trottel in den Film einbauen! Ein würdiges Denkmal für meinen Gemahl sieht anders aus. Ich beeile mich mit dem Händewaschen und trete auf den Gang hinaus. So ein Mist! Ich habe mir bereits ausgemalt, wie die anderen mich bewundern, weil Norbert Kleindarsteller war und unser Familienname in dem Abspann steht. Was die beiden Frauen planen, klingt aber ganz anders als das, was ich mir vorstelle. Nicht so sehr nach rühmlichem Andenken, sondern nach Witzfigur. Wer will schon als Witwe einer lächerlichen Person brillieren? Ich muss mir etwas einfallen lassen, um die beiden von ihrem Vorhaben abzubringen. Und zwar schnell.

Auf dem Flur steht eine große Kiste mit der Aufschrift »Requisiten«. In meinem Ärger würde ich sie gerne in den Rhein schubsen. Aber soeben kommen die beiden Frauen ebenfalls aus der Toilettenanlage. Ich husche schnell hinter einen großen Putzwagen und ducke mich.

»Ich geh schon mal an Deck. Dirk soll die Requisitenkiste nach oben bringen.«

»Klar. Sage ich ihm gleich.«

Nachdem die Schritte der Regisseurin nicht mehr zu hören sind, vernehme ich das Öffnen eines Deckels. Nach einem kurzen Moment klappt er wieder zu. Wieder höre ich Schritte auf der Treppe nach oben.

Ich beschließe, Sonnenmilch aus unserer Kabine zu holen. Jetzt, zur Mittagszeit, knallt die Sonne erbarmungslos auf das oberste Deck. Norbert bezeichnet seine Pigmentflecken immer scherzhaft als Rostflecken. Ich jedoch lege keinen gesteigerten Wert darauf, zu rosten, und schütze meine Haut prophylaktisch.

Oben wird mal wieder umgebaut. Ich überlege, wie ich es verhindern kann, dass diese Ulla meinen Mann als unrühmlichen Volltrottel in die nächste Szene einbaut. Während Dirk die Requisitenkiste, die er hochgeschleppt hat, abstellt, fällt es mir plötzlich wie Schuppen von den Augen. Endlich schlägt mein kriminalistischer Spürsinn, geschult durch nachhaltiges Kriminalromanelesen, an. Die Regisseurin hat doch davon gesprochen, Ulla solle ihren privaten Ärger außen vor lassen. Dirk wiederum hat mir erzählt, Tom, Ullas Ehemann, habe ein Verhältnis mit der Hauptdarstellerin. Und genau die soll nun in der nächsten Szene Tom erdolchen. Während die Regieassistentin mit dem Schauspielerpaar die Szene durchgeht und auch Norbert Anweisungen gibt, husche ich zu der Kiste. Ich öffne schnell den Deckel. In einem braunen Lederetui liegt ein Dolch bereit. Flink nehme ich ihn an mich und verberge ihn hinter meinem Rücken.

Wieder auf meinem Platz prüfe ich ihn heimlich unter dem Tisch. Er ist ziemlich spitz. Ich stoße ihn auf die Sitzfläche neben meinen Stuhl. Müsste da nicht die Klinge, wie bei einem Theaterdolch üblich, in den Schaft zurückweichen? Nichts dergleichen geschieht. Ich stecke ihn in meine Handtasche.

»Können wir drehen? Seid ihr alle bereit? Ton? Bild? Ja? Gut. Dann machen wir gleich die Klappe. Dirk, holst du den Dolch aus der Kiste?«

Ich beobachte Ulla ganz genau, während sie spricht. Sie wirkt angespannt auf mich.

»Hier ist kein Dolch.«

»Der Theaterdolch? Aber …« Ulla schweigt. Nur sie kann schließlich wissen, dass sie das Vorhandensein des Dolches kürzlich überprüft hat. Vielmehr, dass sie ihn ausgetauscht hat. Da bin ich mir sicher.

»Holst du unseren zweiten aus der Requisite?«, herrscht sie Dirk an.

Als sie an mir vorbei nach unten will, halte ich sie am Arm zurück. »Setzen Sie sich einen Moment zu mir.«

Ulla sieht mich fragend an.

»Wir beide haben etwas zu besprechen.«

»Nicht, dass ich wüsste.«

»Doch, doch. Glauben Sie mir.« Ich öffne meine Handtasche ein kleines Stück. Nur so weit, dass Ulla das Messer darin sehen kann. »Das haben Sie vorhin ausgetauscht, nicht wahr? Sie wollten, dass die Geliebte Ihres Mannes ihn ersticht.«

»Sie sind verrückt.«

»Das bin ich nicht. Aber meine Ohren sind ziemlich gut, wissen Sie. Sie haben vorhin, nachdem Sie auf der Toilette waren, an der Kiste herumhantiert. Sie haben sie geöffnet und dann wieder geschlossen. Das habe ich ganz genau gehört. Und das hier«, ich zeige auf meine Tasche, »ist kein harmloser Theaterdolch. Das wissen wir beide ganz genau.«

»Was wollen Sie von mir?«

»Erst mal will ich einen Mord an Bord verhindern. Nun gucken Sie sich die beiden an, ihren Tom und diese Hanna. Die zwei passen doch vorzüglich zusammen.«

Ich spüre ihren Atem an meinem Oberarm. Am liebsten würde sie mir an die Gurgel gehen, das fühle ich. Ich ziehe Norberts Gagenschein aus meiner Handtasche und male kühn vor die 500 eine 1. »Ihr ursprüngliches Vorhaben, meinen Mann als sogenanntes Original auftreten zu lassen, vergessen Sie sofort. Vielmehr sorgen Sie dafür, dass wir beide im Bild sind. Während die Kamera uns zeigt, sage ich zu meinem Mann, wie toll hier die Aussicht ist. Er sagt daraufhin: ›Wie recht du damit hast, Edelgard.‹« Zu dem Abrechnungszettel lege ich meinen Kugelschreiber und tippe auf das Feld, das für Ihre Unterschrift vorgesehen ist.

Danach stecke ich ihn in meine Handtasche. »Sie werden verstehen, dass ich ihn persönlich bei der Abrechnungsfirma einreiche. Den Dolch behalte ich. Ich gehe davon aus, dass Ihre Fingerabdrücke da drauf sind. Das ist für mich die Versicherung, dass Sie Ihre Regisseurin vom veränderten Einsatz meines Mannes überzeugen.«

Als Dirk mit dem Ersatz-Theaterdolch auf das Deck hechtet, hat Ulla sich bis auf einige rote Flecken am Hals wieder unter Kontrolle. »Frau Buchmann«, ruft sie mir für alle hörbar zu. »Ich habe soeben eine Idee. Setzen Sie sich neben Ihren Mann. Herr Buchmann, den Zettel, den ich Ihnen vorhin gab, verwenden Sie als Fischfutter. Ihre Frau hatte soeben eine reizende Idee für die nächste Szene.« An Hanna gewandt sagt sie: »Hast du jetzt endlich deinen Dolch? Gut, dann können wir weitermachen. Ton, Bild, alles klar? Alle auf ihrem Platz? Und bitte! Wir drehen!«

DER RHEIN

Die Quelle des Rheins liegt auf dem Massiv des Sankt Gotthard. Auf dem großen Parkplatz bei der neu renovierten Herberge mit der hübschen kleinen Kapelle weist ein Hinweisschild den Weg. Bereits vor Hunderten von Jahren übernachteten Pilger hier auf der Reise nach Rom. Da es dort oben ziemlich kalt werden kann, war es den Mönchen, welche die Herberge bewirtschafteten, entgegen ihrer Ordensregel erlaubt, die Füße zu bekleiden. Wer selbst einmal bei bereits frühlingshaften Temperaturen im Tal die Serpentinen hochfuhr und oben von am Straßenrand meterhoch aufgetürmten Schneebergen und eisigem Wind empfangen wurde, kann dies nachvollziehen.

Auf seiner langen Reise durchquert der Fluss den Bodensee, prägt als Lebensader verschiedene Landschaften in Deutschland. Am Oberrhein liegen Städte wie Karlsruhe, Mannheim und Ludwigshafen.

Die Kulturlandschaft des Mittelrheins mit ihren Burgen und Uferpromenaden ist Romantik pur. Am Niederrhein dann liegen beispielsweise Duisburg und Kleve. In den Niederlanden mündet der Strom in die Nordsee.

EIN GANZ BESONDERER SAFT
(SAAR; SAARBRÜCKEN)

»Frau Buchmann, wir müssen uns unbedingt wieder einmal im real life treffen. In Saarbrücken ist eine gute Gelegenheit.«

»Und wo in Saarbrücken?«

»Ich komme zu Ihnen an Bord.«

»Aber …«

»Weil ich seekrank werde?« Marja Schnitter lacht. »Keine Sorge, ich fahre nicht mit.«

»Sie kommen nur kurz? Während der Liegezeit?«

»Genau, so ist es. Haben Sie schon von Gerwulf Habersack gehört?«

»Klar. Über den wird überall berichtet. Man kommt gar nicht umhin, das mitzukriegen.«

»Was halten Sie von ihm?«

»Keine Ahnung. Ich bin ihm ja noch nicht begegnet.«

»Und von seiner Idee?«

»Also, eher merkwürdig. Ist nicht so meins.«

»Glauben Sie, dass es funktioniert?«

»Ehrlich gesagt, nein. Ich bin nicht so der esoterische Typ.«

Sie lacht. »Stimmt, Frau Buchmann. Sie sind down to earth.«

Ihrem Tonfall kann ich nicht entnehmen, ob sie das gut findet oder nicht.

Sie bemerkt meine Gesprächspause und schiebt rasch nach: »Sie sind völlig in Ordnung, Frau Buchmann. Ich habe eher den Verdacht, dass all den Berichterstattern der Wein zu Kopfe steigt, den sie bei den Veranstaltungen serviert bekommen. Es ist so ein Wahnsinnshype. Mein Gefühl sagt mir, da stimmt etwas nicht. Genau das will ich herausbekommen.«

Die investigative Seite von Marja Schnitter kommt mal wieder zutage.

»Und das können Sie an Bord?«

»So ist es. Es wird nämlich während Ihrer nächsten Reise ein ganz besonderes Event geben, das bislang noch nicht öffentlich ist. Als Überraschung sozusagen.«

»Woher wissen Sie davon?«

Sie lacht erneut. »Das spielt keine Rolle. Jedenfalls wird Ihr Schiff in Saarbrücken mehrere Stunden anlegen. Gerwulf Habersack wird die Küche entern und sein ganz besonderes Menü zaubern.«

»Für die Passagiere?«

»Genau. Und ein paar weitere ausgewählte Gäste. Aber top secret. Die Reisenden erfahren das erst an dem betreffenden Tag.«

Mir wird mulmig. »Das heißt, er nimmt mir Blut ab?«

»Es soll nur ein kleiner Pieks in den Finger sein.«

»Ich glaube nicht an diesen Humbug. Und stechen lasse ich mich schon gar nicht. Wie kommt der dazu, ein Loch in meinen Finger zu machen?«

»Das verbindet uns, Frau Buchmann. Ich selbst glaube nämlich auch nicht daran. Irgendetwas ist da faul. Und deshalb will ich ihm auf die Schliche kommen, dem neuen Stern am Kochhimmel, und eine Reportage über ihn schreiben. Er wird demnächst ein neues Restaurant eröffnen, zusätzlich zu dem, das er bislang betreibt. Ein Gourmet-Tempel, auch architektonisch äußerst beeindruckend. Es soll schon jetzt Anmeldungen für mehrere Monate im Voraus geben, obwohl der Laden noch gar nicht fertig ist.«

*

Er hatte es von Anfang an gewusst! Die Umsetzung seiner Idee war der Renner schlechthin und übertraf sogar seine eigenen Erwartungen. Selbst sein alter Professor, zu dessen 80. Geburtstag er die Laudatio gehalten hatte, behauptete, er habe das im Urin, es sei genial. Er hatte ihn schon immer wegen seiner kernigen Ausdruckweise geschätzt. Professor Dr. hc. mult. Wernekrotz brachte unverschnörkelt das Wesentliche des Lebens auf den Punkt. Reduziert und glasklar. Was man nicht allen, die das Fach Philosophie an der ehrwürdigen Alma Mater unterrichteten, nachsagen konnte.

Von dem sensationellen Erfolg war Gerwulf Habersack jedoch selbst überrascht. Es erwies sich im Nachhinein als ziemlich clever, damals fächerübergreifend ein paar Vorlesungen im Fach Marketing bei den Betriebswirtschaftlern gehört zu haben. Die Professorin hatte es voll draufgehabt. Ihre besten Kniffe für virales Marketing hatte er sich gemerkt und setzte sie jetzt selbst überaus geschickt ein.

Kaum jemand hatte ihm, dem Branchenfremden, diesen Erfolg zugetraut, vor allem nicht sein Schwiegervater. Der hatte bei der Hochzeit sogar auf einem Ehevertrag bestanden. Pech für Nadja, denn seine Aktien stiegen derzeit täglich. Der Alte, hart wie Kruppstahl, ärgerte sich grün und blau. Was er ihm von Herzen gönnte. Zumindest erzählte ihm Nadja das, wenn sie von den Pflichtbesuchen bei ihm zurückkehrte. Nadja. Anfangs hatte er es als Sport betrachtet, die verwöhnte Erbin aus reichem Hause für sich zu gewinnen. Inzwischen langweilte er sich während der wenigen Zeit, die er mit ihr gemeinsam verbrachte. Auch verstärkte sich in ihm immer mehr der Verdacht, sie habe dem alten Patriarchen mit ihrer Wahl eins auswischen wollen. Ein schwaches und zudem mehr und mehr wankendes Fundament für eine Ehe. Da war es für ihn ein richtiger Glücksfall, Zeitmangel wegen seiner vielen Arbeit vorschieben zu können. Die Entfremdung von Nadja fand er nicht schlimm. Wenn sich sein Geschäft derart weiterentwickelte, überstieg sein Vermögen ihres bald bei Weitem.

Für heute hatte sich ein Fernsehteam angesagt. Er hatte den Termin bis ins Detail geplant. Alles würde perfekt sein. Selbstverständlich war eine weltweite Expansion geplant. Er hatte China im Visier. Dort lag seiner Ansicht nach die Zukunft. Während Europa auf dem besten Weg war, technisch und wirtschaftlich abgehängt zu werden, ach was, es längst schon war, erwuchs dort eine neue Mittelschicht. Genau die sprach er mit seiner besonderen Art von Erlebnisgastronomie an. Und wer war schon in der Lage, in die Zukunft zu schauen? Womöglich ließ sich aus dem einen Fernsehtermin heute eine eigene Kochshow kreieren! Gerwulf betrachtete sein Spiegelbild. Er war zufrieden mit seiner Erscheinung, vor allem, seit er sich auf Anraten seines Hautarztes, den er wegen eines Vorsorgetermins aufgesucht hatte, regelmäßig geringe Mengen Botox in verschiedene Gesichtspartien injizieren ließ. Während er eines Tages in der Praxis auf die Behandlung gewartet hatte, war ihm dieser Einfall gekommen, der sich nach und nach zu einer festen Idee manifestiert hatte und nun abging wie eine Rakete. Er strich durch sein volles Haar und lächelte sich selbst im Spiegel zu. Was er sah, war ein Gewinnerlächeln. Unbedingt.

Stolz betrachtete er seine Küche. Alles war vom Feinsten. Das Chrom hochglänzend geputzt, der Steinboden mit Kreide ausgeschlemmt. Die Bodenplatten stammten aus einem alten Gutshof. Beinahe wären sie für immer verloren gewesen, gerade noch rechtzeitig hatte er ebenfalls ein paar der alten Möbel erwerben können. Sie verliehen dem ansonsten schlicht gehaltenen Gastraum ein ganz spezielles Flair. Altes und Neues zu verbinden, war nämlich sein Credo. Dabei lebte er voll in der Gegenwart. Die Zukunft jedoch fest im Fokus. So stand seine Lebensphilosophie auf der Homepage seines Restaurants für alle zu lesen. »Wegweisend« war sein Lieblingstopos.

Er genoss die stille Zeit, bevor in der Küche Leben einzog. Hier gelang es ihm, tadellos Ordnung zu halten. Jedes Messer lag an seinem Platz. Griffbereit. Punkt 11 Uhr legte seine Crew los, bevor das Allerheiligste, so bezeichnete er den Speiseraum, geöffnet wurde. Die Warteliste war lang. Es konnte bis zu drei Monate dauern, bis man einen Platz bekam.

Als ihm das Genialische beim Arzt eingefallen war, hatte er kaum die Behandlung abwarten können. Erregt war er danach aufgesprungen und hatte dabei ungestüm einen Stuhl umgestoßen. Beinahe wäre der Arzt ebenfalls zu Boden gegangen. Ein beherzter Griff der Arzthelferin hatte ihn vor dem Sturz bewahrt.

*

»Ich soll mir vor dem Essen Blut abnehmen lassen? Spinnst du komplett?« Norbert fasst sich wehleidig an seine Armbeuge.

»Doch nicht einen Liter! Meine Güte. Was du gleich schon wieder denkst. Nur einen einzigen Tropfen aus deinem Finger.«

»Einen Tropfen? Aber wozu? Füttern die die Mücken damit?«

Ich rolle mit den Augen. Norbert ist mal wieder so etwas von begriffsstutzig.

»Das Tolle an dieser Art von Kochkunst ist, dass das Essen völlig auf deine Blutwerte abgestimmt ist. Also, es werden genau die Zutaten ausgewählt, die dir guttun.«

Norbert verzieht sein Gesicht. »Ich weiß selbst, was mir guttut. Am besten bekommt mir ein Schmalzbrot. Mit Grieben. So wie es meine Oma immer für mich zubereitet hat. Da brauche ich keinen solchen aufgeblasenen Hokuspokus.«

»Weshalb Hokuspokus? Die tragen deinen Tropfen auf einen Glasträger auf. Anschließend bestimmen Sie mithilfe eines Schnelltests deine Blutwerte.«

»Das soll funktionieren? Da bin ich sehr skeptisch. Wenn meine Ärztin die Laborwerte ermitteln lässt, dauert das immer drei Tage, bis sie die Ergebnisse hat.«

Wie kann ich Norbert bloß dazu bewegen, mich zu dem Essen zu begleiten? Ich lege meinen letzten Trumpf auf den Tisch.

»Marja wird dabei sein.«

»Marja lässt sich in den Finger pieksen?«

»Also, es ist so …« Wie soll ich ihm das bloß erklären, ohne zu viel zu verraten?

»Du willst mir nicht ernsthaft erzählen, Marja glaube

an so etwas? Nein, nein. Bestimmt nicht. So klug, wie die ist.« Nach einer Pause fügt er zögerlich hinzu: »Kommt ihr Mann ebenfalls mit?«

»Ihr Mann? Nein, ich glaube nicht. Der begleitet sie nie, wenn sie arbeitet.«

»Verstehe, Marja ist etwas auf der Spur.«

Mist, nun habe ich mich verplappert. Eigentlich wollten wir Norbert nicht in Marjas Recherchen einweihen.

»Sie glaubt nicht an den Firlefanz, den dieser Gerwulf um sein Essen herum veranstaltet?«

»Medizinisch …«

»Seine Argumentation klingt eher nach der eines Heilpraktikers.«

»Woher willst du das denn wissen?«

Norbert tippt auf seine Wochenzeitung. »Die schreiben einen ausführlichen Artikel über sein Restaurant.«

»Und was ziehen die für ein Resümee?«

»Die stellen lediglich unvoreingenommen sein Restaurant vor. Aber was will Marja?«

»Ehrlich gesagt weiß ich es nicht so genau. Sicher ist, dass sie ihn für einen großartigen Täuscher hält.«

Der erste Tag auf einem Schiff ist immer etwas ganz Besonderes. Alles ist neu, jedes Schiff hat für mich eine andere Seele. Beinahe meine ich schon, jede Maschine klingt anders. Dabei ist wirklich jede Reise verschieden von den anderen. Allein schon die Städte, in denen wir zusteigen und in die wir Landgänge unternehmen. Jeder Fluss zeichnet seine eigene Landschaft, gemalt im Laufe vieler Jahrhunderte. Deutschland ist ein überaus schönes Land mit abwechslungsreichen Regionen, ich persönlich mache ausgesprochen gerne hier Urlaub. Wenngleich ich es gut finde, einen polyglotten Sohn zu haben. Vielleicht sollte ich ihn bald einmal in Stockholm besuchen? Die Fotos, die Julian auf mein Smartphone sendet, sind sehr überzeugend. Vor allem die Schären würde ich mir gerne ansehen.

Für halb vier ist der Nachmittagstee angesetzt, nachdem bis 15 Uhr eingecheckt wurde. Unsere Mitreisenden staunen nicht schlecht, als ihnen unsere Hausdame den Ablauf des heutigen Abendessens vorstellt.

»Gerwulf Habersack ist der angesagteste Koch Deutschlands. Sie werden noch lange an diesen Abend zurückdenken.«

Wie richtig sie mit dieser Aussage liegt, weiß sie in dem Moment selbst noch nicht.

»Wann kommt Marja?«, flüstert mir Norbert ins Ohr. Vor ihm steht ein Glas Zitronenlimonade. Die Erwartung unseres Spezialgastes lässt ihn Abstand von seinem Nachmittagsbier nehmen, welches er sich im Urlaub zu gönnen pflegt. Er scheint zu planen, ihr komplett nüchtern zu begegnen.

»Sie kommt eine halbe Stunde vor dem Einlass in den Speisesaal zu uns in die Kabine. Ich habe ihr eine SMS mit unserer Nummer gesandt.«

Norbert nickt. »Und nach dem Essen geht sie von Bord?«

»Du weißt ganz genau, sie kann nur auf dem Schiff bleiben, solange es liegt. Sobald es fährt, wird sie seekrank.«

»Schade.«

Marja sieht in ihrem grünen Kleid bezaubernd aus. Dazu trägt sie silberne Ohrstecker mit Strass-Steinen. Norbert ist mal wieder völlig hingerissen von ihr. Für mein Dafürhalten eine Spur zu sehr. Eine sehr breite Spur, wenn mir diese Bemerkung gestattet ist.

»Was genau haben Sie vor?«, will er wissen.

»Ich will aufdecken, dass es ein riesengroßer Humbug ist, mit dem er sein Geld verdient. Ich glaube nicht daran.«

»Und die Wirkung? Etliche Gäste seines Restaurants sagen aus, es ginge ihnen nach dem Essen bei ihm tagelang besser.«

»Entweder hat er sie hypnotisiert oder ihre Aussagen sind gekauft.«

»Oder die plappern irgendwas nach, was ihnen vorgegeben wird?« Ich schalte mich in das Gespräch ein.

»Von Influencern, ja. Die lädt er zuhauf kostenlos ein.«

»Ich weiß, was das ist.« Norberts Gesicht glänzt vor Stolz. »Das sind Meinungsbilder.«

»Genau. Er hat auch eigene Accounts in den sozialen Netzwerken mit Tausenden von Followern. Das lässt sich alles in Geld umsetzen.«

»Aber was ist daran schlecht?«, will Norbert wissen.

»Er verarscht die Leute nur.«

»Können Sie ihm das beweisen?«

»Das ist es ja. In sein Restaurant kommen nur von ihm selbst handverlesene Journalisten. Ich habe schon mehrmals versucht, mich auf die Gästeliste setzen zu lassen.«

»Wie haben Sie es heute geschafft?«

Sie lacht. »Heute hat der Superkoch keinen Einfluss auf die Gästeliste. Das lief über die Reederei.«

»Was haben Sie vor?«

»Ich dachte, ich sehe mich ein wenig um.«

Mir ist klar, dass sie damit nicht das Sonnendeck meint. »Die Küche liegt unten im Schiff.«

»Logisch. Den Platz über Wasser nutzt man für die Gäste.«

»Seien Sie bloß vorsichtig. Wenn da Geld im Spiel ist, sind manche Leute zu allem bereit.« Norbert ist plötzlich ganz fürsorglich.

»Danke, Herr Buchmann. Ich weiß Ihre Sorge zu schätzen. Da passt es ganz hervorragend, dass ich mich für die Gästeliste als Freundin Ihrer Nichte ausgegeben habe. So kam ich ganz einfach zu diesem Abend an Bord.«

Ich blicke auf meine Armbanduhr. »Wir sollten uns auf den Weg machen. Es geht gleich los.«

Um in den Speisesaal zu kommen, müssen wir an einem kleinen Tisch vorbei. An diesem sitzt tatsächlich ein junger Mann, der jeden Einzelnen mit einer jeweils frischen Nadel in den Finger piekt, um dann blitzschnell den Tropfen Blut in einem kleinen Glasröhrchen aufzufangen, welches er zuvor mithilfe eines Spezialstiftes mit dem Namen des Spenders beschriftet hat.

»Der kleine Vampir«, raunt Norbert mir zu.

Ich werfe ihm einen mahnenden Blick zu. Ich finde, wir sollten möglichst unauffällig bleiben, und hoffe, Marja wird dies an diesem Abend ebenfalls gelingen.

Da Marja bei ihrer Reservierung für dieses besondere Essen angegeben hat, eine Freundin unserer Nichte zu sein, sitzt sie bei uns am Tisch. Kaum haben wir Platz genommen, gesellen sich zwei ältere Damen hinzu.

»Wie aufregend!«, sagt die eine der beiden. Über ihrem hageren Gesicht streben dichte graue kurze Haare in alle Richtungen. Sie trägt ein buntes Brillengestell mit dicken Gläsern.

»Darum werden uns zu Hause alle beneiden«, bekräftigt die zweite.

»Und wie! Ich höre sie jetzt schon über uns reden!«

»Wo sind Sie denn zu Hause?« Marja ist im Verhörmodus.

»In der Eifel.«

»Also da, wo kaum etwas los ist«, ergänzt die mit der
bunten Brille kichernd. »Wir sind beide verwitwet. Seit wir
unsere Männer los … äh, seit wir alleinstehend sind, verreisen wir gemeinsam. Wir kennen uns seit unserer Schulzeit.«

Ich beneide die beiden um ihren Familienstatus. Obwohl
ich durchaus nicht vorhabe, sobald ich ebenfalls verwitwet
sein werde, mit einer älteren Schreckschraube zu verreisen, die sich im vermeintlichen Neid ihrer Nachbarn sonnt.
Da kann ich ja gleich Norbert behalten, der wenigstens
sein Leben nicht daran orientiert, was irgendjemand von
ihm halten könnte.

»Wie haben Sie von dem Abend gehört?« Marja ist neugierig wie immer.

»Wir haben das erst heute Nachmittag erfahren. Als wir
die Reise gebucht haben, wussten wir nichts davon. So ein
Glück! Nein, ausgerechnet so einen Abend zu erleben!
Das ist doch mal was.«

Ihre Freundin ergänzt: »Wir machen diese Flussfahrt
schon zum dritten Mal. Die Saarschleife müssen Sie unbedingt von oben sehen, bei Mettlach wird die Möglichkeit
zum Landgang bestehen. Wunderschön, sage ich Ihnen,
wunderschön! Bei der Anreise haben wir selbstverständlich das Saarbrücker Schloss gesehen.«

»Wir sind über Kaiserslautern angereist und haben dort
die Kirche Sankt Martin besucht. Eine der bedeutendsten
Kirchen der Pfalz.« Die Frau soll bloß nicht denken, dass
wir uns in der Gegend nicht auskennen!

»Die steht direkt am Marktplatz. Dort haben wir eine
Salami erworben. Die beste, die ich seit Langem genos-

sen habe.« Norbert schwelgt in Erinnerungen, dabei weiß ich ganz genau, dass die Hälfte der Wurst noch in seinem Koffer steckt.

Die Frau ignoriert unsere Reiseerfahrungen und betrachtet das Pflaster an ihrem Finger. »Und dann heute noch völlig überraschend dieses ganz besondere Abendessen. Ich bin schon so aufgeregt.«

Solch ein Pflaster tragen wir übrigens ebenso. Selbst Norbert. Um Marja zu begleiten, hätte er sich bestimmt auch einen halben Liter Blut aus seiner Armbeuge entnehmen lassen.

»Was wohl serviert wird?« Die Frau zupft an ihrem Pflaster.

»Hoffentlich etwas Ordentliches. Etwas, das sättigt. Wo ich nicht nach eineinhalb Stunden gleich wieder Hunger bekomme.«

Das kam ausgerechnet von meinem Mann, bei dem so etwas wie ein Hungergefühl gar nicht erst entstehen kann, da er ohnehin ständig etwas nachlegt.

»Würden Sie an diesem Essen teilnehmen, wenn Sie nicht auf dieser Reise wären?« Marja lächelt verbindlich.

»Wo denken Sie hin! Unbedingt. Welch eine Frage! So eine Gelegenheit, etwas Besonderes zu erleben, bekommt man schließlich nicht alle Tage.«

Die Stewardess nähert sich und fragt nach unseren Getränkewünschen. Norbert hat sich im Griff und bestellt für sich ein Mineralwasser. Ich kann es kaum glauben! Vermutlich wälzt er sich wegen des fehlenden Bier-Konsums heute Nacht wieder stundenlang auf der Matratze und hält mich aufgrund der schwankenden Bewegungen unseres gemeinsamen Ruhelagers vom Schlaf ab.

Marja ordert ebenfalls ein Wasser, die beiden Eifel-

Frauen bestellen Sekt. Ich frage mich, ob das zum Essen passt? Aber da verlangen sie nach einer Flasche Mineralwasser. Das perlende Getränk ist ihr Aperitif.

»Eine Rhabarber-Limo«, höre ich mich sagen.

Norbert guckt mich erstaunt an.

»Ein Abend voller Überraschungen. Da kann ich ein neues Getränk kosten.«

Marja strahlt. »Gut so, Frau Buchmann.« Sie zwinkert mir zu.

Sie wird – zu Recht – vermuten, dass die Limonade Erwähnung in meinem Blogartikel über diese Reise von Saarbrücken bis Trier finden wird. Ich habe es mir nämlich angewöhnt, für meine Reiseartikel alte Wege zu verlassen und Neues zu testen. Es muss ja nicht gleich ein Känguru- oder Krokodilstcak sein, das ich koste, um dann den Geschmack zu beschreiben. Rhabarber-Limo tut es auch.

Als wir dann die Suppen serviert bekommen, staunen wir. Denn tatsächlich hat beinahe jede der fünf Personen, die an unserem Tisch sitzen, eine Suppe in einer anderen Farbe.

»Was ist das?« Norbert starrt hektisch auf seinen Teller, in dem sich etwas Grünes mit weißen Flocken befindet. So, als ob da drin ein kleines Tier säße, das es zu bezwingen gilt.

»Wäre gut, wenn man so eine Art Menükarte dazubekäme«, moniert die Dame mit der ungebändigten Kurzhaarfrisur.

»Das will er wahrscheinlich nicht. Denn dann können Sie es ja zu Hause nachkochen.« Marja guckt ebenfalls skeptisch auf ihren Teller, in dem sich eine cremige rötliche Masse befindet.

»Was ist, wenn ich Allergien habe?« Die Frau ist beharrlich.

»Dazu sollten Sie die Stewardess interviewen.«

»Eine Allergenliste?«, meint die freundliche Dame, nachdem sie an unseren Tisch gewunken wurde. »Aber Sie haben bei der Anmeldung bereits Ihre Allergien und Unverträglichkeiten angegeben. Die wurden selbstverständlich berücksichtigt. Aber seien Sie ganz beruhigt, ich habe eine Erste-Hilfe-Ausbildung. So wie fünf weitere meiner Kolleginnen und Kollegen. Sie sind hier in guten Händen.«

»Das will ich doch hoffen.« Beherzt taucht sie ihren Löffel in eine senffarbene Suppe, auf der ein paar Sonnenblumenkerne schwimmen.

»Vogelnahrung, schau«, meint ihre Freundin dazu. Ihre Suppe weist eine orangefarbene Tönung auf.

Meine Suppe hat dieselbe Farbe wie die meines Mannes.

»Willst du deine Suppe nicht endlich kosten, Edelgard? Dann kannst du mir sagen, um was es sich handelt.«

Ich tunke meinen Löffel in die Suppe und benetze meine Zunge mit der Flüssigkeit. »Bärlauch. Eindeutig.«

»Und das weiße Zeug da?« Norbert zeigt auf die Flocken.

»Keine Ahnung. Vielleicht Proteine?«

»Pro-was? Ein Schmalzbrot wäre mir lieber. Ein gutes Steinofenbrot. Mit weißem Schmalz, Grieben und einer Prise Salz.«

»Wie damals, bei deiner Oma.«

»Die konnte das am besten. Wissen Sie«, er wendet sich an Marja, »die hat das Schmalz nämlich selbst gemacht.«

»Es riecht etwas gewöhnungsbedürftig, Schweinebauch auszukochen«, sage ich.

»Wie ausgekochte alte Socken.« Norbert kichert.

Woher weiß er, wie ausgekochte alte Socken riechen? Komisch. Aus meinem Haushalt sicherlich nicht. Bei mir ist nämlich immer alles tadellos in Ordnung. Selbst Schwiegermutti findet nichts in unserem Haus, was sie monieren könnte. In puncto akribischer Sauberkeit lässt sich bei mir nichts bemängeln. Ganz im Gegenteil ist es so, dass ich ihr hin und wieder Schwachstellen aufzeigen kann, zum Beispiel neulich das nur unzulänglich sauber gemachte Flusensieb ihres Trockners.

Kaum sind die Suppenteller entfernt worden, kommen schon unsere Hauptgerichte. Vor mir steht Pasta mit Soße. Die beiden ältlichen Damen haben verschiedene Fischgerichte. Marja darf sich über ein Rumpsteak freuen. Aber was hat Norbert bekommen? Nur mit Mühe unterdrücke ich einen lauten Lachanfall.

Norbert blickt missmutig auf seinen Teller. Gemischter Salat mit Joghurtdressing.

»Wollen wir tauschen?«, fragt Marja.

Die Dame mit der bunten Brille wendet ein: »Aber Sie können nicht einfach die Essen vertauschen! Das geht auf gar keinen Fall!«

Ihre Freundin pflichtet ihr bei. »Dann war es doch ganz umsonst, dass man Ihnen Blut abgenommen und analysiert hat. Dann hätten Sie gleich an irgendeine Pommesbude gehen können.«

Marja runzelt die Stirn und gibt den beiden keine Antwort. Mit beherztem Griff fasst sie nach Norberts Teller und schiebt ihm im Gegenzug ihren hin. »Ich bin nicht so scharf auf Steaks.«

»Sie essen vermutlich zu viel Salat. Ich tippe auf Eisenmangel.« Die Frau mit der bunten Brille zerteilt ihren Fisch.

Marja wendet sich an mich und flüstert mir zu: »Die bereiten jetzt in der Küche das Dessert zu.« Laut sagt sie: »Ich darf mich kurz entschuldigen. Ich muss mein Näschen pudern.«

Ich nicke ihr zu und hoffe, dass alles gut geht. So wie ich sie einschätze, wird sie nun versuchen, dem Geheimnis der Blutwerte-Küche auf die Spur zu kommen. In Gedanken gebe ich ihr zehn Minuten. Dann werde ich nach ihr gucken.

»Ich hatte etwas Französisches erwartet.« Norbert zerteilt sein Steak. »Wo wir so nah an der Grenze sind. Zum Beispiel ein Boeuf de Bourguignon.«

*

Marja schleicht über die Treppe ins Unterdeck. Dort sind neben den Kabinen für das Personal die Wirtschaftsräume für den Hotelbetrieb des Schiffes untergebracht. »Staff only« steht auf der Tür. Als ob dies ein Grund für investigative Journalistinnen wäre, sie nicht zu öffnen und hindurchzugehen! Rasch blickt sie hinter sich, ob ihr nicht doch jemand gefolgt ist.

Vor ihr liegt ein Flur, der schmaler ist als der im darüberliegenden Deck, wo die Passagiere übernachten. Der Boden ist mit einem braun gesprenkelten Teppich ausgelegt. Die schmalen Türen auf der linken Seite sind ebenfalls in der Farbe braun gehalten. Zu ihrer Freude sieht sie niemanden.

Marja bewegt sich langsam, versucht, keine Geräusche zu produzieren. Auf der rechten Seite steht eine Tür offen. Es ist die Wäscherei. Die Trommeln dreier Waschmaschinen mit einem imposanten Fassungsvermögen drehen sich um die Wette. In der Reihe gegenüber befinden sich die Trockner. Auch sie übersteigen die Größe ihrer Pendants aus Haushalten. Auf der Rückseite der Waschmaschinen stehen offene Holzregale. Durch die hindurch ist der Rücken eines feingliedrigen Mannes zu sehen, der, sich über ein Bügelbrett beugend, mit einem heißen Eisen Bettbezüge bearbeitet. Der Mann ist gut eine Kopflänge kleiner als Marja.

Sie schleicht unbemerkt weiter. Da hinten, ungefähr 15 Meter weiter, die breite Stahltür, neben der sich Kartons stapeln. Ob sich dahinter die Küche versteckt? Die Tür geht auf.

Marja drückt schnell und leise die nächstgelegene Tür auf. Es sieht aus wie die Küche für die Belegschaft. Eine einfache Küchenzeile, gegenüber eine Sitzgruppe, die ihre besten Tage hinter sich hat. An der Wand sind Bierkisten übereinandergestapelt. Marjas Blick bleibt an etwas haften. Auf dem Resopaltisch steht ein Tablett. Das hat sie heute schon mal gesehen. Genau, das stand am Eingang zum Speisesaal. Sie geht näher an den Tisch heran, um das, was auf dem Tablett liegt, genauer zu betrachten. Es sind die winzigen Glasröhrchen mit den Blutstropfen. Weshalb wurden sie achtlos in der Mannschaftskabine abgestellt?

Wieder auf dem Flur geht sie nach hinten und betrachtet die Kartons, die keine Aufschrift haben, genauer. Sie reißt den oberen auf und entnimmt eine kleine Packung. Es ist ein Fertiggericht. Hastig greift sie nach mehreren Packungen. Es sind allesamt fertige Gerichte, aber verschiedene. Was hat das zu bedeuten? Gerwulf Habersack wird doch nicht etwa …

Sie spürt einen Arm auf ihrem. »Hab zu viel dabei. Haben wohl die falsche Gästezahl durchgegeben. Ich bringe das nachher selbst nach oben.«

»Aber … Sie kochen frisch?«

»Klar. Was dachten Sie denn?«

»Und das hier?«

»Wer sagt Ihnen, dass ich das nicht selbst zubereitet habe?« Spott liegt in seinen Augen. »Das müssten Sie erst mal beweisen.«

»Die Bluttests?« Sie zeigt in die Personalküche.

»Die sind bereits ausgewertet.«

»Wo sind die Schnelltests? Ich sehe keine.«

»Mädchen. Dazu brauche ich nichts außer meinem Blick. Verstehen Sie? Ich habe das im Blick. Alles.« Er macht einen Schritt auf sie zu.

Marja strafft ihren Rücken. »Das heißt also, es gibt gar keine Untersuchungen des Blutes? Ihr Essen wird auf keine Blutwerte abgestimmt?«

»Doch, natürlich.«

»Wenn Sie gar keine Tests machen?«

»Ich sehe, was die Leute für Blutwerte haben. Vor Ihnen steht ein Genie. Das können Sie getrost glauben. Und hier sehe ich eine kleine Schnüfflerin, die sich wichtigmacht.« Er packt sie am Arm.

»Das werden Sie nicht wagen!«

»So dünne Mädchen wie Sie werden leicht seekrank. Ich habe da ein Pflaster dagegen. Das habe ich immer einstecken, wenn ich auf einem Schiff bin. Manchmal wird mir nämlich übel.« Er blickt ihr direkt in die Augen. »Kotzübel, um genau zu sein.«

Er drückt sie hart gegen die Wand, grapscht mit seiner Hand in den Rückenausschnitt ihres Kleides.

»Weißt du was? Ich nehme zwei. Sicher ist sicher.«

Dann schiebt er sie in die Mannschaftsküche, wo er sie auf einen Stuhl drückt.

»Wir beide bleiben jetzt schön hier sitzen.«

Nach ein paar Minuten, in denen sie sich nicht zu erheben wagt, weil der Hüne mit seinen Riesenpranken böse blickend ihr direkt gegenübersitzt, spürt Marja ihr Herz rasen. Gleichzeitig wird ihr schwindelig. Schweiß bricht aus. Ihre Zunge fühlt sich taub an, wie eine tote Schnecke in einem trockenen Raum. Sie möchte sprechen, bringt aber kein Wort hervor.

»Chef! Das Dessert wäre dann so weit.« Die Tür zur Bordküche gleitet auf, eine rothaarige Frau blickt sich suchend um.

»Komm gleich«, gibt ihr Gerwulf zu verstehen. Als er sich Marja wieder zuwendet, umspielt ein geringschätziges Lächeln seinen Mund: »Du kannst eh nicht mehr aufstehen, also lasse ich dich hier sitzen. Dein Telefon nehme ich mit. Nicht, dass du auf dumme Gedanken kommst und jemanden anrufst. Mach dir keine Sorgen, ist nur ein ganz gewöhnlicher Herzinfarkt. Kriegen manchmal sogar junge Leute.« Im Aufstehen patscht er ihr mit der Pranke auf die Schulter. »Nimm es nicht persönlich. Aber ich kann es nicht leiden, wenn man mir hinterherschnüffelt.« Er packt ihre Handtasche und fischt ihr Mobiltelefon heraus. Dann tritt er auf den Flur und zieht die Tür hinter sich zu.

✳

»Marja! Marja! Wo sind Sie? Norbert, jetzt schau nur, hier liegt einer ihrer Ohrringe!« Ich bücke mich nach dem glitzernden Stecker. Aus Gründen der Vorsicht habe ich meinen Mann mit aufs Unterdeck genommen. Das kennt man ja aus den Tatort-Krimis im Fernsehen zur Genüge, dass die Ermittler in den letzten Minuten des Films sich wider besseres Wissen alleine in große Gefahr begeben. Und hier unten hört mich sicherlich niemand, wenn ich akustisch Hilfe anfordere.

Norbert öffnet die Tür.

Da sitzt sie. Sie ist blass und sieht merkwürdig aus. Etwas stimmt nicht mit ihr, das merke ich auf Anhieb. Mit einem Satz bin ich bei ihr. Jetzt sehe ich den Schweiß auf ihrer Stirn. »Norbert! Hol die Stewardess aus dem Speisesaal. Mach schnell! Vielleicht brauchen wir einen Defibrillator.«

Während Norbert nach oben eilt, fingere ich nach meinem Smartphone und rufe den Schiffsarzt. Ich mache es ziemlich dringend. Ich habe den Eindruck, jetzt zählt jede Minute.

»Marja!«, ich tätschele ihren Arm.

Sie will etwas sagen, es klappt aber nicht. Ich schaue mich um, greife nach einer Flasche Wasser und einem Glas, fülle es auf und halte es an ihren Mund. Aber sie kann nicht schlucken. Um irgendetwas für sie zu tun, benetze ich ihre Stirn mit dem Wasser.

»Marja, was ist los?«

Ihre Stimme ist so matt, sie ist kaum zu verstehen. Ich neige meinen Kopf ganz nah zu ihr, um sie besser zu hören. Es klingt wie »Gerwulf«. Ich nehme ihre Hand und drücke sie.

»Hat die junge Frau Probleme mit der Seekrankheit?« Die Stewardess eilt gemeinsam mit Norbert herbei.

Ich nicke. »Kann man da derart heftig reagieren? Das kann gar nicht sein! Außerdem fahren wir gar nicht. Das Schiff liegt doch ganz ruhig auf dem Wasser.«

Die Stewardess scheucht Norbert nach draußen und

wendet sich mir zu. »Helfen Sie mir, wir müssen ihr das Kleid ausziehen.«

Das ist leichter gesagt als getan. Marjas Pupillen sind krachend weit geöffnet. In Fernsehkrimis sagen sie immer, das wäre bei Junkies so, wenn sie etwas eingeworfen haben. Aber Marja nimmt keine Drogen! Ich kann mir zwar sehr viel vorstellen, aber das nicht. Es passt überhaut nicht zu ihr.

Die Stewardess sucht Marjas Haut ab. Zwischen den Schulterblättern wird sie fündig. »Zwei Pflaster. Das dachte ich mir. Wir benötigen einen Arzt.« Dann stöhnt sie auf. »Lieber Himmel, da ist ja noch ein drittes.«

»Den Anruf für den Schiffsarzt habe ich schon getätigt, während mein Mann Sie geholt hat. Diese Nummer hat man uns bei der Ankunft für Notfälle gegeben. Der ist mit zwei Helfern unterwegs und hat mir versichert, rasch hier zu sein. Was sind das denn für Pflaster?«

Die Frau will sie in den Abfalleimer werfen, der rechts vorm Kühlschrank steht. Ich halte ihr jedoch eine Papierserviette, die ich von einem Stapel nehme, hin und bitte sie, die Pflaster da draufzulegen. Dann stecke ich sie in meine Handtasche.

»Warum tun Sie das?«

»Meine Freun…, äh, die Freundin unserer Nichte, hat sich ganz bestimmt keine Pflaster auf den Rücken geklebt.«

»Woher wollen Sie das so genau wissen?«

»Das hätte sie mir erzählt.«

Ein Poltern auf der Treppe kündigt mehrere Leute an.

»Hier, wir sind hier!«, rufe ich in den Flur.

Drei Männer in weißer Kleidung und weißen Schuhen eilen herbei. Einer von ihnen, der einen Namen mit einem

Dr. davor auf dem Hemd gestickt trägt, fasst Marja an den Hals, um ihren Puls zu fühlen. Der zweite zieht ein Blutdruckmessgerät aus seiner großen Tasche und legt ihr die Manschette am Oberarm an, während der dritte mit einer kleinen Lampe ihre Pupillen ausleuchtet.

»Sie hatte drei dieser Pflaster gegen Reisekrankheit auf dem Rücken«, mischt sich die Stewardess ein.«

Marja will etwas sagen, sie bekommt aber keinen Laut heraus.

»Das gibt es immer wieder, dass jemand zwei nimmt. Drei sind der Hammer.« Der Arzt holt eine Packung aus seiner Tasche und öffnet sie. Er zieht die Einmalspritze auf. »Zuerst sehen wir zu, dass ihr Kreislauf wieder stabil ist. Wir fahren sie in die Klinik. Bernhard und Wolf, ruft sofort einen Wagen!«

»Was ist denn auf diesen Pflastern?«, will ich von ihm wissen, als ich sie aus meiner Handtasche nehme und sie ihm zeige.

»In diesen Pflastern gegen Reisekrankheit steckt der Wirkstoff Scopolamin. Man soll unbedingt nur ein einzelnes nehmen. Auf gar keinen Fall zwei oder gar drei.«

»Ich wollte ihr zu trinken geben, aber sie hat Probleme beim Schlucken.«

Marja nickt langsam. Wenigstens hat sie mich offenbar verstanden.

Der Mann leuchtet in ihren Schlund, betrachtet ihn genau und greift in seiner Tasche nach einer weiteren Spritze.

»Ich sehe eine leichte Schwellung wie bei einer Allergie. Ein sogenanntes Angioödem. So etwas kann sich langsam aufbauen, kann im weiteren Verlauf aber auch rascher gehen. Haben Sie bereits Atemprobleme?«

Marja schüttelt verneinend ihren Kopf. Zwar schwach, aber immerhin so, dass es zu erkennen ist.

»Ich gebe Ihnen Kortison und ein Antihistaminikum direkt in die Vene. Das wirkt innerhalb weniger Minuten und die Schwellung bildet sich zurück. Atmen Sie ganz ruhig weiter.« Schon klopft er mit der Hand eine ihrer Venen ab. »Sie sollten in nächster Zeit einen Allergietest machen lassen.«

Die beiden Männer kommen mit einer leichten Trage zurück. Sie helfen Marja beim Aufstehen und führen sie stützend.

Ihr Blick sucht den meinen.

»Kann ich mitfahren?«, frage ich den Arzt.

»Nein, dafür haben wir keinen Platz.« Er legt eine Karte auf den Tisch. »In diese Klinik bringen wir sie.«

Ich lege Marjas Handtasche zu ihr auf die Trage, denn bestimmt braucht sie ihren Ausweis und ihre Versichertenkarte. »Ich verständige Ihren Mann, Marja.«

Während sie schon hinausgetragen wird, nickt sie mir schwach zu.

Ich wende mich der Stewardess zu. »Was wissen Sie über diese Pflaster?«

»Scopolamin ist da drauf, ein Wirkstoff aus der schwarzen Tollkirsche. Sie wird auch Belladonna genannt, weil sich zu früheren Zeiten Frauen damit die Pupillen vergrößerten. Das entsprach dem gängigen Schönheitsideal.«

»Gift für die Schönheit?«

»Heute lassen sich immer mehr Botox ins Gesicht spritzen, nicht nur Frauen. Das ist ein Nervengift.«

»Schönheit ist relativ. Was dem einen gefällt, muss anderen nicht zwingend gefallen. Ich denke eher, es sind Moden, Zeiterscheinungen.«

»Alt werden will jeder. Alt aussehen niemand.«

»Nun ja. Es gibt viele junge Menschen, die meinen, sie müssten aus Gründen der Selbstoptimierung der Natur ein wenig nachhelfen. Aber so viel ist sicher: Marja hat sich nie und nimmer drei dieser Pflaster auf den Rücken geklebt.«

»Weshalb sind Sie sich so sicher?«

»Zwischen die Schulterblätter? Versuchen Sie das mal bei sich selbst.«

Sie zieht die Stirn kraus. »Das ist richtig. Ich würde die Dinger auch eher an den Oberschenkeln anbringen. Oder auf dem Bauch oder den Armen.«

»Edelgard! Du hast bestimmt eine Idee, wer dahintersteckt! Nun sag es schon.« Norbert blickt mich an.

»Sie meinen, jemand hat ihr die Pflaster verpasst? Hier bei uns auf dem Schiff? Wir arbeiten alle am Wohlbefinden unserer Gäste. Sie sollen die Reise so erleben, dass sie möglichst wiederkommen. Ich halte es für ausgeschlossen, dass das jemand von der Crew war. Keine Ahnung, wie man sich die Pflaster selbst an diese Stelle klebt. Aber von den Leuten auf dem Schiff war es keiner.« Sie klopft energisch mit der Hand auf den Tisch. »Außerdem ist die Küchencrew komplett an Land. Die haben heute frei. Unser Gastkoch hat seine eigene Belegschaft mitgebracht. Und das Servicepersonal ist oben, die holen sich die fertigen Teller aus dem Speiseaufzug.

»Norbert, komm.« Energisch packe ich meinen Mann am Arm.

»Wo wollen Sie hin?«, ruft sie uns hinterher.

Aber ich ignoriere sie und eile auf den Flur. Hier suche ich nach der Küche. Am Ende des Ganges werde ich fündig.

Die Stewardess eilt hinter uns her. »Sie können nicht

einfach in die Küche! Das ist gegen unsere Hygienevorschriften! Außerdem kriegen Sie die gar nicht auf.«

»Öffnen Sie sofort diese Tür.« Norbert baut sich vor ihr auf.

Wütend zu sein, verleiht meinem Mann Wichtigkeit. Irgendwie verwandelt sich seine Körperfülle in eine imposante Größe, als er die Frau mit schmalen Augen mustert. »Sie öffnen sofort!«

Sie fischt aus ihrer Tasche einen Chip, den sie unter den Türknauf vor einen Sensor hält.

Norbert drückt die Tür auf.

Verwundert richten sich zwei Augenpaare auf ihn. »Haben Sie sich im Raum geirrt?«

»Wo ist Ihr Chef?« Norbert packt einen der beiden Männer am Handgelenk.

»Der hat alles schon nach oben gebracht, mit dem Lastenaufzug. Er ist vorhin hochgefahren. Und wir sollen gleich gehen, wenn die Desserts serviert wurden. Also jetzt.«

Die chromblitzende Küche wirkt völlig aufgeräumt. Keine schmutzigen Töpfe, keine Kleckereien auf den Arbeitsflächen. Ich haste hinaus. Aus einer der Kabinen kommt mir schlaftrunken ein Matrose entgegen.

»Aus dem Weg!«, herrsche ich ihn an.

Die Treppe nehmend bin ich rasch oben und eile an der Rezeption vorbei zu der breiten doppelseitigen Glastür. Ungeduldig warte ich, bis sie aufgleitet und nehme den Steg an Land.

Gerwulf Habersack ist dabei, Kartons in einen grünen Lieferwagen zu laden. Ich stutze kurz, denn der Motor läuft, obwohl der Typ hinten an seinem Auto hantiert. In der Fahrerkanzel sitzt aber niemand. Da hat es jemand wohl sehr eilig, davonzukommen! Beherzt reiße ich die Fahrertür auf und ziehe den Schlüssel heraus. Der Wagen macht einen kleinen Satz nach vorne, dann stoppt der Motor.

»Sind Sie irre?« Gerwulf Habersack kommt nach vorne gerannt.

Ich versuche, den Schlüssel hinter meinem Rücken zu verstecken.

»Geben Sie sofort her!«

Er packt mich an den Schultern. Mit einer kräftigen Drehung entwinde ich mich seinem Griff und werfe den Autoschlüssel in die Saar.

Gerwulf Habersack holt mit seiner Rechten weit aus, aber ich ducke mich darunter hindurch und trete ihm von hinten kräftig in die Kniekehlen. Der große Kerl geht zu Boden. Suchend blicke ich mich um. Liegt hier irgendetwas, womit ich ihn fesseln kann?

Blaulicht schraubt sich durch die Nacht, Martinshörner klingen gellend. Ein Streifenwagen hält mit quietschenden Reifen. Ein Mann und eine Frau springen heraus.

»Die hat mich angegriffen!«, geifert Gerwulf Habersack, der aufgestanden ist und sich den Staub aus seiner weißen Hose klopft.

»Das habe ich anders gesehen.« Die Stewardess geht auf die Polizisten zu. »Nehmen Sie ihn rasch mit? Ich folge Ihnen und gebe meine Aussage zu Protokoll.« Mit Blick zum Schiff fügt sie hinzu: »Wir müssen ja nicht die Passagiere in Aufregung versetzen, nicht wahr.«

»Ich habe auch eine Aussage zu machen.« Ich bin ziemlich empört über den körperlichen Angriff.

»Dann kommen Sie am besten ebenfalls gleich mit«, sagt einer der beiden Polizisten zu mir.

»Lassen Sie das Auto untersuchen. Der wollte grade was wegbringen. Mit dem stimmt irgendetwas nicht und Frau Schnitter war ihm auf der Spur. Ich vermute, er hat ihr die Pflaster aufgeklebt.«

Gerwulf Habersack legt die gesamte Verachtung, zu der er fähig ist, in den Blick, mit dem er mich bedenkt.

»Edelgard!« Norbert eilt herbei, als ich im Begriff bin, mich in das Polizeiauto zu setzen. »Die waren aber schnell da, nachdem ich den Notruf gewählt habe.«

Winkend bleibt er zurück.

Unsere Aussagen sind rasch gemacht. Gerwulf Habersack darf nicht gehen, ihm wird versuchte Tötung vorgeworfen. Er wird gleich morgen früh dem Haftrichter vorgeführt. Ich habe den Beamten die von mir sichergestellten Pflaster übergeben. Zu ermitteln, ob seine Fingerabdrücke da drauf sind und wo er sie erworben hat, ist Sache der Polizei. Damit habe ich nichts zu tun. Außerdem besteht zusätzlich der Verdacht des Betrugs, weil er Fertiggerichte als frisch zubereitet deklariert.

Die Stewardess und ich fahren mit einem Taxi zum Schiff zurück, wo der grüne Kastenwagen auf einen Abschleppwagen gezogen wird.

»Wo bringen Sie ihn hin?«, frage ich den Typen, der die Seilwinde bedient.

»Auf den Polizeihof. Dort wird er genau untersucht.«

Endlich komme ich dazu, in der Klinik anzurufen und mich nach Marjas Befinden zu erkundigen.

»Sind Sie eine Verwandte?«

»Sie ist meine Nichte, verstehen Sie. Die Tochter meiner jüngeren Schwester.« Zum Glück kann die Frau am anderen Ende der Leitung nicht sehen, wie meine Wangen sich röten.

»Ich verbinde Sie mit der Station.«

Aus dem Lautsprecher meines Smartphones ertönt eine Minute lang Musik.

»Station drei. Schwester Aybüke!«

»Marja Schnitter, wie geht es ihr?«

»Sind Sie die Mutter?«

»Ja. Wie geht es meiner Tochter?«

»Sie ist auf einem guten Weg. Sie wird es überstehen. Gut, dass Sie anrufen. Sie schläft und konnte uns noch keine Angaben machen, wen wir verständigen sollen.«

»Ich unterrichte sofort ihren Mann, ähem, also, meinen Schwiegersohn.«

»Es wäre gut, wenn er morgen nach ihr sieht. Sie hat ja quasi nichts dabei.«

»Alles klar.« Ich verabschiede mich.

Ein kleiner Absacker würde mir guttun, das spüre ich deutlich. Ob die anderen immer noch im Speisesaal sitzen?

Beim Essen ist niemand mehr, aber aus der Bar ertönt Klaviermusik. Beim Hineingehen treffe ich unsere beiden Tischnachbarinnen.

»Wo sind Sie denn plötzlich hin verschwunden? Da haben Sie was verpasst! Die Desserts waren vorzüglich.«

»Mir war übel.«

»Ihnen allen dreien?«

Ich nicke. »Aber jetzt geht es mir besser. Ich werde mir einen Smoothie bestellen.«

Die beiden prosten mir mit ihren Sektgläsern zu. »Na, dann Prost!«

»Zum Wohl«, der Barkeeper nickt. An mich gewandt sagt er: »›Prost‹ heißt auf Rumänisch ›Dummkopf‹, das wissen viele Deutsche nicht. Deshalb sagen wir an Bord beim Anstoßen ›zum Wohl‹, weil in der Crew oft Leute aus Rumänien arbeiten.«

»Interessant, das wusste ich auch nicht. Haben Sie einen Himbeersmoothie?«

»Selbstverständlich. Ich bereite ihn frisch für Sie zu.«

Hinten, nah am Fenster, sitzt Norbert bei einem Bier. Ich gehe auf ihn zu.

»Alles okay?«, fragt er. Und, als ich nicke, in besorgtem Ton: »Wie geht es Marja?«

»Sie ist über dem Berg. Ich rufe gleich ihren Mann an, Marja hat mir mal ihre Festnetznummer gegeben, darüber erreiche ich ihn bestimmt. Er kann sie morgen besuchen.«

DIE SAAR

Der Fluss kommt aus Frankreich nach Deutschland, auf einer Länge von elf Kilometern bildet er die Grenze. Das deutsche Bundesland, welches er durchfließt, trägt seinen Namen, ebenso steckt er im Namen der Landeshauptstadt Saarbrücken. Die Stadt mit dem französischen Flair lohnt unbedingt einen Besuch. Beim Bummel durch die Altstadt gibt es neben Sehenswürdigkeiten wie dem Saarbrücker Schloss und dem Rathaus St. Johann beim Einkehren deutsch-französische kulinarische Köstlichkeiten zu genießen.

Bei Konz vereint sich die Saar mit der Mosel.

Eines der Wahrzeichen des Saarlandes, die beeindruckende Saarschleife, betrachtet man am besten aus der Höhe von einem beliebten Aussichtspunkt aus, der in Mettlach liegt.

WO DIE LIEBE HINFÄLLT
(MOSEL; TRIER)

Wir sind auf dem Schiff geblieben und fahren nach einem Halt in Mettlach, wo wir mit dem Bus zu dem Aussichtspunkt gefahren werden, um die Saarschleife bewundern zu können, weiter nach Trier. Marjas Mann hat, nachdem ich mit ihm telefoniert habe, sie sofort besucht. Er war sehr in Sorge um seine Frau. Vorhin rief er nochmals an und ließ mir Grüße von ihr ausrichten. Es geht ihr schon wieder besser, ihr Zustand ist stabil. Die Ärzte sagen, wir haben sie rechtzeitig gefunden und die giftigen Pflaster entfernt. Sie bleibt vorsichtshalber noch zur Beobachtung in der Klinik. Der Staatsanwalt hat Anklage wegen versuchten Mordes gegen den berühmten Koch erhoben. Er sitzt in Untersuchungshaft. Es würde mich interessieren, wie er das Essen im Knast findet. In seinem Kastenwagen wurden die restlichen Fertiggerichte sichergestellt. Da er nicht genau wusste, wie viele Gäste spontan zu dem auch für Nichtpassagiere offenen Essen kommen, hatte er vorsorglich zu viele eingepackt. Die Sache mit dem Pieks in den Finger und der angeblichen Schnellanalyse war reine Show. Er hat für die drei Gänge jeweils verschiedene Gerichte, die er nach dem Zufallsprinzip verteilte, vorbereitet. Die wenigsten Menschen kennen ihre Blutwerte, außer sie gehen regelmäßig zur Kontrolle. Aber die waren vermutlich nicht in der Zielgruppe für die teuren Events. So fiel es bislang niemandem auf, wenn Gäste mit ähnlichen Blutwerten unterschiedliches Essen serviert bekamen. Vermutlich kommt für ihn eine Anzeige wegen Betruges hinzu.

Marja wird nach ihrer Entlassung ihren Artikel über den sauberen Herrn verfassen und den Prozess als Nebenklägerin begleiten. Ich werde diesen Abend in meinem Blog aussparen. Ich wende mich darin schließlich den angenehmen Aspekten unserer Reise zu.

Gleich heute Morgen ist mir jedoch ein Paar aufgefallen, welches am nächsten Tisch sitzt. Der Mann sieht verdammt gut aus, aber er spricht nicht. Ob er stumm ist? Allerdings habe ich den Eindruck, dass er zumindest nicht taub ist, da seine Begleitung mit ihm redet. Ich weiß auch, in welcher Kabine die beiden einquartiert sind. Sie liegt auf dem Flur unserer genau gegenüber und trägt die Nummer 11. Bei der ganzen Aufregung gestern ist es kein Wunder, die beiden bislang nicht bemerkt zu haben.

Nach dem Frühstück ziehe ich mich um. Wir wollen uns nach oben auf das Sonnendeck begeben und die Landschaft längs des Flusses vom Liegestuhl aus auf uns wirken lassen. Als ich unsere Tür öffne, erhasche ich einen Blick in die Kabine gegenüber. Der gut aussehende Mann kniet auf dem Boden. Seine Frau lächelt mir zu und schließt langsam die Tür.

»Was wollen wir in Trier alles anschauen?«, fragt Norbert, nachdem er es sich bequem gemacht hat. »Außer diesem berühmten Tor Porta Nigra.«

»Eine Kaiserin wohnte in Trier.«

»Echt?«

»Helena hieß sie.« Ich schlage meinen Reiseführer auf. »Sie gilt als große Förderin des Christentums und war sogar selbst ins Heilige Land gereist. Eine der Kirchen in

Trier ist nach ihr benannt worden, St. Helena. Außerdem war sie die Mutter Konstantins des Großen.«

»Was gibt es sonst noch?«

»Nun ja, Trier bezeichnet sich als die älteste Stadt Deutschlands.«

»Ich schlage vor, wir machen einen geführten Stadtrundgang. Auf den Spuren der Römer.«

»Haben die Trierer nicht von den Chinesen eine hünenhaft große Skulptur von Karl Marx erhalten?«

Ich suche im Register meines Reiseführers danach. »Über fünf Meter ist sie hoch. Geschaffen vom chinesischen Bildhauer Wu Weishan.«

»Sapperlot. Die sollten wir vielleicht auch anschauen, wenn wir schon mal in Trier sind.«

»Da fällt mir noch etwas ein! Marja hat von einer befreundeten Journalistin einen Tipp erhalten, den sie an mich weitergab. Cornelia Lohs war erst kürzlich dort und sie ist begeistert von Trier. Sie empfiehlt uns ganz besonders das Rheinische Landesmuseum, denn dort kann man sich stundenlang auf Zeitreise in die römische Vergangenheit der Stadt begeben und einen gigantischen Goldschatz aus dieser Zeit bestaunen.«

»Da müssen wir unbedingt hin, Edelgard! Du weißt doch, wie sehr ich mich für Geschichte interessiere.«

Der Mann aus der Kabine gegenüber kommt ebenfalls auf das Sonnendeck. Er steuert die freie Liege neben unserer an. »Sie gestatten?«

Ich nicke. »Natürlich, die ist frei.«

»Gehen Sie in Trier ebenfalls an Land?«

»Das haben wir vor.«

In diesem Moment gesellt sich seine Frau dazu.

»Ulrich Oliver, sprichst du mit Fremden?«

Ich lächele. Obwohl ich mich ein wenig über den Tonfall der Frau wundere.

»Habe ich dir das erlaubt?«

Ulrich Oliver senkt seinen Blick.

»Er hat Sie hoffentlich nicht belästigt?«

»Geht es Ihnen gut?«, frage ich zurück. Für mich hat diese Dame einen an der Waffel. Die behandelt ihren Mann so, wie ich nicht mal mit einem kleinen Kind umgehen würde.

»Ulrich Oliver, du kommst sofort mit.«

Der so Angesprochene erhebt sich und folgt mit hochgezogenen Schultern seiner Frau.

»Was war das denn?«, wende ich mich an meinem Mann. »Ein seltsames Paar, findest du nicht auch?«

»Ja, irgendwie schon. Gib mir bitte mal den Reiseführer.«

Die beiden nehmen zwei Liegen vorne am Bug in Beschlag. Die Frau setzt sich. Ulrich Oliver massiert ihre Zehen. Das ist wahrlich nichts, was ich sehen möchte. Ich wende mich ab, sodass ich den Blick auf die Flusslandschaft genießen kann. Wie schön es gewesen ist, die Saarschleife von oben zu sehen!

»Die Kaiserthermen sollen auch einen Besuch wert sein.«

»Bitte?«

»In Trier. Außerdem soll man in den Cafés vorzüglich Kuchen speisen können.«

Ich sehe mich schon an den Sehenswürdigkeiten Triers im Eilschritt vorbeihastend von einem Café ins nächste pilgern.

»Norbert, es gibt hier an Bord wirklich ausreichend zu essen.«

»Edelgard, es gehört unbedingt dazu, eine Stadt kulinarisch zu ergründen! Wenn du nicht weißt, was die Leute dort essen, warst du quasi gar nicht richtig dort.«

Plötzlich ziehen Wolken auf. Erste Tropfen fallen hernieder. Noch auf dem Weg in unsere Kabine nimmt der Regen heftig zu, wie wir durch die Fenster sehen können.

»Sollen wir wirklich von Bord gehen? Bei dem Wetter?« Ich denke an unsere Ankunft in Frankfurt.

»Stimmt, lass uns hierbleiben«, pflichtet Norbert mir bei.

Später, als ich auf dem Flur Ulrich Olivers Frau alleine begegne, lässt sie direkt vor mir ein zusammengeknülltes Papier fallen.

»Heben Sie das auf!«, fordert sie und blickt mir dabei direkt in die Augen.

Ich wende mich ab und lasse sie einfach stehen. Zu jedem Spielchen gehören mindestens zwei dazu. Und ich habe ganz sicher nicht die Absicht, mich in ihre einbinden zu lassen.

»Ulrich Oliver!« Ihre Stimme schrillt über den Flur. »Komm sofort her! Hier liegt Müll auf dem Boden.«

Es regnet unaufhaltsam in dicken Fäden und ich bereue unsere Entscheidung, im Trockenen geblieben zu sein, keine Sekunde. Auf dem Weg zur Bar, wo ich einen Kaffee trinken will, stelle ich fest, dass die meisten der anderen Passagiere ebenfalls an Bord geblieben sind. »Fürs Wetter kann keiner«, lautete der Lieblingsspruch einer meiner alten Lehrerinnen, die uns bei jeder Witterung während des Sportunterrichts ins Freie scheuchte und um das Schulgelände rennen ließ. So blieb uns immerhin das verhasste Turnen am Reck in der muffigen Halle erspart.

Sie selbst lief übrigens nie mit und saß in Quetschfalltenrock und steifer Bluse aufrecht mit ihrer Trillerpfeife unter dem Eingangsdach unserer Schule, wo sie sorgfältig unsere Runden zählte.

Ich verbringe ein paar Stunden mit meinem eigenen Buch in der Bibliothek. Dort ist es richtig gemütlich. Auf der überdachten Terrasse davor treffen sich üblicherweise die Raucher, aber das stört mich nicht. Dies ist der einzige Ort auf dem Schiff, wo geraucht werden darf. Was Norbert in der Zeit macht? Ich glaube, er telefoniert mit Mutti. Da muss ich wirklich nicht danebensitzen. Diese Gespräche laufen immer nach demselben Muster ab. Er erzählt ihr von seinen Mahlzeiten und am Ende richtet er Grüße von mir aus. Was sie zu ihm sagt, höre ich nicht, da er den Lautsprecher netterweise auf leise stellt.

Als mein Smartphone eine Melodie abspielt und die hagere Frau auf der Sitzecke, die sich hier ebenfalls zum Lesen niedergelassen hat, unwillig zu mir herblickt, gehe ich ins Freie. Da sich hier momentan niemand zum Rauchen aufhält, kann ich ungestört telefonieren. Es ist Marja.

»Marja, meine Liebe, wie geht es Ihnen?«

»Schon wieder besser.«

»Da bin ich aber froh.«

»Gut, dass Sie mich so schnell gefunden haben. Vielen Dank.«

»Das war doch selbstverständlich! Ich mache mir Vorwürfe, nicht gleich mitgegangen zu sein.«

»Ich habe vielleicht zu viele Folgen der Serie Tatort angeschaut. Da ziehen die Ermittler auch immer alleine los.«

»Das lassen Sie in Zukunft bitte.«

»Dieses Versprechen musste ich meinem Mann bereits geben.« Sie lacht.

»Dann bin ich ja beruhigt.« Es freut mich, ihr Lachen zu hören.

»Ich war dann gleich bei der Polizei und habe meine Aussage zu Protokoll gegeben. Der Typ wurde in die Untersuchungshaft überstellt.«

»Geschieht ihm recht. Ich weiß nicht, was der sich von der Tat versprochen hat. Irgendwann wäre ihm sowieso jemand auf die Schliche gekommen. Oder von seinem Personal hätte einer gesungen. Geld hat schon viele Zungen gelöst.«

»Täter handeln nicht immer rational.«

»Damit liegen Sie eindeutig richtig.«

»Ich muss Ihnen unbedingt was erzählen. Hier ist ein seltsames Paar an Bord, das mir zuvor nicht aufgefallen ist. Also, ich weiß gar nicht, wie ich beginnen soll.«

»Reden Sie einfach drauflos, Frau Buchmann. Mir ist nichts Menschliches fremd. Sie können sich nicht ausdenken, worüber ich schon alles recherchiert und geschrieben habe.«

Das gibt mir Mut. Also berichte ich ihr von meinen Beobachtungen bezüglich Ulrich Oliver.

»Da brauchen Sie sich keine Sorgen zu machen.«

»Muss ich nicht?«

»Was ich höre, klingt gänzlich nach Einvernehmen.«

»Aha.«

»Dieser Ulrich Oliver hat sich jemanden gesucht, mit dem er seine Passion, sich zu unterwerfen, ausleben kann. Es gibt Menschen, die macht so etwas glücklich. Ich habe mal in diesen Kreisen recherchiert. Es gibt Spielarten des Partnerseins, die kann man sich nicht ausmalen.«

»Sie meinen, seine Frau stellt Dinge mit ihm an, über die ich gar nichts wissen möchte?«

Sie lacht. »So in etwa, Frau Buchmann. Das ist ein weites Feld.«

»Na dann. Ich werde mich also nicht weiter um dieses Paar kümmern. Was ich noch sagen wollte, ich spare den Vorfall mit dem Koch in meinem Artikel für den Reise-Blog aus. Ich denke, darüber schreiben Sie?«

»Richtig. Wollten Sie heute nicht nach Trier? Sind Sie an Land?«

»Hört man das Prasseln im Hintergrund nicht? Es gießt, was das Zeug hält. Wir sind auf dem Schiff geblieben. So wie die meisten heute.«

»Schade. Trier lohnt wirklich einen Besuch. Die älteste Stadt Deutschlands. Nicht zu verwechseln mit Ladenburg.«

Unsere Begegnung in Ladenburg habe ich nicht als so angenehm abgespeichert. Deshalb war auch meine Freude darüber, die Journalistin in Wien zu treffen, anfangs gedämpft gewesen. Wegen Marja hatte ich in Ladenburg das Speeddating im Hotel mit den Künstlern früher verlassen als geplant. Sie war mir dann durch die hübsche Stadt gefolgt, als Norbert und ich die Bergstraße besuchten. Deshalb sage ich nur, um dieses Thema rasch zu beenden: »Ladenburg bezeichnet sich als die älteste rechtsrheinische Stadt unseres Landes. Das kann man doch leicht auseinanderhalten.« Mittlerweile habe ich allerdings meine Meinung zu Marja revidiert. Jeder kann mal einen Fehler machen, deshalb muss man nicht ewig nachtragend sein. Eigentlich ist Marja nämlich ganz nett, das sehe ich mittlerweile genauso wie Norbert. Der fand das allerdings gleich von Anfang an.

»Jetzt muss ich aufhören, Frau Buchmann. Die Schwester ist gerade reingekommen und will irgendwas von mir. Blutdruck messen oder so. Tschüss!«

»Alles Gute! Ich maile Ihnen bald den nächsten Artikel zu.«

Da hat sie das Gespräch schon beendet.

So ein entspannter Tag an Bord ist richtig gemütlich. Der Regen hält immer noch an. Ich nutze die Zeit, um an einem Artikel zu schreiben. Zum Abendessen, nachdem ich meine Zeilen per Mail an Marja gesandt habe, ziehe ich mich um. Norberts Appetit scheint der geruhsame Nachmittag keinen Abbruch getan zu haben. Es ist nicht so, dass ich Ulrich Oliver und seine Angetraute im Speisesaal vermissen würde, aber ihr Fehlen fällt mir auf. Mir ist nicht ganz klar, wie ich dieser unangenehmen Frau weiter begegnen soll. Das Beste wird sein, sie zu ignorieren.

Wir verbringen den Abend vor dem Fernseher. Ein Krimi, den ich wegen seiner Hauptdarsteller besonders mag, wird zum dritten Mal wiederholt. An meinen Lieblingsstellen spreche ich die Dialoge mit.

Als wir am nächsten Vormittag nach einem ausgedehnten Aufenthalt im Speisesaal in unsere Kabine zurückkehren, wird aus Zimmer elf jemand auf einer Liege herausgetragen. Beim Blick in die Kabine sehe ich einen Mann und eine Frau, die sich mit ernstem Gesichtsausdruck mit Ulrich Oliver unterhalten. Er hält ein Blatt Papier in der Hand.

»Hier ist ihr Abschiedsbrief«, höre ich ihn zu den beiden sagen.

Etwas später luge ich durch die geöffnete Tür. Die gegenüberliegende steht ebenfalls offen.

»Haben Sie einen Moment Zeit für mich?« Mit kläglichem Ausdruck sitzt Ulrich Oliver auf der Bettkante.

»Wie geht es Ihnen?« Ich nehme auf einem der beiden Stühle Platz.

»Ich wusste ja, was meine Frau vorhat. Wir haben es gemeinsam geplant. Bei einer Schiffsreise haben wir uns kennengelernt und zuletzt wollte sie noch einmal so eine Reise unternehmen.«

Ich lasse ihn reden, ohne selbst etwas zu sagen.

»Edith war an Bauchspeicheldrüsenkrebs erkrankt. Wir wussten es erst seit zwei Monaten. Es gab keine Rettung für sie, der Krebs hatte bereits Metastasen in allen wichtigen Organen gestreut. Sie wollte sich den jämmerlichen Rest ersparen.« Er blickt durch das große Panoramafenster auf den Fluss. »Ich hätte alles für sie getan. Ihr sogar ein Organ gespendet. Aber bei dieser aggressiven Art der Erkrankung gibt es keine Hilfe. Es gab nichts, was man für sie hätte tun können. Wir haben alles gemeinsam geplant. Wir wollten bis zum Ende ganz normal leben. So wie immer. Ich habe ihr das Gift besorgt.«

Er erhebt sich, geht an den Schrank und öffnet ihn. Dort entnimmt er etwas.

Als er sich umdreht, sehe ich eine Perücke in seinen Händen.

»Darf ich Sie um einen Gefallen bitten? Das waren ihre Lieblingshaare. Würden Sie die bitte für mich aufsetzen?«

Ich sehe ihn kurz an. Stehe auf. Verlasse die Kabine. Es gibt Wünsche, die kann man nicht erfüllen.

DIE MOSEL

Wie die Saar fließt auch die Mosel aus Frankreich nach Deutschland. Sie entspringt in den Vogesen.

Der Fluss mündet bei Koblenz in den Rhein, er ist sein zweitlängster Nebenfluss. Das deutsche Moseltal ist landschaftlich sehr reizvoll und wird von vielen Weinhängen geprägt. Der Weinanbau wird schon seit den Zeiten gepflegt, als die Römer hier siedelten.

Die größte Stadt am deutschen Verlauf der Mosel ist Trier. Die Stadt mit den vielen Sehenswürdigkeiten bezeichnet sich als älteste Deutschlands. Rechtsrheinisch nennt sich Ladenburg die älteste Stadt.

DER VOGELRETTER
(EIDER; SANKT PETER ORDING, FRIEDRICHSTADT)

Urlaub an der Nordsee. Wieso nur habe ich mich darauf eingelassen? Es war Norberts Wunsch, hierherzureisen. Seit Tagen sehe ich nichts mehr außer Sand, Dünen und das Meer. Letzteres nicht immer. Je nach Stand der Gezeiten ist es einfach weg und ich gucke endlos auf wellenförmig geschliffenen nassen Sand. Verdeckt eine Wolke die Sonne, ist die alles dominierende Farbe Grau. In mehr als 50 Schattierungen.

Auf den Wiesen hinter Sankt Peter Ording auf der Halbinsel Eiderstedt weiden Schafe. Hunderte unregelmäßig verteilte Tupfen, ständig mit zum Boden geneigtem Kopf. Schafe sind die reinsten Fressmaschinen. Fühlt sich Norbert deshalb derart zu ihnen hingezogen? Wir können an keiner der nassen Wiesen vorbeifahren, ohne dass er das Tempo drosselt und verzückt guckt. Es macht auf mich den Eindruck, als habe er Seelenverwandte gefunden.

Unser Ferienhaus liegt ein wenig abseits von Sankt Peter Ording. Der nächste Hof ist mindestens einen halben Kilometer von uns entfernt. Abends, wenn die Sonne am Untergehen ist und ich vom Fenster der Wohnstube auf den Teich neben dem Haus blicke, während sich die dunklen Stämme der ihn umstehenden Weiden vor dem Dunst der durch die hohe Luftfeuchtigkeit wie mit Weichzeichner dargebotenen Landschaft im Wind wiegen, vermittelt sich mir der Eindruck, wir seien am Ende der Welt angekommen. Wenn ich das Fenster öffne, ist nichts zu hören außer dem Wind und hin und wieder einem Vogel. Ganz anders als bei uns daheim, wo das Dröhnen der Automotoren zur unabdingbaren Grundkulisse gehört, ebenso wie der Lärm der Flugzeuge, die am nahen Flughafen landen und starten. Aber hier ist bis auf die Geräusche der Natur nichts als Stille. Absolute Stille. Bei Tageslicht kann ich oft einen Eisvogel beobachten, der in den Weiden am Teich hockt. Er stößt sich ab und taucht blitzschnell in das Wasser ein, um sich kurz darauf wieder auf den Ästen niederzulassen und erneut seinem Jagdtrieb zu frönen. Sein Gefieder ist wunderschön blau, obwohl Norbert steif und fest behauptet, es wäre grün. Diese Diskussionen bezüglich der Farbe Blau habe ich im Laufe meiner Ehe gänzlich aufgegeben.

Zu ausgedehnten Spaziergängen auf der immerhin zwölf Kilometer langen Sandbank ist Norbert nicht zu bewegen, dafür aber zum Einkehren nach einem kurzen Ausflug durch die Dünen. Die Dünen bilden die einzigen Erhebungen, an denen der Blick verweilen kann. Ansonsten streift er endlos über die Weite. Kein Berg, geschweige denn ein Hügelchen, von dem Norbert kullern könnte. Wie soll ich ihn denn hier endlich loswerden? Es ist die letzte Station unserer Reise und allmählich wird es eng für mich. Ich werde mir etwas überlegen müssen. Ob ich ihm eine Fischsemmel mit einer Gräte serviere? Oder ihn während der Ebbe zu einem Spaziergang aufs Watt hinauslocke? Aber wie komme ich dann selbst wieder zurück?

Gleich am ersten Tag wurden wir auf ein hübsches Café aufmerksam. Um ehrlich zu sein, hat Norbert es bemerkt. Es befindet sich in der Nähe des breiten hölzernen Steges, auf dem man trockenen Fußes über die nassen Wiesen an den Strand gelangen kann. Wir sind für die Dauer unseres Urlaubs Stammgäste.

Während ich an meinem Latte Macchiatto nippe und Norbert grade auf der Toilette ist, fällt mir ein Mann am Nebentisch auf. Das Ausmaß seines Bräunungsgrades lässt sich mit verbrutzelt umschreiben. Das kommt sicherlich von der Sonnenbank! Ich bin ja schon immer der Meinung, dass das ungesund ist. Sein Haar ist auf den Millimeter akkurat geschnitten.

Vor ihm auf dem Tisch steht ein Glas mit Weizenbier. Seine blaue, metallic glänzende wattierte Jacke hat er anbehalten. Nach wenigen Minuten kommt eine grell geschminkte Frau ins Café. Ihre Wangen sind in den Grübchen jeweils mit kugelförmigen Piercings geschmückt. Sie steuert direkt auf den Mann zu.

»Kurt!«

Sie fällt ihm um den Hals und für einen Moment befürchte ich, die kräftige Frauengestalt erdrückt den schmächtigen Mann. Nachdem sie sich beinahe eine Minute lang eng umschlungen hin und her gewogen haben, löst sich die Frau und entnimmt ihrem Rucksack einen faltbaren Trinknapf. Erst jetzt nehme ich einen kleinen Hund wahr, der sie begleitet. Ihr Schreiten zur Theke mit hoch erhobenem Haupt gleicht einem Auftritt auf großer Bühne. Auf ihr Bitten hin wird der Napf mit frischem Wasser gefüllt, das sie nun dem Hund anbietet. Doch der legt seinen Kopf auf die Pfoten und döst vor sich hin.

»Prösterchen!« Der Mann hält ihr sein Weizenglas entgegen. »Mein Frühstück! Magst du einen Schluck?«

Meine Güte, es ist 16 Uhr, was trinkt der dann um 20 Uhr, wenn er jetzt schon mit Bier beginnt und das auch noch als Frühstück bezeichnet? Außerdem, was ist das denn für ein verquerer Tagesablauf?, frage ich mich, während Norbert, der zu mir zurückgekehrt ist, sich mit Hingabe einem Stück friesischer Torte widmet. Ich beobachte währenddessen weiter die Leute am Nebentisch.

Nachdem die Frau ihren Hund versorgt hat und ihr georderter Milchkaffee vor ihr steht, fällt die plakative Heiterkeit von ihr ab. Sie kramt in ihrer Tasche, zieht Fotos heraus und schiebt sie Kurt hin.

Der bedeckt seine Augen mit der Hand.

»Das ist so schrecklich. Wer tut denn so was?«

»Du meinst wohl eher, *was* das gemacht hat?«

»Ein Tier? Aber wie sollte das den erwischen? Einen Milan? Den König der Lüfte?«

»Nein, das war kein Tier.«

»Chantal, was hat den Milan so zugerichtet? Ist da ein Tierhasser auf Eiderstedt unterwegs? Irgend so ein Perverser?«

Sie fixiert ihn einen Moment, bevor sie ihm eines der Fotos direkt vors Gesicht hält.

»Dieses Prachttier ist ein Opfer der Windräder. Ganz Eiderstedt wird zugebaut mit diesen Monstern. An die Milane denkt keiner. Das ist ein Skandal! Die sind ohnehin vom Aussterben bedroht.«

»Moment mal. Ich habe irgendwo gelesen, dass die Abstand halten müssen zu den Brutplätzen?«

Sie schnaubt verächtlich.

»So ein großer Raubvogel hat ein enormes Jagdgebiet.

Ich weiß jetzt gar nicht so genau, wie groß der Abstand sein muss. Einen Kilometer oder zwei? Das ist für den mit seiner Flügelspannweite keine nennenswerte Entfernung! Schon die Jungen landen bei ihren ersten Flugversuchen zwischen den Windrädern. Eine Sauerei ist das!«

Sie bückt sich und tätschelt ihren Hund zwischen den Ohren.

Währenddessen nimmt Kurt eines der Fotos, um es genauer zu betrachten.

»Ich gehe auch mal dorthin, wo du grade warst«, flüstere ich meinem Mann zu.

»Lass dir ruhig Zeit, ich bestelle mir noch ein Stück Kuchen. Der ist wirklich lecker.« Norbert strahlt. Auf seiner Wange klebt ein Klecks Sahne.

Auf dem Weg zur Toilette richte ich es so ein, dass ich einen Blick auf das Foto, welches Kurt in der Hand hält, erhaschen kann. Es ist wirklich ekelhaft. Es zeigt einen diagonal durchgeschnittenen Vogelkörper. Die Flügel sind blutgetränkt.

Wieder zurück auf meinem Platz ist die erneute Bestellung meines Göttergatten bereits angekommen.

»Edelgard, Essen ist das Schönste auf der Welt, nicht wahr?«

Ich nicke, obwohl ich in Gedanken bei dem armen Vogel bin. Aus dem zu schließen, was die am Nebentisch reden, wurde er das Opfer eines der vielen Windräder. Mir waren sie ebenfalls aufgefallen, als wir einige Kilometer nach dem Elbtunnel auf der Halbinsel Eiderstedt fuhren. Sie sind wirklich riesig. Dass sie eine Gefahr für Vögel sind, wäre mir nicht aufgefallen. Sind denn diese großen Vögel nicht exakte Flieger und vermögen es, den Windrädern auszuweichen?

Unser Sohn Julian hat uns lang und breit erklärt, wie wichtig der Umstieg auf erneuerbare Energien sei. Sogar seinen Vater hat er dazu bewogen, zu einem Stromanbieter zu wechseln, der zukunftsweisend Strom produziert.

»Willst du nicht auch etwas essen, Edelgard?«

Norbert reißt mich aus meinen Gedanken.

»Gönn dir doch mal was. Du wirst nicht gleich zunehmen, wenn du mal ein einziges Stück Kuchen genießt. Du bist viel zu dünn. Dabei weißt du ganz genau, dass ich es gerne etwas üppiger mag.« Er blickt vorwurfsvoll auf meine magere Brust.

Mir ist nach dem heimlichen Blick auf jenes Foto wirklich nicht nach Essen zumute.

»Ich nehme noch einen Kaffee.«

Norbert verdreht die Augen. »Ohne Zucker, nicht wahr?«

Als wir das Café verlassen, stellen wir fest, dass sich ein leichter Nieselregen eingestellt hat. Ich ziehe mir die Kapuze meiner roten Jacke über den Kopf.

»Du siehst aus wie Rotkäppchen«, keckert Norbert.

Dabei muss er wirklich nicht annehmen, er sähe in seiner beigefarbenen Regenjacke mit dem karierten Hütchen auf dem Kopf besonders anziehend aus. Ich erspare mir jedoch jeglichen Kommentar über sein Outfit. Das Hütchen hat ihm neulich Mutti von ihrer London-Reise mitgebracht. Gemeinsam mit einer ihrer ebenfalls verwitweten Freundinnen unternimmt sie des Öfteren Wochenendausflüge. Schwiegermutti ahnt nicht, wie glühend ich sie um ihren Familienstand beneide!

Auf der Heimfahrt entwickelt sich eine Diskussion zwischen uns. Ich würde mich gerne in diesem Urlaub etwas mehr bewegen, deshalb unterbreite ich meinem Mann einen Vorschlag.

»Wir könnten zum Beispiel pilgern! Erinnerst du dich an den Pfälzer Jakobsweg?«

»Der in Speyer vor dem Dom beginnt und sich dann teilt. Da wohnten wir bei diesem Fälscher, nicht wahr? Das ist keine schöne Erinnerung. Der Mann wollte dich umbringen!«

Ich übergehe seinen Einwand mit einer Handbewegung.

»Du übertreibst. Ansonsten war der Urlaub doch richtig nett. Dahn war reizend. Erinnerst du dich an die Wanderung auf den Jungfernsprung?«

Mir selbst ist der Tag sehr gegenwärtig. Es wäre so eine feine Chance für mich gewesen, mich meines Ehemannes zu entledigen. Aber ein weiterer Wanderer hatte auf dem Aussichtspunkt mit seinem kleinen Hund Platz genommen und war beharrlich dort sitzen geblieben. Selbstverständlich schied es aus, Norbert vor Zeugen in den Abgrund zu schubsen. Wohl oder übel verließ ich nach einer geraumen Weile mit meinem Mann im Schlepptau den wirklich gut geeigneten Ort. Jammerschade.

»Gibt es denn hier auf Eiderstedt ebenfalls einen Jakobsweg?«

Norbert ahnt nichts von meinem Bedauern über die verpasste Gelegenheit.

»Nun ja, du kannst in Oldenswort am Turm der St. Pankreatius-Kirche beginnen und zu 20 Kirchen wandern. Man geht täglich ungefähr 15 Kilometer auf geführten Routen.«

»15 Kilometer? Willst du mich umbringen, Edelgard?«

Ach, mein Lieber, manchmal kommst du der Wahrheit ganz schön nahe, denke ich bei mir, sage aber laut: »Wenn du partout deine Füße schonen willst, können wir eine Flusskreuzfahrt machen.«

»Eine Flusskreuzfahrt?« Norbert gibt das Echo. »Wo willst du denn hier eine Kreuzfahrt machen? Etwa auf dem Nord-Ostsee-Kanal?« Er kramt sein Schulwissen hervor. »Der Kanal verbindet Kiel mit Brunsbüttel. Er ist die mit Seeschiffen weltweit meist befahrene von Menschenhand erbaute Wasserstraße.«

»Na ja, ein paar Bagger werden die schon gehabt haben.«

»Ich will damit nur ausdrücken, dass die Verbindung künstlich geschaffen wurde. Sonst müssten die Schiffe außen herum um Jütland fahren. Auf diese Weise sparen die sich weit über 400 Kilometer Strecke.«

»Also, eine Kanalfahrt habe ich nicht im Sinn. Mehr die Eider.«

»Die Eider?«

Ich habe einen Köder in der Hinterhand.

»Während der Flusskreuzfahrt auf der Eider gibt es Kuchen. Ich habe mich informiert. Man fährt mit dem Schiff bis nach Rendsburg.«

»Flensburg? Nachdem wir in Passau begonnen haben, beenden wir unsere Reisen in Flensburg? Die beiden Städte liegen ganz schön weit auseinander.«

»Nein, du hast dich verhört. Ich habe Rendsburg gesagt. Die Eider fließt doch nicht nach Flensburg!«

Norberts Geografiekenntnisse sind unter aller Kanone. »Wo steigen wir ein?«, fragt er.

»Friedrichstadt. Dann können wir das gleich mit besichtigen.«

Wenige Tage später, nach einigen kürzeren Abstechern zu den Dünen lassen wir uns von einem Taxi nach Friedrichstadt bringen. Dem schmucken Städtchen sieht man deutlich an, dass es von Holländern erbaut wurde. Zwei Flüsse begrenzen die Stadt, Eider und Treene. Die eng aneinanderstehenden Häuser tragen putzige Giebel, die dem Ort einen pittoresken Ausdruck verleihen. Da wir bis zur Abfahrt unseres Schiffes noch ein wenig Zeit haben, schlendern wir über die Prinzeßstraße bis zum Marktplatz. Dort entdeckt Norbert ein Café und kauft sich ein Stück Kuchen, das er, wieder auf dem Marktplatz stehend, sofort verspeist. Eine dünne Schicht aus Puderzucker bedeckt seine Jacke auf Brusthöhe. Ich weiß wirklich nicht, woher mein Mann diese enorme Kapazität seines Magens nimmt. Wir haben kurz davor zu Mittag gegessen, Kraut mit Kartoffelpuffern. Seine Portion war wie immer sehr reichlich.

»Guck mal, Edelgard, wir könnten eine Grachtenfahrt unternehmen.« Norbert weist auf ein Schild.

»Aber das dauert nur eine Stunde! Nein, wir gehen zur Anlegestelle und machen die Flussfahrt auf der Eider. Du hast es mir versprochen!«

Das Schiff ist bei Weitem nicht so groß wie die Flusskreuzfahrtschiffe, auf denen wir bisher unterwegs waren. Es verfügt zudem über keine Kabinen, in denen man übernachten könnte. Dafür aber über reichlich Sitzplätze drinnen und draußen. Wir werden ungefähr fünf Stunden fahren und dann mit dem Bus zurückkehren. Wir könnten in Rendsburg ein Hotel aufsuchen und am nächsten Tag wieder aufs Schiff gehen. Aber wir haben uns bereits entschieden, den Bus zu nehmen, und haben gar kein Übernachtungsgepäck dabei.

Eine freundliche Dame bittet uns an Bord. Neben Sitzmöglichkeiten im Innenraum gibt es zahlreiche Stühle an

Deck. Da es heute mal nicht regnet, ist das vielleicht eine Alternative, um von dort aus den Blick auf die vorbeiziehende Landschaft in aller Ruhe zu genießen.

Die Fahrt scheint ausverkauft zu sein, das Schiff ist komplett besetzt. Einige Leute tragen ihren Friesennerz, obwohl die Sonne durchblinzelt. Das sind die besonders Misstrauischen, die vor nichts zurückschrecken.

Norbert hat das im Angebot angepriesene Kuchenbüfett entdeckt. Dazu gibt es so viel Kaffee, wie man möchte.

Ich überlege, ab wie viel Tassen das Getränk schädlich ist. Kriegt man einen Herzinfarkt von zu viel starkem Kaffee? Man kann durch zu viel Wassertrinken sterben, aber wie soll ich Norbert um Himmels willen dazu bringen, zwölf Liter zu trinken? Diese Menge wäre in etwa nötig, um seinen Körper zum Kollaps zu bringen.

Neben ostfriesischer Torte mit Pflaumenmus, Sahne und Blätterteig liegen verschiedene Variationen mit Obst bereit. Ich entscheide mich für ein Stück Himbeerkuchen. Vielleicht nehme ich später noch etwas von dem Sanddornkuchen. Ich mag den herb-fruchtigen Geschmack.

Norbert schleicht sich seitlich an mich heran, nimmt den großen Löffel aus der Schüssel mit Sahne und verteilt einen Klacks davon auf meinem Kuchen. Den werde ich zur Seite schieben und einfach auf dem Teller liegen lassen.

Ich suche mir draußen auf dem Deck einen Platz und beglückwünsche mich zu der Idee mit der Flussfahrt. Die Landschaft ist wirklich nett. Das satte Grün der Wiesen zeichnet sich unter dem blauen Himmel ab. Höfe ducken sich in die Landschaft. Schafe stehen wie verteilte Wattebäuschchen auf den Wiesen. Es könnte doch sein, dass bei so einer Schifffahrt mal jemand über Bord geht? Norbert kann immer noch nicht schwimmen, soweit ich weiß.

Die Frau neben mir in ihrem roten Kleid mit den weißen Tupfen erhebt sich und geht an die Reling. Sofort springt ein Mann zu ihr. »Liebling, pass auf, dass du nicht hinunterfällst.«

Die Frau legt ihre Arme um ihn. »Nein, nein, das wird nicht passieren.«

Die beiden lachen.

Wie sollte einer auf diesem vollen Schiff ins Wasser fallen, ohne dass es jemand bemerkt? An der Reling sind Rettungsringe befestigt. Die würden dann bestimmt zum Einsatz kommen. Außerdem entdecke ich ein kleines Rettungsboot, das zu Wasser gelassen werden kann.

»Was guckst du so auf den Fluss, Edelgard?«

Norbert hat sich neben mich gestellt.

»Siehst du einen Wal, oder was?« Er lacht.

Ich wende mich zu ihm um. Na ja, einen Wal sehe ich schon. Aber nicht im Wasser.

Ein kleiner Junge zieht am Rocksaum des Tupfenkleides der Frau, die mit ihrem Mann an der Reling steht.

»Mama, wann sind wir endlich da?«

Mein Smartphone macht sich bemerkbar. Ich hole es aus meiner Tasche. Marja ist dran.

»Frau Buchmann! Eine gute Nachricht! Er wurde gefasst.«

»Wer? Gefasst?«

»Na, der Mann, der Leute davor warnte, an Bord von Kreuzfahrtschiffen zu gehen. Sie haben doch sicher auch von ihm gehört? Das kam neulich sogar in den Nachrichten. Verfolgen Sie die gar nicht, wenn Sie unterwegs sind? Das war ja wirklich eine merkwürdige Nummer, die er abgezogen hat. Er gab sich wie ein Gentleman der alten Schule und hat insbesondere Frauen angesprochen.

Nachdem die Beschwerden über ihn zunahmen, hat eine Reederei eine Detektei mit Ermittlungen beauftragt. Er hängt einer Verschwörungstheorie an.«

»Eine Detektei? Wegen eines harmlosen Mannes?« Mir wird ein wenig übel. Der sympathische Herr hat also nicht nur mich angesprochen, sondern viele andere auch. Hauptsächlich Frauen. Und ich habe immer wieder an ihn gedacht und mir sehr gewünscht, ihn erneut zu treffen! Da bin ich wohl einem Trugbild aufgesessen. Schade, er sah wirklich gut aus und war ausgesprochen nett.

»Die Reederei sieht das anders. Die finden sein Verhalten geschäftsschädigend. Jedenfalls liegt beim Staatsanwalt eine Anzeige gegen ihn vor. Er verbreitet nämlich das Gerücht, die Schiffe würden Lebensmittel zu unterirdischen Stätten transportieren und sie dort heimlich abladen. Es gäbe Einrichtungen unter Tauchglocken, in denen Verschwörer sitzen und nur darauf warten, die Macht zu übernehmen.«

»Das ist derart absurd. So etwas glaubt doch keiner! Der Mann ist völlig harmlos.«

»Frau Buchmann, man könnte meinen … Haben Sie ihn etwa auch getroffen?«

»Ich? Wo denken Sie hin! Dann hätte ich es doch in meinen Artikeln erwähnt.« Meine Wangen brennen heiß und ich hoffe, sie glaubt meine Schwindelei.

»Jedenfalls ist er jetzt in einer psychiatrischen Einrichtung. Es wird geprüft, ob er freigelassen werden kann. Falls ja, dann sicher mit der Auflage, sich künftig von Schiffsanlegestellen fernzuhalten.«

»Wegen dieser Idee? Lieber Himmel! Wäre der Mann ein Science-Fiction-Autor, hätte er die Möglichkeit, mit dieser Fantasie ziemlichen Erfolg zu haben! Niemand würde ihn anzeigen.«

»Die Reedereien finden sein Verhalten wie gesagt geschäftsschädigend.«

»Und das reicht, um in die Psychiatrie zu kommen? Lieber Himmel, da laufen ganz andere Leute frei herum, die es mehr verdient hätten, dort zu sitzen!«

»Frau Buchmann, mit den Details bin ich nicht vertraut. Aber es soll sich auch noch um Heiratsschwindel handeln. Er hat mehrere Frauen um größere Summen gebracht.«

Ich bekomme schlagartig einen dicken Kloß im Hals.

»Frau Buchmann, sind Sie noch dran?«

»Weshalb erzählen Sie mir davon?«

»Ich muss jetzt weiter, wollte Ihnen das nur schnell berichten. Es hätte ja durchaus sein können, dass der Ihnen zufällig über den Weg gelaufen ist.«

Ich räuspere mich. »Ein Heiratsschwindler? Also hören Sie mal. Ich bin doch schon verheiratet! Mit Norbert.«

»Da ist noch was. Können Sie eine Karte malen, auf der die Orte Ihrer Reisen eingetragen sind?«

»Ich soll malen?«

»Oder Ihr Mann?«

»Ich frage ihn.«

»Bitte. Es wäre wichtig, für den Blog. Auf Wiederhören!«

Die restliche Zeit auf dem Schiff vergeht wie im Fluge, ich bin in Gedanken bei dem Unbekannten, der mich in Passau so charmant angesprochen hatte. Da kam er mir kein bisschen verrückt vor. Ein Heiratsschwindler soll er also gewesen sein. Nun ja, bei rechtem Lichte besehen erweist es sich im Nachhinein als gut, ihn im Hirschwirtsgassl verpasst und auch danach nicht mehr seine Wege gekreuzt zu haben.

Norbert hat sich bereit erklärt, eine Karte zu malen, auf dem unsere Routen eingezeichnet sind. Marja ist begeistert davon.

Ehe ich es mich versehe, erreichen wir Rendsburg, wo wir das Schiff verlassen.

Hoppla, den zierlichen Mann da vorne kenne ich doch? Das ist doch dieser Kurt aus dem Café von neulich, der so über diese entsetzlichen Bilder erschrocken ist. Ich bin mir absolut sicher, ihn wiederzuerkennen. Zumal er seinen blauen, metallicfarbenen wattierten Anorak mit der plüschumkränzten Kapuze trägt. Er scheint auf jemanden zu warten und trippelt ungeduldig von einem Fuß auf den anderen. Was macht der hier in Rendsburg? Auf dem Schiff war er jedenfalls nicht. Da wäre er mir ganz bestimmt aufgefallen.

In diesem Moment kommt ein schwarzer SUV vorgefahren. Seine Scheiben sind dunkel getönt, deshalb kann ich nicht sehen, wer ihn lenkt. Der Wagen hält direkt vor Kurt, der sich hastig umsieht, bevor er einsteigt. Es wirkt, als wolle er sichergehen, nicht beobachtet zu werden. Das mit Schlamm verschmutzte Nummernschild des Autos ist nicht zu erkennen.

Am übernächsten Tag verkündet Norbert, während er in dem bequemen Ohrensessel unserer Ferienwohnung sitzt: »Julian hat mir eine SMS gesandt. Wir sollen unbedingt in Windkraft investieren. Er schlägt uns Aktien vor. Von einer bestimmten Firma.«

»Windkraft?«

»Der Kurs sei grade sensationell günstig. In ein paar Tagen wird bei uns eine größere Summe an Festgeld fällig, damit könnten wir einsteigen.«

»Aber warum ist denn der Kurs grade günstig? Wenn das so ein Zukunftsding ist? Dann müsste der eigentlich steigen?«

»Keine Ahnung, Edelgard. Machst du mir eine Kleinigkeit zu essen?«

»Möchtest du ein Fischbrötchen, Norbert?«

»Du weißt, dass ich Fisch nicht mag.«

In der Küche drehe ich, während ich nachschaue, woraus ich Norbert etwas Essbares zubereiten kann, das Radio auf. Zeit für die Nachrichten.

»Bei dem Anschlag auf einige Windräder in der Nähe von Heide gab es ein Opfer. Die Polizei vermutet, dass es sich dabei um den Mann handelt, der Sprengstoff an einigen Windrädern angebracht hat, welche daraufhin einstürzten. Dabei kam der mutmaßliche Täter selbst ums Leben. Über seine Identität und seine Beweggründe ist zum jetzigen Zeitpunkt nichts bekannt. Die polizeilichen Ermittlungen dauern an. Es wird in Bälde eine Presseerklärung der Polizei erwartet.«

Meine Knie werden wackelig. Ich setze mich auf einen der Stühle. An Heide sind wir vor unserer Ankunft vorbeigefahren. Dort steht ein ganzer Park mit Windrädern. Jemand hat Anschläge verübt und eine Person kam ums Leben. Anschläge gegen Windräder? Unwillkürlich muss ich an den Roman über Don Quichotte denken, den ich während meiner Schulzeit lesen musste. Der kämpfte allerdings gegen Windmühlen und nicht gegen Windräder. Außerdem geht es hier nicht um Metaphern, sondern um reale Gegenstände. In Gedanken versunken nehme ich ein Päckchen Nudeln aus dem Schrank und setze Wasser auf, um sie zu kochen. Des Weiteren finde ich eine Pasta-Soße im Schrank. Daraus lässt sich leicht eine Mahlzeit zaubern.

Als das Essen fertig ist, schalte ich den Fernseher ein. Es laufen Nachrichten. Der Anschlag auf die Windräder ist das Hauptthema. In einem Einspieler wird ein Mann gezeigt, der auf dem Boden liegt. Seine zierliche Gestalt ist nur schlampig mit einem weißen Laken abgedeckt. Eine blaue wattierte Jacke in Metallic-Optik ist zu erkennen. In dem Moment geht jemand auf den Kameramann zu und bedeckt die Linse mit einer Hand.

Das ist doch dieser Kurt?

Norbert stopft währenddessen unverdrossen die Nudeln mit der Soße in sich hinein.

»Norbert, ich glaube, ich habe den Mann schon gesehen. Der Mann in den Nachrichten, der diesen Anschlag verübt hat.«

»Aha.«

Eine Schaltung zur Pressekonferenz der Polizei wird vorgenommen. Der Polizeisprecherin sitzen eine Handvoll Journalisten gegenüber, die sie mit Fragen bombardieren.

»Wer ist der Tote?«

»Seine Identität ist mittlerweile geklärt. Wir werden sie vermutlich im Laufe des Tages bekannt geben.«

»Stammt der Täter von hier?«

»Er hat sich in einer Ferienwohnung aufgehalten.«

»Ist er der Täter, der die Anschläge auf die Windräder verübt hat?«

»Der Sachverhalt und der momentane Stand der Ermittlungen sprechen dafür.«

»Können Sie schon Aussagen machen über das Motiv des Täters?«

»Wir haben Fotos von übel zugerichteten Raubvögeln in der Ferienwohnung des mutmaßlichen Täters gefunden. Ob dies Anlass seiner Motivation war, können wir zum jetzigen Zeitpunkt nicht sagen. Ebenso wenig haben wir derzeit Hinweise darauf, woher er den Sprengstoff hatte.«

»War der Täter alleine oder gab es Helfer? Kann es sein, dass ihm jemand den Sprengstoff besorgt hat? Und falls ja, wer? Bilden militante Naturschützer den Hintergrund?«

»Bitte haben Sie Verständnis dafür, dass wir dies zum jetzigen Zeitpunkt noch nicht bekanntgeben. Unsere Ermittlungsarbeiten dauern an und wir wollen sie nicht gefährden.«

Ich schalte den Fernseher aus. Mir ist ein wenig übel.

»Die beiden waren in demselben Café wie wir neulich.«

»Edelgard, das Café war voll mit Leuten. Du meinst jetzt nicht wirklich, dass ich mich an einzelne erinnere?«

Hätte ich ihn danach gefragt, welchen Kuchen er dort verspeist hat, wäre seine Antwort konkreter ausgefallen.

»Da war eine Frau. Und die hat ihm Fotos gezeigt. Von zerstückelten Raubvögeln.«

»Also, Edelgard, wirklich! Ich bin noch am Essen!«

Er schiebt die nächste Ladung Nudeln in seinen Mund.

»Das wird ein Zufall gewesen sein. Außerdem, wie willst du denn schon sicher sein, dass das wirklich der Mann war? Die sagten eben, er habe kein Gesicht mehr.«

»Die Jacke. Er trug genau so eine Jacke.«

»Oh mein Gott, Edelgard!« Norbert ist entrüstet. »Du liest wirklich zu viele Krimis. Diese Jacke war gewiss keine Einzelanfertigung. Da wird es Hunderte davon geben!«

»Und wenn ihn nun jemand gezielt für diesen Anschlag ausgesucht hat? Zuerst haben sie an sein Herz appelliert mit den Fotos von diesen zerstückelten Vögeln?«

»Also wirklich. Lass mich endlich in Ruhe essen. Da könnte einem prompt der Appetit vergehen. Miss Marple, es reicht wirklich! Deine Fantasie geht mal wieder komplett mit dir durch! Kein Wunder, du liest ja ausschließlich Krimis. Du solltest diese Arbeit der Polizei überlassen. Hast du noch etwas für den kleinen Löffel für mich? Irgendwas Süßes als Nachtisch?«

Da in den Dünen, das ist doch die Frau, die diesen Kurt mit den Fotos so erschreckt hat?

Jetzt ist sie ebenfalls auf mich aufmerksam geworden. Sie mustert mich. Erkennt sie mich wieder? War ich ihr ebenfalls aufgefallen?

Ich gehe auf sie zu. »Sie waren das vor einigen Tagen in dem Café. Ich habe Sie dort gesehen.«

»Du alte Schrapnelle! Was spionierst du hinter mir her?«

Ich wende mich um. Steht da jemand hinter mir, den sie gemeint hat? Aber hinter mir ist keiner. Schade. Hat sie tatsächlich ›alt‹ zu mir gesagt? Die hat ja wohl einen Sprung in der Schüssel! Und überhaupt, weshalb verhält die sich mir gegenüber derart aggressiv? Ehe ich es mich versehe, pirscht sie hinter mich und tritt mir in die Kniekehlen.

Ich knicke ein und stürze auf meinen Bauch. Unbeholfen drehe ich mich auf den Rücken, unfähig, mich hochzurappeln.

»Sie haben Kurt angestiftet!«

»Halt deine Klappe, Alte. Dein letztes Stündchen hat geschlagen. Du bist leider in den Dünen ausgerutscht und gefallen und ohnmächtig geworden. Kommt schon mal vor, wenn man nicht mehr ganz so knusprig ist. Blöde nur, dass dir dann eine Sandverwehung die Atemwege verstopft hat.«

So schnell gebe ich mich nicht geschlagen.

»Aber warum haben Sie das gemacht?«

»Vergreist in der Birne. Du solltest dich nicht in fremde Sachen einmischen, die dich nichts angehen. So viel verrate ich dir aber: Da ist ein Aktienkurs gefallen, und jemand steigt da jetzt groß ein. Mit ziemlich viel Kohle.«

Sie setzt sich auf meinen Oberkörper, ihre Knie liegen auf meinen Armen. Ich fühle mich wie ein nasser Sandsack. Es gelingt mir nicht, sie abzuschütteln.

»Wer ist Ihr Auftraggeber?«

»Was kümmert dich das, Alte? Ich habe ausgesorgt und du wirst mein Geheimnis mit ins Grab nehmen.«

Sie lacht gemein.

Ihre kräftigen Oberschenkel drücken fest gegen meine Seiten. Sie greift mit beiden Händen in den Sand neben meinen Kopf.

»Du wirst jetzt leider ersticken. Kein schöner Tod. Aber du hast es nicht anders gewollt, du blöde Kuh. Mit deiner dämlichen Schnüffelei.«

Der Versuch, mit meinen Knien gegen ihren Hintern zu schlagen, scheitert. Die erste Ladung Sand landet auf meinem Gesicht. Ich spucke.

»Wenn du dich wehrst, du dummes Ding, dauert es nur länger.«

Plötzlich lässt der Druck ihrer Beine nach. Ihr Oberkörper kippt nach hinten. Ein Geräusch von brechenden Knochen.

»Verdammt! Idiot! Du hast mir den Arm gebrochen!«

»Seien Sie froh, dass ich Ihnen nicht das Genick gebrochen habe.« Der Mann kniet sich auf den weichen Boden.

»Edelgard! Alles in Ordnung?«

Selten habe ich mich über die Aussprache meines Namens so gefreut wie in diesem Moment.

Norbert hilft mir, mich aufzusetzen. Hinter ihm nehme ich eine Bewegung wahr. Ich zerre ihn an der Hand, die mich hält, rasch zur Seite.

Dieses Weib gibt selbst mit gebrochenem Arm keine Ruhe. Sie hat versucht, mit dem unverletzten Arm ihren Rucksack gegen Norberts Kopf zu knallen. Da ich meinen Mann zur Seite gezogen habe, ist ihr Schlag jedoch ins Leere gegangen und sie ist ins Straucheln gekommen, wodurch sie nun selbst auf dem Boden liegt.

Mit einer Schnelligkeit, die ich Norbert selbst nicht zugetraut hätte, schmeißt er sich auf sie.

»Mein Arm!«

Norbert bleibt ungerührt auf ihr sitzen. Er zieht sein Mobiltelefon aus der Jackentasche und tippt die 110.

Ach, Norbert, mein Held. Ich bin total gerührt. Was wird nun aus meinen Plänen, meinen Urlaub ohne ihn als Witwe zu beenden? Die können warten. Ich werde meine Pläne einfach auf den nächsten Urlaub verschieben.

DIE EIDER

Der Eider-Kanal verknüpft in Verbindung mit dem Fluss Eider die Ostsee mit der Nordsee und wurde bereits im Jahr 1784 eröffnet. Ein Teil des alten Kanals wurde in den Bau des Nord-Ostsee-Kanals miteinbezogen, der gegen Ende des 19. Jahrhunderts erbaut wurde. Die Untereider wird seitdem vom Gieselaukanal mit dem Nord-Ostsee-Kanal verbunden.

Die Halbinsel Eiderstedt ist ein beliebter Urlaubsort. Vor allem Sankt Peter Ording mit seiner 12 Kilometer langen und ungefähr ein Kilometer breiten Sandbank ist ein Gästemagnet, den die Autorin bereits mehrere Male besuchte.

DANKSAGUNG

Mein ganz besonders herzlicher Dank gilt der Nicko Cruises Schiffsreisen GmbH, die es mir ermöglichte, ein komfortables Schiff ihrer beeindruckenden Flotte ausgiebig zu erkunden und dem freundlichen Kreuzfahrtleiter alle Fragen zu stellen, die mir in den Sinn kamen. Er beantwortete sie mit großer Geduld.

Informationen zu den vielfältigen Event- und Themenreisen dieses Anbieters – nicht nur für Deutschland, sondern auf 27 Gewässern in drei Kontinenten – sind auf der Website www.nicko-cruises.de zu finden.

Carmen Vicari, Dipl.-Wirtsch.-Ing. (FH), hat mein Manuskript vorab gelesen und gab mir während eines konspirativen Treffens in einem Ladenburger Kaffeehaus unweit des Neckars wertvolle konstruktive Anmerkungen aus ihrer Sicht als Leserin. Vielen Dank dafür!

Mein Mann und unsere gemeinsame Tochter teilen mit mir die Liebe zu Gewässern. Bereits in einigen unserer wunderschönen Urlaube haben mich die beiden dankenswerterweise auf Schiffen begleitet und zu bleibenden Familien-Erinnerungen beigetragen.

Mit dem Team des Gmeiner-Verlages zu arbeiten, ist jedes Mal erneut ein großes Vergnügen. Vielen Dank für das überaus angenehme Miteinander!

Vielen Dank an alle Leserinnen und Leser. Ich freue mich, wenn wir uns bei meinen Lesungen begegnen! Termine finden Sie hier: www.ClaudiaSchmid.de

KARTE

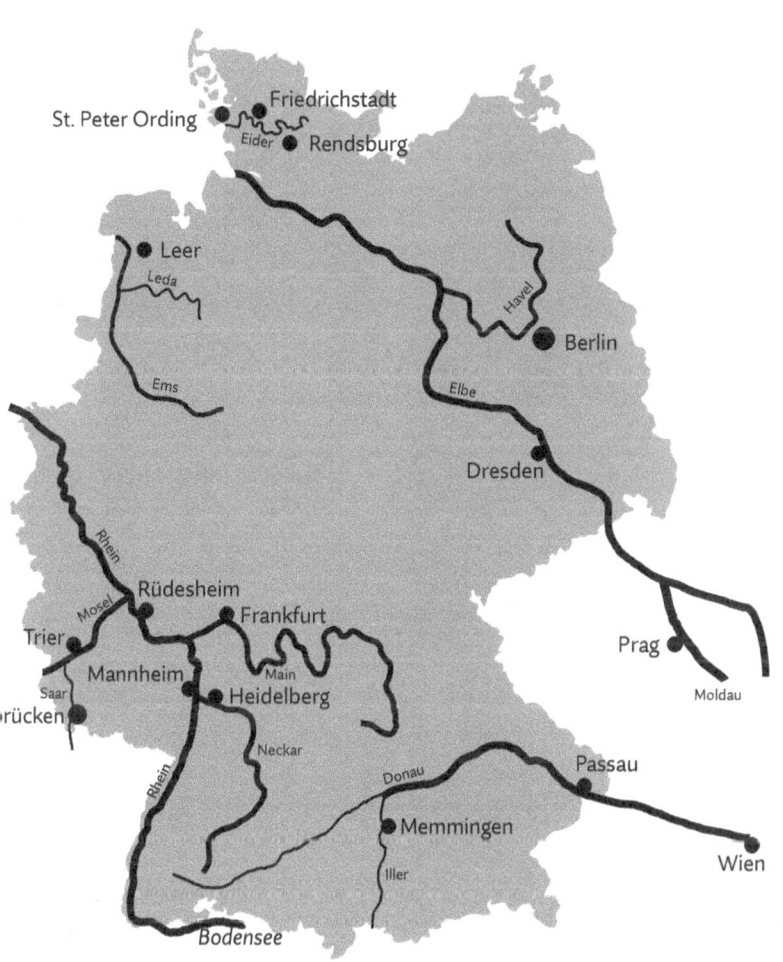